文化的记忆丛书
（文学系列）

文化的记忆丛书

老舍画传

王红英　何　婷　著图

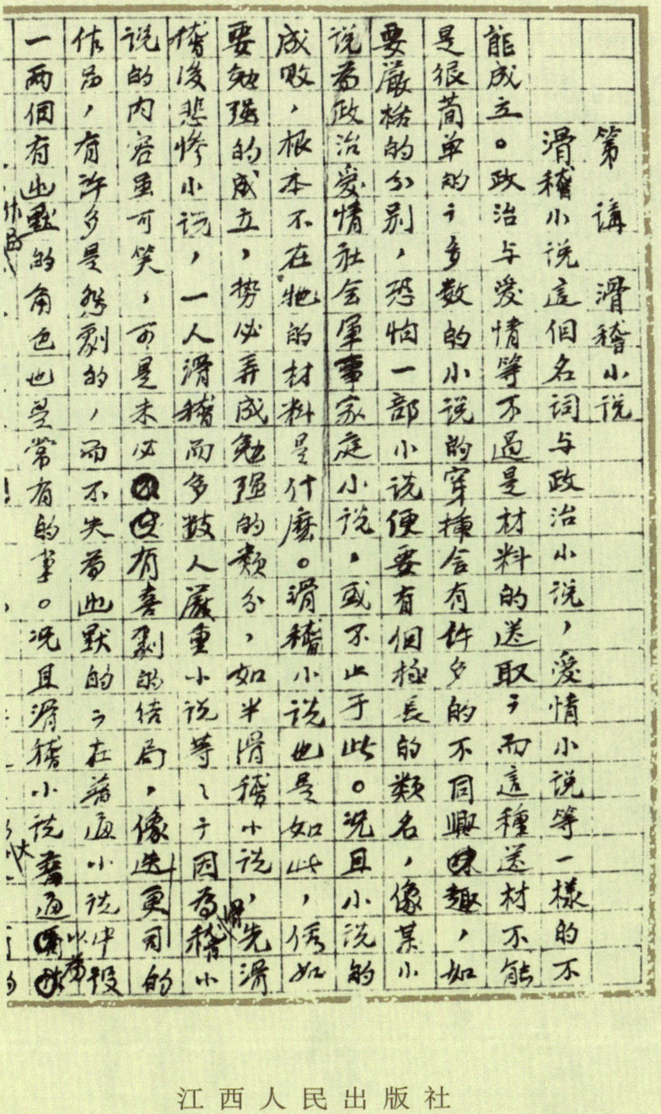
第 講 滑稽小說
滑稽小說這個名詞與政治小說，愛情小說等一樣的不能成立。政治與愛情等不過是材料的選取，而這種選材不能是很簡單的，多數的小說的穿插會有許多的不同興趣，如要嚴格的分別，恐怕一部小說便要有個極長的類名，像某小說為政治愛情社會軍事家庭小說。或不止于此。況且小說的成敗，根本不在牠的材料是什麼。滑稽小說也是如此，倘如要勉強的成立，勢必弄成勉強的類分，如：滑稽小說，先滑稽後悲慘小說，一人滑稽而多數人嚴重小說等等。……說的內容是可笑，可是未必不是有喜劇的結局，像迭更司的作品，有許多是悲劇的，而不失為幽默的；在最嚴肅小說中，……一兩個有幽默的角色也是常有的事。況且滑稽小說……

江西人民出版社

2008年修葺一新的前门外大街。

总序

多年以来，中国学术界有这样一个判断：即近代时期（具体而言，约莫指19世纪中叶至20世纪中叶），是中国学术文化继两千年前的先秦时期和近千年以前北宋时期之后的第三次高峰。其中尤以史学和哲学成绩卓著。屈指数来，像王国维、梁启超、陈寅恪、陈垣、胡适、郭沫若、顾颉刚、钱穆、傅斯年、熊十力、冯友兰、梁漱溟等重量级人物，随随便便就点到两位数了。孟子云，五百年必有王者兴（语出《孟子·公孙丑章句下》，“彼一时，此一时也。五百年必有王者兴，期间必有名世者。”）。而这一百年内，伴随着中华民族莽荡多灾的历史进程，思想文化界却也是风起云涌，王者辈出，书写了和民族命运转换相颉颃的厚重而辉煌的一页。

其实，不光是史学、哲学乃至整个国学界，再横向推广开来看（纵向则可收缩到20世纪上半叶），在现代文学艺术领域，同样是风云际会、群雄并起，诸如文学巨子鲁迅、郭沫若、茅盾、巴金、老舍、曹禺、林语堂、郁达夫、徐志摩、张爱玲等等；美术巨擘徐悲鸿、张大千、傅抱石、齐白石、吴昌硕、刘海粟、潘天寿、林风眠等以及梅兰芳等京剧四大名旦等等。他们共同构成了现代中国文学艺术史上天才出没、灵杰隐现的蔚然奇观，只不过比前者发轫时间稍晚（名曰现代），且特点或不如前者显赫，故不易在数千年的时空中以“第×次高潮”名之。她倒更像是历史长河突然在这里拐了个弯，文学艺术革命豁然开出了新生面，“乱石穿空，惊涛裂岸，卷起千堆雪，江山如画，一时多少豪杰”……

人们不免要问了，近现代中国风雨如磐，血火迸溅，神州陆沉，中华板荡，几乎无处安放下一张平静的书桌，何以文化学术与文学艺术独能繁华百年尽得风流呢？这确实是个大问题，恐怕不是一两句马克思的“文化繁荣有时与社会发展并不同步”的名言，或者“国家不幸诗家幸，话到沧桑句便工”的古诗所能了得了的。在我看来，概括前人备述，择其大端，至少有三条或可一说。谨此就教方家，请略论之。

其一，由于西学东渐激活了中华文化。近代以来，欧风美雨排天而来，东方/西方、本土/域外、传统/现代，两种文化的相互激荡、冲撞、融合，构成了百年大潮波澜壮阔的主流。孰优孰劣，暂不置评。但一个不争的事实是，文化需要对撞，交流才更易激活，尤其是具有五千年历史的中华文明，一经激荡便活力四射。无论是先秦诸子，还是佛入中土；无论是民族融合，还是西学东渐。凡有交流、刺激者，必有如输入新鲜血液，带来新的生机，开出新的生面。这是一般的文化特性，更是博大精深的中华文明历经五千年而不坠的根本所在。因为她的超稳定性，所以不惧开放；因为她的超包容性，所以能同化异质，从而生生不息，永葆青春。恰如陈寅恪先生所言："在吾国思想史上……其真能于思想上自成系统，有所创获者，必须一方面吸收输入外来之学说，一方面不忘本来民族之地位。"(《冯友兰中国哲学史下册审查报告》)——正是进化史观和唯物史观的引进和运用，传统中国史学才蜕变一新。王国维的"二重证据法"(典籍与文物)，陈寅恪的"中外互证法"(外文资料与中土旧籍)，都有西方实证史观与理性分析之影响在焉。他们大胆地采用"拿来主义"，坚信"吃了羊肉决不会变成羊"。茅盾说五四时期鲁迅的小说一篇一个样，鲁迅则说"全是仰仗了百余篇外国小说的阅读"。曹禺剧本脱胎于尤金·奥尼尔，茅盾则师承普顿·辛克莱，如此等等，不胜枚举。也正因如此，中华文化学术与文学艺术才勃发新机，翻开了新的一页。

其二，由于西力东扩激发了中华士子。自从鸦片战争的坚船利炮轰毁了古老帝国的城门，一个辉煌了几千年的民族，瞬间跌入了屈辱的深渊。"知耻而后勇"，"置之死地而后生"。面对保国、保种、保教三重危机的挑战，中华民族激发出了勇敢的应战精神。无论是"体用之争"还是"师夷制夷说"，睁开眼睛看世界之后的选择就是走出国门走向世界。以 150 多年前的留美幼童为肇始，无数仁人志士英才俊杰汇入了这一潮流。科学救国也罢，主义救国也罢，文化救国也罢，为救亡图存，为中华崛起乃第一要务。这恰是中华传统之精义，天下兴亡，匹夫有责；愈挫愈奋，百折不挠。于是，鲁迅们东渡扶桑，从学医疗救身体到弃医从文疗救灵魂，不经意间成为了新文化运动的旗手与骁将；陈寅恪们负笈欧美，游历列国，博通多语，只为重审历史，探询新知，未曾料想为现代中国史学奠基开疆。他们或者干脆"怒向刀丛觅小诗"，以笔为枪投入战斗：林语堂放弃翻译《红楼梦》之夙愿而新创《京华烟云》直接伸张民族大义，徐悲鸿以中西合璧之膂力绘制巨作《田横五百士》激励士气；梅兰芳蓄须罢演表明抗敌心志……"沧海横流，方显出英雄本色。"正是中国士子的良知使命，爱国热忱，天下担当促成了他们的选择，玉成了他们的事业，使之迸发出最大的创造激情和最炫目的天才光芒，像群星照亮了近现代中国文化学术与文学艺术的深邃夜空。

其三，由于坚守根本，昭示了中华文化的未来。前点引述陈寅恪之"两方面说"——"一方面吸收输入外来之学说，一方面不忘本来民族之地位"。说的就是大师的标准与风范：学贯中西，融通古今。综观近现代诸子，经、史、子、集、儒、释、禅乃至西学，无一不通者，不如此不能有大成。但掰开了说，我更看重后一方面，即“民族根本”。而且依我看来，近现代诸子多作如是观。从张南皮的“中学为体，西学为用”，到鲁迅的“越是民族的便越是世界的”；从王国维的沉湖殉葬，到辜鸿铭、钱穆的终生“卫道”；从林语堂的“中华文化至上论”到陈寅恪、钱钟书皈依传统以至于书写方式都回到竖写、繁体、文言而决不妥协，已然看出近现代诸子之殊途同归——从中土出发，游学多年，再精通数门外语、深谙异域文化也就是说拥有了双重乃至多重文化背景之后，进行了“入乎其里，出乎其外”的深刻比较，最后的选择是回归传统。即便口口声声要“全盘西化”如胡适之者，后半生几乎都投入了“整理国故”，一部《水经注》的考证就沉湎二十三年不能自拔。至于说到中国艺术的魅力，诸位想想，林语堂区区一本《生活的艺术》都足以让美国人倾倒，那梅兰芳访美访苏演出之后被惊为“天人”又有什么可奇怪的呢？表现派大师布莱希特就坦言：我梦寐以求的艺术境界（假定性、程式化或曰“间离说”）在梅先生的京剧艺术中已然炉火纯青了……当然，凡此种种，都是现象，只云其然，未云其所以然因为她太过复杂，因为她涉及中华民族的思维方式、语言方式，就譬如说汉字结构罢——由于她象形与会意，就造成了一字多形多义的效果，美国语言学家范尼诺萨一百年前（1908）就著文阐述汉字的象形文字所传达的动感，所包含的具体图画和多词类功能。因其非抽象性，包涵有浓厚的感性直观素材而更能表达诗的本质，“由于其记载了人的思维心态的过程而开创了语言哲学的新篇章”——汉字仅仅是“更能表达诗的本质”吗？范氏发现不正是今天西方有识之士开始频频叩询与推崇“儒教文明即将拯救人类”的先声吗？

好了，三三归一，依然是个说不清道不明。要知真相，欲探究竟，还请看江西人民出版社隆重推出的大型丛书《文化的记忆——中国近现代文化名人画传》。它以图文并茂的形式，阵容豪华的规模，为活跃于近现代中国文学、国学、艺术诸领域中的数十位巨子作人传，立学案，画群英谱。既向世界系统介绍近现代中国文化从而可能进一步引发西方解码中华文化的兴味，又向国内一般读者尤其是青少年重启记忆，赓续传统。所谓薪尽火传，传什么？怎么传？如何站在巨人的肩上继续攀登？“读图时代 an era of reading picture”固然不免“读图”，但又决不能仅仅止于读图！文化的赓续主要在于两条：一是有传统（记忆）；二是要思考。读了“记忆”以后要三思啊！至于我的三点解读对耶错耶？诸君读后自有明鉴。

是为序。

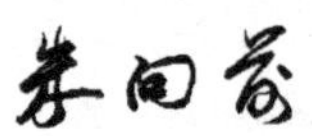

己丑夏月于江右袁州听松楼

FORWARD

It has been long time that Chinese academic community acknowledged such a judgment, that the modern times (specifically, it is from the mid-nineteenth century to the mid-twentieth century) is the third academic peak following another two in the Pre-Qin period which is 2000 years ago and the Northern Song Dynasty which is about 1000 years ago respectively. During this period, we witnessed outstanding achievements in historiography and philosophy. It's easy to count to more than 20 academic titans like Wang Guowei, Liang Qichao, Chen Yinque, Chen Yuan, Hu Shi, Guo Moruo, Gu Jiegang, Qian Mu, Fu Sinian, Xiong Shili, Feng Youlan, Liang Shumin. As Mencius said, it is a rule that a true Imperial sovereign should arise in the course of five hundred years. Over the past one hundred years, along with the vicissitudes of Chinese nation, in the ideological and cultural circles, we saw an age of titans and big events, which left a profound and splendid chapter in history.

Actually, it is not only in historiography and philosophy and even involved in all aspects of Sinology, and if we viewed it panoramically (or focused in the first half of 20th century), we could see the similar situation in fields of modern literature and arts. To name just a few, literati like Lu Xun, Guo Moruo, Mao Dun, Ba Jin, Lao She, Cao Yu, Lin Yutang, Yu Dafu, Xu Zhimo, Zhang Ailin etc.; masters of arts like Xu Beihong, Zhang Daqian, Fu Baoshi, Qi Baishi, Wu Changshuo, Liu Haishu, Pan Tianshou, Lin Fengmian etc., and "Four Great Famous Opera Female Roles" represented by Mei Lanfang. All of them constitute a marvelous phenomenon of history of modern Chinese literature and arts with constant emerging of talents. Because their little bit late appearance than the above-mentioned titans, and comparatively undistinguished features, it's not easy to use the term "peak time" to honor their achievements among thousands of years history. It's like the river of history make an abrupt turn here, revolution of literature and arts break a new path.

It is no wonder that people will ask that, from the mid-nineteenth century to the mid-twentieth century, China be in a grim and grave situation, it was hardly to find a place to put a desk in tranquil, why can sinology, literature and arts experience prosperous development for the past 100 years? This is really a big question. It cannot be answered simply by Karl Marx's well-known saying that "cultural prosperity sometimes doesn't be in pace with social development", or as the ancient poem says, "misfortune of country is fortune of poet, great changes bring great words." In my view, by summarizing predecessor's opinion and absorbing their main points, there are at least three reasons. I will discuss it briefly for your reference.

Firstly, the progressively spreading of western learning to the East activates Chinese culture. Ever since the mid-nineteenth century, the influence of western culture has been sweeping and surging. The cultural clashing and merging between East and West, local and foreign, traditional and modern constitute the main stream of the development of the past 100 years. I will make no comments whether it's good or bad. It is no doubt that culture needs clash, communication brings vitality, especially for Chinese civilization with 5000 years history, it appears full vigor after such kind of cultural clash. No matter what it is, contentions of a hundred schools of thoughts in Pre-Qin Period, or introduction of Buddhism to China, merging of nationality, or the progressively spreading of western learning to the East, if there are communications and stimulates, it's like give somebody a shot in the arm, bring new vitality and breaking new path. This is general characteristic of culture and the fundamental reason of sustained development for over 5000 years of the broad and deep Chinese civilization. It is exactly the ultra-stability make it's not afraid of opening-up, the ultra-inclusiveness make it grow continually a vement to absorb import theories in one hand and not forget the origin of tradition. (from *Survey of Feng Youlan's History of Chinese Philosophy*) It is exactly the introduction and application of the viewpoints of evolutionism and materialism transform the traditional Chinese historiography to a new face. We could find clues of positivism and rationalism in Wang Guowei's "Duplex Evidences" (ancient books and records with cultural relics), Chen Yinque's "Cross-reference of China and Foreign Countries" (foreign data with Chinese ancient books). They boldly apply "the principle of bringing in" and believe that "you will not turn into sheep after eating mutton." Mao Dun once said that Lu Xun's novels was different from each other during the "May 4th Movement" period. Lu Xun himself contributed it to "reading of more than a hundred foreign novels at that time". Cao Yu's scripts were reborn from Eugene O'Neil, Mao Dun followed the example of Upton Sinclair Jr., and such kinds of examples are too numerous to be counted. It's exactly because of this, Chinese culture and its literature and arts radiate its vigor and turn a new chapter of history.

Secondly, western expansion inspired Chinese scholars to work with a will to make the country strong. Ever since the Opium War, western powers' solid battleships and advanced cannons destroyed the city gate of ancient empire, a nation with several thousands years magnificent history fell to an abyss of humiliation quickly. As the old Chinese saying goes, "Courage comes after the sense of shame", "confront a person with the danger of death and he will fight to live". Facing three great challenges of safeguarding country, race and Confucianism, Chinese nation put up a brave fighting spirit. No matter what attempts they tried, "dispute upon Ti and Yong (base and application)" or "learning advanced technology from Europeans to fight against them", it's inevitable choice to go abroad and embrace the world after eye-opening to the outside world. Since Rong Hong went to study in the U. S. A 150 years ago, numerous talents and elites came together to form a trend of studying abroad. No matter what they did, saving the country by science, by culture or by ism, it's top priority to rescue the nation and make her prosperity to rise in the world. It's exactly the essence of Chinese tradition. We Chinese think, "Every man has a share of responsibility for the fate of his country", and praise highly of being indomitable and becoming more brave through setbacks. Therefore, people like Lu Xun sailed east toward to Japan, originally he wanted to learn medicine to save the body of Chinese people, but he finally stopped his medical practice and took up writing to save the soul of them, and then became a flag bearer and valiant general of the New Cultural Movement; people like Chen Yinque went to America and European countries for study. They traveled across countries and mastered several foreign languages, just for re-examining history and pursuing new knowledge, and they virtually laid the foundation of Chinese historiography. They might simply use their pen as weapon to fight against enemies; Lin Yutang gave up his long-cherished wish to translate *The Dream of Red Mansion* into English and wrote a novel of *Moment in Peking* to promote the overall interests of the nation directly; Xu Beihong used his great creation of *Tianheng and 500 heroic man*, which is a combination of Chinese and western arts, to encourage the morale of the nation; Mei Lanfang grow his beard to refuse performance for Japanese invaders to show his fighting resolution... "As the sea flows, the characters of a hero show." It is their conscience and mission, their patriotism and sense of "taking responsibility for the world" help to bring about their choices, secure their achievements, and arouse their most creative enthusiasms and unearth their talents. They are shining stars of modern Chinese academic culture, literature and arts.

Thirdly, holding fast to the root of Chinese culture makes it clear to all of future orientation of Chinese culture. As the above-mentioned by Chen Yinque's "two aspects theory"—"it is imperative for those who have a style of their own and make achievement to absorb import theories in one hand and not forget the origin of tradition." This is master's standard and demeanor : being well versed in both Chinese and Western learning ; mutual assimilation of the ancient and the modern. If you make a comprehensive survey of modern scholars, you will find that only those who familiar with Jing,Shi, Zi, Ji, Confucianism, Buddhism, Zen as well as western learning can make great achievements. But if we evaluate it separately, I attach more importance to latter, "the root of nation". In my view, modern scholars hold similar viewpoints. From Zhang Nanpi's "Chinese knowledge for base, Western Knowledge for use", to Lu Xun's "more nationality, more cosmopolitan." from Wang Guowei committing suicide out of royalty to Confucianism, to Gu Hongming and Qian Mu serving as defender of conventional moral principles all their life; from Lin Yutang's theory of supreme standing of Chinese culture" to Chen Yinque and Qian Zhongshu's return to traditional practices, even their writing styles were back to down typesetting, traditional Chinese characters and ancient Chinese and never give up. We could find that almost all modern scholars reached the same goal by different means, that is, departure from China, travelling across countries, mastering several foreign languages and cultures. After holding double and multiple cultural backgrounds, they make profound comparison in a way of "Dig deep into it's essence, and observe it beyond its boundaries", and their last choice is return to Chinese tradition. Even those people keep on advocating total westernization like Hu Shi spend latter half of his life to sort out ancient records. He was too deep involved in textual research of *Shui Jing Zhu* for 23 years to withdraw. As for the charm of Chinese arts, just one book like Lin Yutang's *The Importance of Living* let Americans bedazzled, it's no wonder that Mei Lanfang's Peking Opera tour to the U.S. and Soviet Union gave knock-outs to their audiences. Bertolt Brecht, master of Expressionism, frankly expressed his view that the artistic realm (presumption, stylization or call it "theory of dialectical theatre ") what he dreamed about attained a high degree of perfection in Mei Lanfang's performance... Of course, all these are the surface of things, you just know what it is and don't know why and how it is. It's complicated because it is involved with the thinking style and language style of Chinese nation. Take the structure of Chinese character as an example, because of pictograph and associate compounds, it creates an effect of multiple shape and meaning with on character. One hundred years ago, an American linguist wrote an article to elaborate the vividness delivered by pictograph in Chinese character and the specific pictures it contains and multiple functions in its parts of speech. Because Chinese character is not just abstract symbol, and contains rich materials that can be directly perceived through sense, so it's easy to convey the essence of poem. It opened a new chapter of linguistic philosophy by recording the process of human thinking. How can we just think that Chinese character is easy to convey the essence of poem? Is the linguist's finds exactly the first sign of theory of "civilization of Confucianism will save humankind", which is inquired and advocated by western scholars with insight nowadays?

Well, all in all, I am still unable to explain it clearly. If you want to know the truth and get to the heart of the matters, please read the large series of *Cultural Memory-Pictorial Biography of Modern Chinese Cultural Celebrities*, a grand launch by Jiangxi People's Publishing House. It builds up biographies and academic achievements records for dozens of masters in the fields of modern Chinese literature, Sinology and arts with excellent pictures and accompanying essays and a well-balanced collection. It is not only a systematic introduction of modern Chinese culture for foreigners to arouse their interests in Chinese culture, but also an inspiration for domestic readers, especially adolescents to open memory of tradition and carry on the tradition. This is so-called "as one piece of fuel is consumed, the flame passes to another", what do we pass and how do we pass? How do we continue to climb the mountain on the shoulders of giants? It's hard to avoid "picture-reading" in an era of reading picture, but we can not afford to merely stop here. The continuation of tradition lies in two aspects, on one hand is tradition itself (memory), on the other hand is thinking. After reading the "memory", we should think twice. As for the right or wrong of my three viewpoints, I'd like to leave it for reader's judgement.

Zhu Xiangqian

Jiangxi Yichun Ting Song Lou, summer of 2009

目　录
Contents

1 苦寒童年

正红旗下

二百多年积下的历史尘垢，使一般的旗人既忘了自谴，也忘了自励。我们创造了一种独具风格的生活方式：有钱的真讲究，没钱的穷讲究。生命就这么沉浮在有讲究的一汪死水里。

——老舍《正红旗下》

1899年，19世纪的最后一年，大清光绪二十五年。统治中国的清王朝已经走向了末路，戊戌变法刚刚结束其短暂的生命，菜市口斩了“六君子”，暗潮汹涌的北京城看似平静下来。这一年的2月3日，阴历腊月二十三，正是京俗称为小年的日子，满京城的人们都在热热

北京城旧景：19世纪时的北京城。

北京的西直门旧景。

闹闹地准备祭灶，请神像，摆糖瓜，放鞭炮。

西直门附近，护国寺外的一条窄窄的胡同里，东南头有个普普通通的小院，两间不大的北房里住着姓舒的一家人。这一家子是旗人，父亲舒永寿，在紫禁城当护军；母亲马氏，娘家在德胜门附近。世道艰难，两人一生一共育有7个孩子，只活下来4个。舒永寿的大姐是个寡妇，和他们同住。

就在这一天酉时，即现在的下午5时至7时，全城的人家都在大放鞭炮，把灶王像请到院中来；燃起高香与柏枝，吃关东糖，请灶王爷上天。四十出头的马氏十分艰难地生下了她的小儿子——孩子落了地，母亲却晕了过去。已经出嫁的长女闻讯赶来照顾母亲，把呱呱大哭的幼弟包在怀里暖着，使他平安地度过了初生夜。当晚在紫禁城当班的舒永寿，第二天回到家，看到生了个儿子挺高兴。儿子生在立春的前一天，于是就给他取了个大名舒庆春。这个生来瘦弱、体质较差的男婴，就是日后鼎鼎有名的大作家——老舍。他于1899年2月3日出生在小羊圈胡同5号院（现北京市新街口小杨家胡同8号），按阴历算，是戊戌年腊月二十三。戊戌年是狗年，所以老舍刚出生时就得了个绰号，叫作“小狗尾巴”。

舒家是旗人，属正红旗，八旗之一。八旗制度由清太祖努尔哈

祭灶。

北京小羊圈胡同——老舍就降生在此院的北房东间。

赤创建，是一种耕战合一的社会组织形态，也是军政合一的最高一级单位，出征时各部用正黄、正白、正红、正蓝、镶黄、镶白、镶红、镶蓝八种颜色的军旗以示区别，所以称为“八旗”（“正”即“整字的简写，读 zhěng）。正黄、镶黄、正白三旗，称为上三旗；正红、镶红、

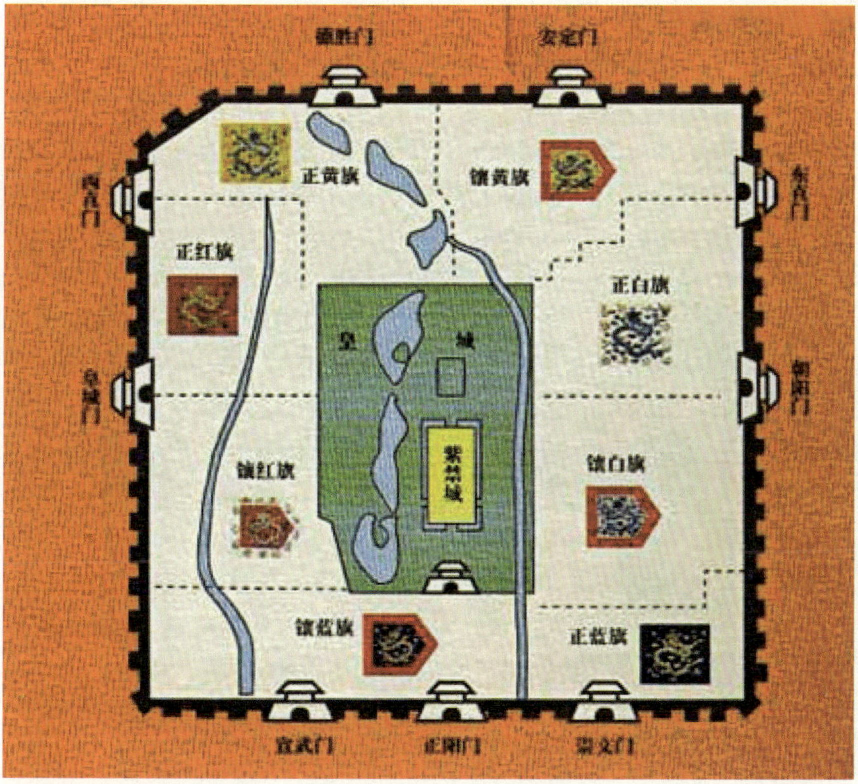

清末八旗驻防图。

正蓝、镶蓝、镶白五旗，称为下五旗。清朝定都北京以后，八旗中的绝大多数官兵驻守京城，称为驻京八旗，俗称京旗。他们的驻守区域和从前行军时一样，以五行相克之说而定。《八旗通志》里记载说："两黄旗位正北，取土胜水。两白旗位正东，取金胜木。两红旗位正西，取火胜金。两蓝旗位正南，取水胜火，水色本黑，而旗以指麾六师，或夜行黑色难辨，故以蓝代之。"所以左翼四旗，镶黄旗在城东北，驻安定门内，正白旗驻东直门内，镶白旗驻朝阳门内，正蓝旗驻崇文门内；右翼四旗，正黄旗在城西北，驻德胜门内，正红旗驻西直门内，镶红旗驻阜成门内，镶蓝旗驻宣武门内。八旗拱卫皇城，旗人占据了北京城的内城，汉人只能住在外城，即崇文、宣武两区。尽管随着时间的流逝，旗人和汉人之间因饮食、商贸、娱乐等的交往越来越多，再加上为生计所迫，典房卖地搬出内城的旗人也不在少数，居住界线逐渐不再像最初规定的那样严整，但直到1911年清朝灭亡，八旗在内城的这种基本居住格局一直没有大变过。

八旗制度建立后，曾在创立清朝、巩固政权、维护统一、保卫人民安定生活等方面，发挥了很大作用，一直袭用到清朝灭亡为止。旗人作为特权阶级，有国家发放的钱粮和房屋驻地，但不得随意离开本旗或出京。他们只能谋取武职，不得务农、经商、从事手工业等其他职业。这种制度虽然有助于巩固政治基石，也防止了旗人与民争利，但是也造成了相当大的社会难题。到清朝末年，京城旗人的总人数已增长到六十万人左右，而旗兵的数目则仍是定额的，分得的份地也是固定的，"增丁不加，减丁不退"。这样一来，新增加的人丁既不能全部当兵领饷，也不可能分到土地。有钱有势的旗人还好说，下层的旗人日子就比较难过了，可以说是毫无出路。舒家就全靠舒父当旗兵的收入(每月三两饷银，每年两季老米)维持生活。这不仅导致许多谋不上旗兵名额的下层旗人生活越来越穷困，还使得八旗劲旅逐渐滋生出惰于劳作、荒于嬉戏的积习。

老舍家隶属正红旗，旗帜为红底黄龙图案。

清朝后期，京城旗人的生活与入关前大不相同。早期生活艰苦、全民尚武的游牧民族如今吃上了皇粮，但却被定居在限定的区域内，不得擅离，这样代代相传，成了八旗制度限制的对象。清政府下发的"铁杆庄稼"，即钱粮，少得可怜，再经过层层盘剥克扣，拿到手的就更少了。唯一的谋生之道只能是当兵，可这条道也不是人人都能走得上的。按规定，旗人即使再穷困潦倒，也不能从事任何经济活动，更不许擅离驻地。这样一来，他们的生活重心改变了，既不能游牧，也不能种地经商或学手艺（旗人都是朝廷养着的爷，做这些的人被视为离经叛道失了体面），有门路的才能从军，没门路的就只能另想招数打发时间。这样持续了二百多年的生活，使得旗人创造出了一种老舍所谓“有钱的真讲究，没钱的穷讲究”的独具风格的生活方式。他们重礼，重节，重面子，哪怕得靠出入当铺、赊欠、变卖田产房产维持；他们好音律曲艺，种花斗草，玩鸟养鱼，即使家徒四壁，寅吃卯粮。对生活细节的讲究，对各种“玩意儿”的爱好，在清朝从上到下渐成风尚。旗人里有不少擅长琴棋书画的，吹拉弹唱更是几乎人人都爱。对这种种文艺习尚，清代统治者并不过多干预，只规定旗人们要“玩儿”可以，但只许自娱自乐，绝不可以“下海”，也就是不得以艺术表演谋生、不得成为职业演员。后来老舍曾在《四世同堂》中这样描绘晚清旗人的生活：“在满清的末几十年，旗人的生活好象除了吃汉人所供给的米，与花汉人供献的银子而外，整天整年地都消磨在生活艺术中。上自王侯，下至旗兵，他们都会唱二黄，单弦，大鼓，与时调。他们会养鱼，养鸟，养狗，种花，和斗蟋蟀。他们之中，甚至也有的写一笔顶好的字，画点山水，或作些诗词——至不济还会诌几套相当幽默的悦耳的鼓子词。他们的消遣变成了生活的艺术。他们没有力气保卫疆土和稳定政权，可是他们会使鸡鸟鱼虫都与文化发生了最密切的关系。他们听到了革命的枪声便全把头藏在被窝里，可是他们的生活艺术是值得写出多少部有价值与趣味的书来的。就是从我们现在还能在北平看到的一些小玩艺儿中，象鸽铃，风筝，鼻烟壶儿，蟋蟀罐子，鸟儿笼子，兔儿爷，我们若是细心的去看，就还能看出一点点旗人怎样在最细小的地方花费了最多的心血。”

他在《正红旗下》中又进一步描述：“以大姐的公公来说吧，他为官如何，和会不会冲锋陷阵，倒似乎都是次要的。他和他的亲友仿佛一致认为他应当食王禄，唱快书，和养四只靛颏儿。同样地，大姐丈不仅满意他的‘满天飞元宝’，而且情愿随时为一只鸽子而牺牲了自己。是，不管他去办多么要紧的公事或私事，他的眼睛总看着天空，决不考虑可能撞倒一位老太太或自己的头上碰个大包。他必须看着天空。万一有那么一只掉了队的鸽子，飞的很低，东张西望，分明是十分疲乏，急于找个地方休息一下。见此光景，就是身带十万火急的军令，他也得飞跑回家，放起几只鸽子，把那只自天而降的‘元宝’裹了下来。能够这样俘获一只别人家的鸽

1980年夏，葆元、林旭东作的《正红旗下》插图。

子，对大姐夫来说，实在是最大最美的享受！至于因此而引起纠纷，那，他就敢拿刀动杖，舍命不舍鸽子，吓得大姐浑身颤抖。

“是，他们老爷儿俩都有聪明、能力、细心，但都用在从微不足道的事物中得到享受与刺激。他们在蛐蛐罐子、鸽哨、干炸丸子……等等上提高了文化，可是对天下大事一无所知。他们的一生象作着个细巧的，明白而又有点糊涂的梦。”

多年的融合也使得下层旗人和汉人、回民之间的关系变得更加紧密，往来较多，民族之间的界限模糊不清。清末民初的北京城，是满、汉、回、蒙等多民族共同构成的，现在所谓的京味文化，正是由这些民众一手创造的。小庆春正是出生在这样一个下层旗人的家庭。他从出生起，接触的就是这些下层旗人、汉人和回民，他的成长环境对他的性格和未来创作有着极其重要的影响。

首先，就是他使用的文学语言。在京味文化中，最具代表性、最让人们为之着迷的就是京味儿语言，也就是北京方言了。这种方言清脆响亮，极具表现力，谈吐间魅力无限，时常能给听者以超常的享受和感染。20世纪前期，随着中国新文化运动大力推广汉语白话文，北京话曾以多项优势登临国语的显赫位置。后来，至20世纪中期，新生的中华人民共和国进而又将这种地方性语言，认定为全国推行的汉语标准话的方言基础，更使北京话享有在祖国的文化建设上的殊荣。

老舍步入文坛时，在长篇处女作《老张的哲学》中使出的第一个撒手锏，便是道地传神、凝练有力的北京话。终其一生，京味儿语言始终是他最叫读者痴迷倾倒的绝活儿之一。老舍用北京的方言俗语写人物，不管三教九流、五行八作，还是新时代的工农兵学商，写什么像什么，写一个活一个。他用这些具有独特意蕴的语言写成的作品，可以说是我们了解北京人的性格气质、心理结构和北京风情民俗的活字典。老舍很会运用北京的方言，当然他不会原封不动地照搬，而是进行筛选，提炼出它的原味儿来。老舍从他所熟知的北京市民生活里选择和加工北京话，保存了自己的特色和神韵，可以说是他找到了其生命与生活的根源。

其次，则是他在文学体裁上的丰富多彩。与老舍同时代的许多满人，在吹拉弹唱、琴棋书画上都有所成就。从小耳濡目染的老舍，虽然也对曲艺戏剧等充满兴趣，但却更热衷于文学，是文学创作上的多面手。他一生留下900多万字的作品，创作体裁除了人们熟知的小说、戏剧、散文，还包含古体诗、新诗、杂文、相声、鼓词、歌剧等。他不但能写，还会唱京剧，讲相声，演双簧。老舍自幼就生活在嗜好曲艺的氛围之中，他太熟悉太热爱这些地地道道的民间玩艺儿了，所以一旦社会有需求，他就会驾轻就熟取来这件艺术上的轻武器。无论抗战时期，还是新中国建立后，只要宣传需要，他都能够立刻写出和时事紧密结合的曲艺演出稿来。可以这样说，和他同时期的作家里，大概再也找不出一位像他这样多才多艺的了。

最后，是他那种笑里带着泪的幽默风格。旗人从生下来起就享有特权，但这种特权在清朝后期已经渐渐失去，贫困旗人的日子过得比穷苦的汉人强不了多少。一是他们仍然受着限制，一辈子出不了北京城；二是自行谋生则会被同族看不起。这种矛盾使得他们热爱调侃戏谑，“什么都在嘴上”，以此出出气，求个心里痛快。久而久之，京城旗人普遍养成了几分玩世不恭的幽默天性。在这种融汇着复杂生活情调现实中泡大的老舍，也毫不例外地染上了倾向幽默的思维习性，他往往能够对各色人等的可笑之处冷眼旁观，但下笔的时候却又带着几丝温情——他是“一半恨一半笑的看世界”，他明白别人的可笑之处，正如明白自己一样。

尽管民族出身对老舍有着很大影响，但是在其早年的作品里，他并不太提起自己的民族出身。这和当时的社会环境有很大关系，辛亥革命以后，旗人社会地位一落千丈，伪满洲国建立后更是饱受诟病。老舍像很多自己的同族一样，把民族身份牢牢藏在心里，并一直想写一部反映清末社会生活的半自传体长篇小说。直到20世纪50年代中后期，政治局势发生了变化，鼓励百花齐放，他感到可以实现已在心中酝酿大半生的这部作品了，遂于1961年年底，开始着手写他的最后一部长篇小说《正红旗下》。这部小说由戊戌之变以后，一个京城贫苦旗兵家的“老儿子”降生起笔，串联起这个家庭的亲戚朋友、街坊邻居等各色人物，广泛而真实地展现了清末北京下层旗人的生活面貌和精神状态。旗人生活几乎全部艺术化了，像“我”这么个穷旗兵的儿子，“洗三”以及“办满月”都须花大力气应酬一番，在这种“艺术的表演竞赛大会”上，一切都必须合乎礼数，“必须知道谁是二姥姥的姑舅妹妹的干儿子的表姐，好来与谁的小姨子的公公的盟兄弟的寡嫂，作极细致的分析比较，使他们的位置各得其所，心服口服”。至于阔绰些的旗人，更是把自己的生活艺术化到无以复加的地步，除了成天沉溺在唱戏、养蛐蛐和“满天飞元宝”（书中说到“大姐夫”养了一群极珍贵的鸽子，“每只鸽子都值那么一二两银子”）上面，还要效法汉族文人的样儿，在人名之外起上个“十分风雅”的号。把生命向艺术的层次推进，本来是人类文明不断提升的必然要求，但是，像某些北京旗人这般，在自身不求进取的情况下去拥抱一种畸形的文化艺术，民族的前景可就不大妙了。在这些面面俱到的表面排场里，透露出悲凉和无奈。一些人寄生于这一制度之内，成天浑浑噩噩，对维新变法充满恐惧，已成了民族发展可怕的障碍；而另一类人，则看清了八旗制度的腐败，力图挣脱这种制度的束缚，走向自食其力的道路。小说中还出现了义和团与洋牧师的身影。风云变幻的国际形势，也使得这潭讲究的死水泛起了波澜。《正红旗下》正是一部生动的历史教科书，它语言生动纯熟，深刻剖析了当时的社会环境。

但是，就在老舍动笔写《正红旗下》的初期，也就是在刚刚写出开篇部分的11章8万字之后，没能想到的是中国文坛风云突变，他只得无奈地把这部浸透大半生心血的小说

《正红旗下》手稿首页。

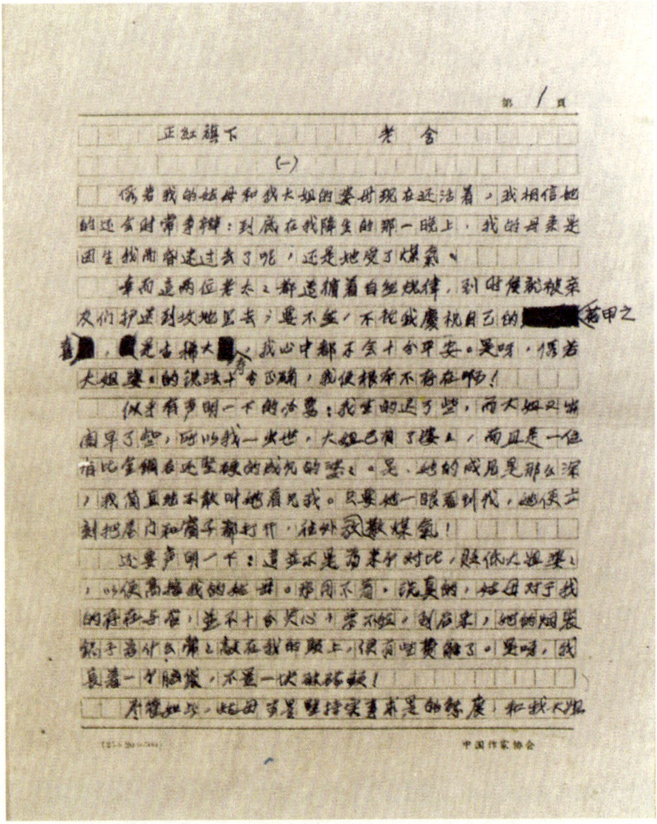
第 1 頁

正红旗下　　老舍

（一）

假若我的姑母和我大姐的婆母现在还活着，我相信她们还会时常争辩：到底在我降生的那一晚上，我的母亲是因生我而昏迷过去了呢，还是她受了煤气。

幸而这两位老太太都遵循着自然规律，到时候就被亲友们护送到坟地里去；要不然，不论我庆祝自己的[redacted]花甲之喜[redacted]，[redacted]是古稀大[redacted]，我心中都不会十分平安。是呀，假若大姐婆婆的说法十分正确，我便根本不存在啊！

似乎有声明一下的必要：我生的迟了些，而大姐又出阁早了些，所以我一出世，大姐已有了婆婆，而且是一位有比金钢石还坚硬的成见的婆婆。是，她的成见是那么深，我简直地不敢叫她看见我。只要她一眼看到我，她便立刻把屋内和院子都打开，往外散煤气！

还要声明一下：这并不是为来个对比，贬低大姐婆婆，以便高抬我的姑母。那用不着。说真的，姑母对于我的存在与否，并不十分关心；要不然，到后来，她的烟袋锅子为什么常常敲在我的头上，便有些费解了。是呀，我是一个脑袋，不是一块破砖！

尽管如此，姑母可是坚持实事求是的态度，和我大姐

中国作家协会

稿件收起来，搁置一边，秘不示人。而后，政治局势变化更为迅猛，他只有停下笔，此后不但没有了写这部小说的机会，甚至还舍身在“文革”之中。于是《正红旗下》这部饱含他一生思考，笔力达到巅峰的佳作，就此腰斩，再也无法以完整面目与读者见面了。这无疑是他本人及读者为之深憾的事。

1980年人民文学出版社出版的《正红旗下》。

小羊圈胡同

真愿成为诗人，把一切好听好看的字都浸在自己的心血里，像杜鹃似的啼出北平的俊伟。啊！我不是诗人！我将永远道不出我的爱，一种像由音乐与图画所引起的爱。这不但是辜负了北平，也对不住我自己，因为我的最初的知识与印象都来自北平，它是在我的血里，我的性格与脾气里有许多地方是这古城所赐给的。……我不能爱上海与天津，因为我心中有个北平。可是我说不出来！

——老舍《想北平》

小庆春出生在位于京师内城西北部的小羊圈胡同5号院。小羊圈胡同就是从西四北大街往北走，过了护国寺街口，再往前的东边头一条胡同，入口极窄，很容易错过，现在已经改名为小杨家胡同。这里距西直门只有三五里路。小庆春出生在5号院北房中的一间，在这里一直住到十几岁。对这个自己与家人相依相伴、度过贫寒童年的地方，他一直魂牵梦萦，不曾忘怀。童年所遇到的一切，这里的一草一木，他都记忆犹新，仿佛是一幅永不褪色的图画。他生在这里，长在这里，他的一切都由此开始，他的性格也在此铸成。

小羊圈胡同的影子，在他的许多作品中不断重复出现，如30年代写的小说《小人物自述》，40年代写的小说《四世同堂》，60年代初写的小说《正红旗下》，几乎都把小羊圈胡同作为地理背景和活动舞台。在《四世同堂》里，老舍是这样描写这条小胡同的：“说不定，这个地方在当初或者真是个羊圈，因为它不像一般的北平的胡同那样直直的，或略微有一两个弯儿，而是颇像一个葫芦。……通到西大街去的是葫芦嘴和脖子，很细很长，而且很脏。葫芦的嘴是那么窄小，人们若不留心细找，或向邮差打听，便很容易忽略过去。进了葫芦脖子，

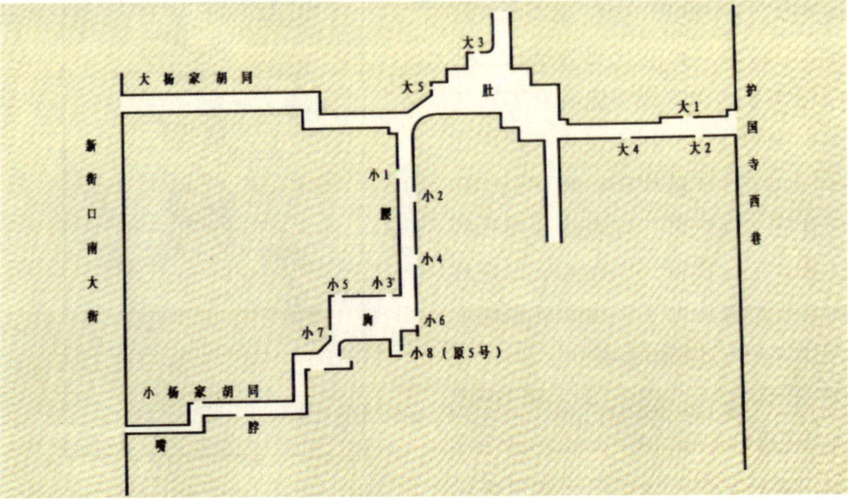

小杨家胡同示意图。

看见了墙根堆着的垃圾，你才敢放胆往里面走，像哥伦布看到海上漂浮着的东西才敢向前进那样。走了几十步，忽然眼一明，你看见了葫芦的胸：一个东西有四十步、南北有三十步的圆圈，中间有两棵大槐树，四周有六七家人家。再往前走，又是一个小巷——葫芦的腰。穿过‘腰’又是一块空地，比‘胸’大着两倍，这便是葫芦的‘肚’了。‘胸’和‘肚’大概就是羊圈吧！”今天的小杨家胡同仍然大体如小说所描写的，尽管墙面重新翻修，槐树也不知去向。

羊拐、泥饽饽。

老舍出生的院子现在是小杨家胡同8号院，以前是个狭长的小院，破旧不堪，容易积水。每到夏天的暴雨时节，一家人都得提心吊胆地坐上一夜，生怕屋顶因漏雨塌下来。他在自传体小说《小人物自述》里细细描写了这个小院：“街门门楼是用瓦摆成了一些古钱的，到我能记事的时候，可是，那些古钱已然都歪七扭八的，在钱眼里探出些不十分绿的草叶来……两扇门的破旧是不易形容得恰到好处的；大概的说，它们是瘦透玲珑，像画中的石头那么处处有孔有缝。自然这一点也无碍乎我们天天晚上把它们关好……影壁是值不得一提的，它终年的老塌倒半截，渐渐地，它的砖也都被拾去另有任用，于是它也就安于矮短，到秋天还长出一两条瓜蔓儿来，像故意要点俏似的。”这条胡同里住着不少穷苦人家，舒家就是其中之一。赊欠是常有的事，这些人家的门外都被店家画上不少用来计算欠账的记号。他们的饭桌上，夏天是盐拌小葱，冬天是腌白菜帮子，加点辣椒油。只有到过年时，才能吃上一顿菜多肉少的饺子，还得从入冬起就积极做工，挣来过年的费用才行。当然还有更穷苦的人，总是买些最便宜的酸豆汁，在里面掺点最后的粮食或菜叶熬成稀粥度日。小庆春的玩具，不是随手扯下来的小团棉花，就是和面时揪下来的小块面团。捏泥饽饽的模子和染了色的羊拐，这种不值几个大子的简易玩具，就能让他高兴得不行，和小姐姐一起坐在小院的门洞玩耍，玩卖泥饽饽、掷羊拐的游戏，或是在槐树下捡槐虫，编槐花。

从胡同向北不远，就是老北京赫赫有名的积水潭。当年这里非常幽静，有山有水，有芦苇，有石头，小庆春很喜欢这个地方，经常在此玩耍嬉戏。1930 年他在散文《想北平》中，曾这样充满感情地写道：“面向着积水潭，背后是城墙，坐在石上看水中的小蝌蚪或芦苇叶上的嫩蜻蜓，我可以快乐地坐一天，心中完全安适，无所求也无可怕，像小儿安睡在摇篮里。”

舒家的居住地正是在正红旗的驻扎地——西直门附近。小庆春的母亲出身正黄旗，娘家在德胜门外。这两个地标就构成了他最熟悉的区域。他早期活动的范围大多集中于北京的西北角，即阜成门—西四—西安门大街—景山—后门—鼓楼—北城根—德胜门—西直门—阜成门

1956年在池塘边的老舍。

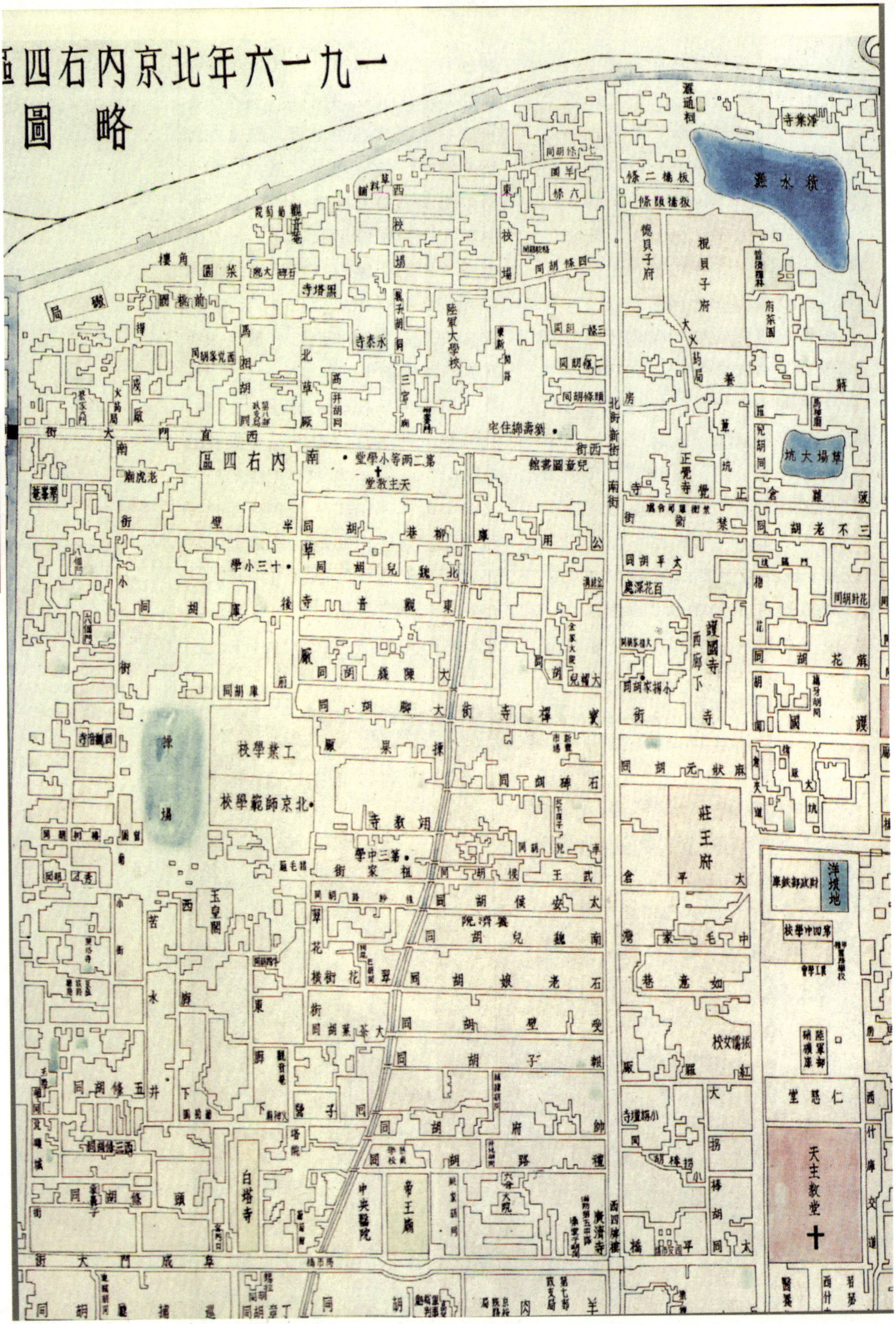
一九一六年北京內右四區
略圖
積水潭
淨業寺
匯通祠
板橋二條
板橋頭條
德貝子府
棍貝子府
大藥局
養
蔣
草場大坑
正覺寺
羅
倉
三不老胡同
大平胡同
百花深處
護國寺
西廊下
寺
麻狀元胡同
莊王府
平
倉
洋塘地
財政部銀庫
第四中學校
毛家灣
如意巷
紅羅廠
仁慈堂
天主教堂
西什庫
大
拐棒胡同
平
橋
廣濟寺
帝王廟
中央醫院
白塔寺
阜成門大街
馬市橋
羊肉
西直門大街
內右四區
南
第二兩等小學堂
天主教堂
兒童圖書館
劉壽錦住宅
新街口南街
西四北大街
老虎廟
半壁街
柳巷胡同
公用庫
北魏兒胡同
十三小學
東觀音寺
後庫
前
大陳錢胡同
大醜胡同
寶禪寺街
積水潭
工業學校
北京師範學校
揀果廠
石碑胡同
翊教寺
第三中學
祖家街
武王侯胡同
太安侯胡同
養濟院
南魏兒胡同
石老娘胡同
受壁胡同
報子胡同
帥府胡同
禮路胡同
玉皇閣
小街
西
觀音寺
五條胡同
鐵局
角樓
菜園
黑塔寺
永泰寺
北草廠
陸軍大學校
觀音庵
西校場
東校場
四條胡同
三條胡同
二條胡同
頭條胡同
六條
羊圈
七條胡同
草料
馬相胡同
成廠
火藥局
樓

这么个范围，约占老北京城的六分之一。这一区域的风光、人物也在他笔下不断出现，提起这里的人与事物，就勾起他对家乡的热爱。这种情愫是如此深厚，以至于无法言说，他只是满怀深情地把它们写了又写。那些胡同、小巷、湖泊、公园、店铺、字号、掌柜的、街坊邻居，在他笔下都那么真实可爱。

北京城是老舍的创作中心，而他童年的居住地更是重中之重。他闭上眼，心里就有个完整的北京城，一草一木，一砖一石，一颦一笑，都那么鲜活。

最终他投身其中的太平湖，也同样位于这里附近。

正红旗护军礼服。

“我的母亲”

生命是母亲给我的。我之能长大成人，是母亲的血汗灌养的。我之能成为一个不十分坏的人，是母亲感化的。我的性格，习惯，是母亲传给的。

从私塾到小学，到中学，我经历过起码有百位教师吧……但是我的真正的教师，把性格传给我的，是我的母亲。母亲并不识字，她给我的是生命的教育。

——老舍《我的母亲》

小庆春对父亲的印象并不深刻，因为这个正红旗旗兵，在小庆春刚刚一岁半多点、八国联军入侵北京的时候，死于巷战。他的所有记忆，不过是后来找到的一块父亲出入皇城的腰牌，上面烫有“面黄无须”4个字，以及母亲的诉说。

◀1916年北京市内右四区略图。

母亲告诉他，父亲是个怎样的人，也告诉他，八国联军当年是如何烧杀劫掠，连贫苦人居多的小羊圈胡同，也没有能幸免地被来回翻了好几遍。城里到处是血光火影，有钱有势的人都逃难去了，穷苦的

八国联军攻破午门。

人自然走不脱，只好默默地忍受。值得拿走的东西都被拿走了，他家的大黄狗，不过是叫了几声，就被一刺刀捅死。一岁多点的小庆春自己，也不过是因为恰好被倒扣的箱子盖住，没哭闹，才没落得个同样的命运。

敌人的残暴，国家的贫弱，人民的悲惨遭遇，就这样在小庆春幼小的心灵上刻下了第一道痕迹并伴其一生，爱国和救国始终和他的一腔热血相呼应，一直激励他。

父亲死了，以前维持生活的三两银和老米就没了着落。这个家，完全落在了母亲的肩膀上。

小庆春的母亲舒马氏，娘家在北平德胜门外土城外边，通大钟寺大路的一个小村里。她虽然出身正黄旗，但如今已是农家，母亲一生勤俭诚实，劳作不怠，八十多岁

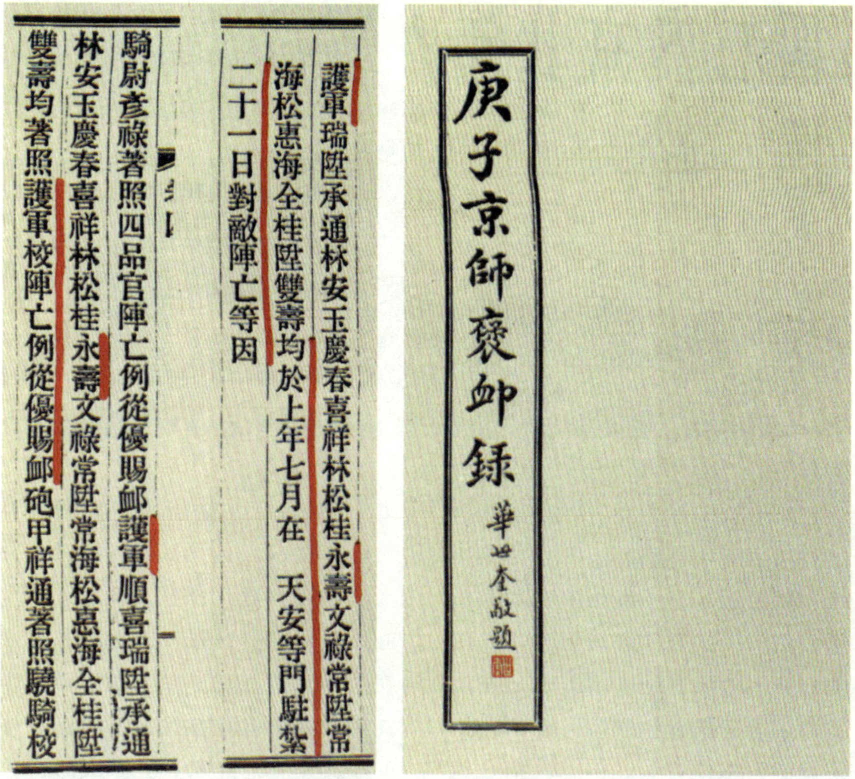

護軍瑞陞承通林安玉慶春喜祥林松桂永壽文祿常陞常
海松惠海全桂陞雙壽均於上年七月在 天安等門駐紮
二十一日對敵陣亡等因

騎尉彥祿著照四品官陣亡例從優賜卹護軍順喜瑞陞承通
林安玉慶春喜祥林松桂永壽文祿常陞常海松惠海全桂陞
雙壽均著照護軍校陣亡例從優賜卹砲甲祥通著照驍騎校

庚子京師褒卹錄

華世奎敬題

《庚子京师褒恤录》第4卷，记载着舒永寿的阵亡记录和抚恤待遇。

去世。为了维持这个小家的生计，舒马氏顾不得旗人“不做活儿”的规矩，揽了不少替人洗衣服、缝补的活计，她的手“终年是鲜红微肿的”。白天，她洗衣服，洗一两大绿瓦盆。她做事绝不敷衍，就是屠户们送来的黑如铁的布袜，也给洗得雪白。晚间，她还要缝补衣服，

炮火下的北京城之一。

炮火下的北京城之二。

一直到半夜。她坚忍、要强，把尊严看得很重，不到万不得已，绝不肯靠赊欠过日子，她张不开嘴向店伙们求情。就是靠帮人做佣工、拆洗缝补的收入，她千辛万苦地把瘦弱的小儿子庆春拉扯大。她留给小庆春的，不仅有血脉，更包括令他受用一生的性情和品质，以及绝不轻易改变的做人方式。

她爱整洁，看上去永远干净体面。虽然终年忙碌不得空闲，可是在忙碌中还把院子屋中收拾得清清爽爽。院子里老有些花，屋里没有一丝儿尘土，连家具上破旧的铜活也都发着亮光。

她能干，家里家外一把手，给亲友邻居帮忙，她总跑在前面：她会给婴儿“洗三”——穷朋友们可以因此少花一笔“请姥姥”钱，她会刮痧，她会给孩子们剃头，她会给少妇们绞脸……凡是她能做的，都有求必应。

她好客，顾面子，有客人上门的时候，无论家里怎么窘迫，也要设法弄一点东西去款待。遇上亲友家有红白事，她一定把大褂洗得干干净净，亲自去贺吊，再作难也要送些礼。

但是吵嘴打架，永远没有她。她宁吃亏，不斗气——不仅从不跟旁人斗气，还心甘情愿地伺候了守寡的大姑子好多年，直到这位一向

老舍的《我的母亲》载于1943年1月重庆《时事新报》副刊。

（43）

第一卷

我的母親

老舍

母親的娘家是在北平德勝門外，土城兒外邊，通大鐘寺的大路上的一個小村裏。村裏一共有四五家人家，都姓馬。大家都種點不十分肥美的地，但是與我同輩的兄弟們，也有當兵的，作木匠的，作泥水匠的，和當巡警的。他們雖然是農家，卻養不起牛馬，人手不夠的時候，婦女便也須下地作活。

對於姥姥家，我只知道上述的一點。外公外婆是什麼樣子，我就不知道了，因為他們早已去世。至於更遠的族系與家史，就更不曉得了；窮人只能顧眼前的衣食，沒有功夫談論什麼過去的光榮；「家譜」這字眼，我在幼年就根本沒有聽說過。

母親生在農家，所以勤儉誠實，身體也好。這一點事實卻極重要，因為假若我沒有這樣的一位母親，我之為我恐怕也就要大大的打個折扣了。

母親出嫁大概是很早，因為我的大姐現在已是六十多歲的老太婆，而我的大外甥女還長我一歲啊。我有三個哥哥，四個姐姐，但能長大成人的，只有大姐，二姐，三姐，三哥與我。我是「老」兒子。生我的時候，母親已有四十一歲，大姐二姐已都出了閣。

由大姐與二姐所嫁入的家庭來推斷，在我生下之前，我的家裏，大概還馬馬虎虎的過得去。那時候定婚講究門當戶對，而大姐丈是作小官的，二姐丈也開過一間酒館，他們都是相當體面的人。

可是，我，我給家庭帶來了不幸：我生下來，母親量過去半夜，才睜眼看見她的老兒子——感謝大姐，把我揣在懷中，致未凍死。

一歲半，我把父親「尅」死了。

兄不到十歲，三姐十二、三歲，我才一歲半，全仗母親獨力撫養了。父親的寡姐跟我們一塊兒住，她吸鴉片，她喜摸紙牌，她的脾氣極壞。為我們的衣食，母親要給人家洗衣服，縫補或裁縫衣裳。在我的記憶中，她的手終年是鮮紅微腫的。白天，她洗衣服，洗一兩大綠瓦盆。她作事永遠絲毫也不敷衍，就是屠戶們送來的黑如鐵的布襪，她也給洗得雪白。晚間，她與三姐抱著一盞油燈，還要縫補衣服，一直到半夜。她終年沒有休息，可是在忙碌中她還把院子屋中收拾得清清爽爽。桌椅都是舊的，櫃門的銅活久已殘缺不全，可是她的手老使破桌面上沒有塵土，殘破的銅活發着光。院中，父親遺留下的幾盆石榴與夾竹桃，永遠會得到應有的澆灌與愛護，年年夏天開許多花。

哥哥似乎沒有同我玩耍過。有時候，他去讀書；有時候，他去學徒；有時候，他也去賣櫻桃之類的小東西。母親含淚把他[illegible]送，不到兩天，又含淚接他回來。我不[illegible]這都是什麼事，而只覺得與他很生疏。[illegible]相依為命的是我與三姐。因此，她們作[illegible]老在後面跟着。她們澆花，我也張羅着[illegible]她們掃地，我就撮土——從這裏，我學[illegible]花，愛清潔，守秩序。這些習慣至今還[illegible]存着。

有客人來，無論手中怎麼窘，母親也[illegible]法弄一點東西去款待。舅父與表哥們往[illegible]自己掏錢買酒肉食，這使她臉上羞得飛紅，[illegible]感動的給他們溫酒作麵，又給她一些喜[illegible]上親友家中有喜事，母親必把大褂洗[illegible]淨淨，親自去賀吊——份禮也許只是兩[illegible]。到如今為我的好客的習性，還未全改，[illegible]生活是這麼清苦，因為自幼兒看慣了的[illegible]不易改掉的。

姑母時常鬧脾氣。她與在我[illegible]她是我家中的閻王。直到我入了中學，[illegible]去，我可是沒有看見母親反抗過。「沒[illegible]媽的氣，還不受大姑子的嗎？命當如此！[illegible]親在非解釋一下不足以不服別人的時候[illegible]樣說。是的，命當如此。母親活到老，[illegible]，辛苦到老，全是命當如此。她最會吃[illegible]親友鄰居幫忙，她總跑在前面：她會給[illegible]三——窮朋友們可以因此少花一筆「請[illegible]錢——她會刮痧，她會給孩子們剃頭，[illegible]少婦們絞臉……凡是她能作的，都有求

脾气不好的大姑子寿终正寝。

可她并不软弱，在那个兵荒马乱的年代，她一人扛起一家的重负，硬起心肠，“不慌不哭，要从无办法中想出办法来”。

机灵的小庆春绝不妨碍母亲。在他还小的时候，家里没有人手来照料，他总是安静地坐在炕上，拿着点碎布或棉线一玩一天，不哭也不闹。等他能做点事儿了，就总跟着母亲，在一旁打下手儿——递烙铁、添火、送热水与凉水等，还兼管喂狗、扫地，给灶王爷上香。母亲浇花，他跟着取水；母亲扫地，他去撮土。他从母亲身上学到勤劳简朴，爱清洁、爱花，守秩序的好习惯，也和母亲一样好客热情，乐于助人。他对一切人与事，都取和平的态度，把吃亏看作当然。但他也有一定的宗旨与基本的法则，什么事都可以将就，却不能超过自己划的界限。他怕见生人，怕办杂事，怕出头露面，但是到了非去不可的时候，他就会勇敢地站出来。这些特质一生都不曾改变，正如他自己所说，这是母亲给他的“生命的教育”。

宗月大师。

宗月大师

没有他，我也许一辈子也不会入学读书。没有他，我也许永远想不起帮助别人有什么乐趣与意义。

——老舍《宗月大师》

小庆春慢慢长大了，到了六七岁时，舒马氏为难了。她当然知道读书好，想让小儿子去上学，可是小儿子身体不好，家里条件又差，让他去上学，又怕被人欺负，更怕付不起学费。读书识字当然重要，可要是没有钱，一切都别说。如果不是另一个对小庆春非常重要的人物出现，这个穷孩子也许就会这样一字不识下去，再稍大点就弄个小筐，沿街叫卖樱桃花生、煮豌豆什么的，或者去做学徒——他的哥哥就是这样。可以说，后来老舍这个作家之所以能够存在，而且大放异彩，和一位重要人物有着密不可分的关系。

这个人姓刘，字寿绵，也是正红旗人，但家境十分豪富。他的父辈当过粤海道道台，那是最肥的官差。刘家在当时称得上是北京的世家望族，住宅位于西直门大街东段，后花园极大极美。据说，如果把他家的房屋排列起来，可以占据半条西直门大街。小庆春的祖辈曾经服侍过刘寿绵的祖辈，而且立过功，因此两家还有点来往。刘寿绵出身富裕，却并不在意钱财，一心向佛行善，附近的人都喊他“刘善人”。小庆春刚出生时，刘寿绵还曾来看过他。

这天，这位刘大叔突然来到老舍家。他穿戴豪华，嗓音响亮，极有气势，惊动了整个小羊圈胡同，而且给居民们留下了三天也说不完的话题。他管小庆春的母亲叫大姐，一进门，就指着小庆春说：“大姐，孩子几岁了？上学了没有？”母亲为难地支吾了几句，刘寿绵马上决定：“明天早上我来，带他上学，学钱、书籍，大姐你都不必管。”原来刘寿绵自己有一子三女，大女儿和小庆春同岁，因为自己孩子该上学了，也就想起了小庆春。他告诉舒马氏，小庆春聪明伶俐，将来一定很有出息，母亲听了十分高兴。小庆春听说自己能去上学，更是高兴得不得了。第二天，刘大叔拉着“像条不体面的小狗似的”小庆春，送他进了一家私塾，从此小庆春走上了一条完全不同的人生道路。

这家私塾名叫北京私立慈幼学校，位于新街口正觉寺胡同，设在一所道观里，是靠捐款维持的。刘寿绵就曾给这所私塾捐过款。小庆春去的时候，这里共有三十来个学生。天资聪颖的小庆春在这里学习的几年间，各科成绩都是优等，作文尤其出色。后来，他由私塾转入公立学校的时候，刘寿绵又帮了不

正觉寺私塾。

少忙。小庆春对这位刘大叔，充满了感激之情，并时常到刘大叔家中拜访。

刘寿绵的宅子让小庆春大开眼界，两个大院子，而且院中几十间房屋都是出廊的，院后还有一座相当大的花园。宅子的左右前后全是他的房屋。每逢小庆春上门，刘寿绵一定会招呼他吃饭，或给他一些从没有见过的点心。刘大叔是阔大爷，但他并不以富傲人，也绝不以小庆春是一个苦孩子而冷淡。对小庆春来说，刘大叔的热心和善心，都是极有影响力的。

就是这个热心人，虽然有足够的善心，却不善经营。他的财产来得容易，去得也容易。他为穷人办粥厂、放账款、发寒衣、办义学、收养孤儿和孤寡老妇……卖掉了不少财产，其中，很有一部分是被人骗去的，但他并不在意。很快他自己也变成了穷人。后来舒庆春师范毕业的时候，刘寿绵的财产已所剩无几，可他照旧办粥厂、办义学，替贫民办事一片热心，舒庆春极为感动。于是，刘寿绵办贫儿学校，他就去当义务教员；刘寿绵施放粮米，他就去帮着调查和发放。他明白放粮放钱不过是延长贫民少受苦难的日期，但是，看着刘大叔那么热心那么真诚，就不便与他辩论，而只好也出点力了。

后来刘大叔的儿子死了，此时的他已经一贫如洗。1925 年，让人没有想到的是他竟然出家当了和尚，法号“宗月大师”，还让夫人、女儿都当了尼姑。这个绸缎金银堆里长大的富人子弟如今成了穷和尚，每日仅食一餐，入秋的时候还穿着件夏布道袍。对这种穷困的生活他也甘之如饴，依然笑声响亮，脸色红润。如今看到这位和尚的人，大概不会想到他曾是一个在金子里长起来的阔大爷。他慈悲为怀，身体力行，而且言行一致，他的苦行和彻底的向善救人，达到令人难以置信的程度。一日众僧徒凑钱给他缝做一条新棉裤，老和尚早上穿着新棉裤出了门，晚上众徒奇怪，怎么师父又穿着破单裤回来了。追问师父，师父回答说：“坐车回庙时，发现拉车的汉子没棉裤，冻得哆嗦，便和他换了穿。”

宗月和尚很快在北平佛教界里出了名，当了大庙的住持。可是他的治庙办法让人家无法接受，很快就被赶出了庙门——他把庙产和城外的土地都分给了穷人和佃户。这根本违反了常规——庙产只能越聚越多，而不能相反。后来他被派到一个没有任何庙产的古老、破旧的小庙鹫峰寺去当住持。他自己不仅没有钱，还需天天为僧众们找斋饭吃，同时，粥厂等慈善事业也没有丢下，所以他天天奔走不休。他的庙里不应佛事，赶到有人来请，他便领着僧众给人家去念真经，不要报酬。他整天不在庙里，但是他并没忘了修持；他持戒越来越严，对经义也深有所获。

抗战爆发，宗月大师积极声援中国军民的抗日行动。北京沦陷后，日本侵略者利用各种手段威胁宗月大师，让其加入日伪组织的佛教会，授予“满洲国师”称号，邀其访日，都被他严词拒绝。对京津一带出现的大量难民，宗月大师则关心备至，积极组织救济，得到难民的爱戴。

最值得称道的是，宗月大师冒着生命危险，掩埋了抗日战争中阵亡的中国军民遗骸。1937 年年底，日军占领北京城，日本人打扫战场时，只掩埋或火化日军士兵遗体，对中国人的遗骸不管不顾，北京周边战场上数千具中国人的尸体暴露荒野。日本人不掩埋中国军民的遗体，而许多中国人因为怕被日伪政府怀疑通敌，也不敢去收尸。在这种情况下，为了不让阵亡的抗日军民暴尸荒野，宗月大师毅然手举一面自己设计的大旗，领导数十名僧人和少数俗家青年，去掩埋中国军民的遗骸。在寒冬中，他们持续工作了一个多月，找到并掩埋了三千多具尸体。由于气候恶劣，加之年老体弱，宗月大师很快就病倒了，但他坚持掩埋完最后一具尸体，才同大家一起回城。在掩埋过程中，宗月大师本着佛教的悲悯精神，也会将发现的日兵遗体一并掩埋。

掩埋抗日军民遗体的事情被日本侵略者得知后，宗月大师立刻被逮捕，但日伪政府迫于舆论压力，不久又将他释放。

从宗月大师在抗日期间的所作所为，可以感受到宗月大师作为中国僧人的崇高品质。宗月大师悲悯众生，爱国爱教，也得到广大人民群众的敬仰。1941 年，大师圆寂。出殡时，半个京城的贫民，自动走上街头为他送葬——他们都是受过大师恩惠的百姓，成为沦陷的北京城内一桩盛事。

老舍此时正在重庆，当获悉这个消息后，含泪写下一篇悼文《宗月大师》，以纪念他人生中这位重要的贵人——一个默默奉献、不计名利的人，抛却家业、救济穷人的人。他对老舍的影响巨大，后来的老舍也和他一样，乐于助人，扶老恤贫。

北京师范学校

当我由师范毕业，而被派为小学校校长，母亲与我都一夜不曾合眼。我只说了句：“以后，您可以歇一歇了！”她的回答只有一串串的眼泪。

——老舍《我的母亲》

小庆春在北京私立慈幼学校上了 3 年多的学，1909 年转入西直门崇寿寺内城第四学区私立第二小学堂（后称京师公立第二两等小学堂），一入学，就被编入初小三年级。这所学校在西直门大街路南，在这里他又上了 3 年学，直到辛亥革命爆发，停学半年。在这所学校，他结识了同班同学罗常培（字莘田，满族，语言学家，与赵元任、李方桂并称为早期中国语言学界的“三巨头”，中国现代语言学的奠基人之一）。小庆春觉得，罗常培在一般的同学里特别出众，因为他品学兼优，而且长辫子总是垂在肩前，而不像其他人那样放在背后。罗常培也觉得小庆春这人很有特色：一个小秃儿，天生洒脱、豪放、有劲，把力量蕴集在里面而不轻易表现出来，被老师打断了藤教鞭，疼得眼泪在眼睛里乱转也不肯掉下一滴泪珠或讨半句饶。这样，俩人成为了好友，虽然也吵过架，但关系一直不错。下午放学后，小庆春经常跟着家境宽裕的罗常培一起，去小茶馆听评书《小五义》或《施公案》，而每次总是罗常培替他付钱。后来小庆春还迷上了看长篇小说《三侠剑》《绿牡丹》，特别入神，几乎着了迷。他甚至想当黄天霸，每逢四顾无人，便掏出瓦片或碎砖，回头轻喊：“看镖！”有一天去打醋，把醋瓶也这样出了手。后来他自豪地说过，少年时代的自己已经“会听戏”了，曾有幸欣赏过京戏名角儿谭鑫培和郝寿臣的戏，听过“鼓书大王”刘宝全的演唱。

1912 年，京师公立第二两等小学堂改为女校，小庆春和罗常培都转入位于西直门内南草场街的京师第十三高等小学，年底小学毕业。因为成绩好，小庆春还曾被老师指定为代课小老师，帮助教导低年级学生。当时的他梳着大松辫，冬天穿着长棉袄，学识广博扎实，语言幽默风趣，讲起课来像模像样，甚至比正牌的老师口才还好，颇受低年级同学的欢迎。但他有点偏科，只对自己喜欢的科目感兴趣。在私塾里时，他就背了许多古诗古文，写得一手好文章。为了早些结束考试，急于出去玩，曾偷偷帮同班同学的作文《说纸鸢》写开头：“纸鸢之为物，起风而畏雨；以纸为衣，以竹为骨，以线牵之，飘扬空中。”结果先生发现后，没有批评他，反而称赞：“我在北直隶（北京）教书多年，庆春文章奇才奇思，时至今日，诸生作文无有出其右者。”

1932 年，老舍与罗常培合影。

北京市三中校门。

小学毕业以后，哥哥娶了嫂子去外地当差（为筹钱给哥哥结婚要把舒家祖坟地典出去，小庆春还亲手写文书），小姐姐也嫁了人，总是叼着烟袋锅子的姑母也去世了。舒家就只剩下了舒马氏和小庆春，俩人相依为命。亲戚朋友告诉小庆春，你该出去找个事做，或者学手艺，好让母亲松一口气。然而小庆春心里还是想读书，他又考上了京师祖家街公立第三中学，可是不过半年，就因为交不起学费而辍学。怎么办呢？这时候，他听说位于西城丰盛胡同的北京师范学校正在招生。

鸦片战争后，国难日深，民族危机日趋严重，一些开明人士提出

当时的北京师范学校教室。

了兴办教育的主张，如康有为、梁启超、谭嗣同等人就曾上书光绪，奏陈“改良政治，振兴国事，变法维新”，其根本在于“教民”。康有为在《公车上书》中指出：“夫才智之民多，则国强；才智之民少，则国弱。”“学则智，群则强。”梁启超也提出“变法之本在育人才，人才之兴在开学校，学校之立在变科学”的主张。要教民，就要改革旧私塾制，组建新小学；要组建新小学，就得培养新教员。

在这种形势下创建的北京师范是一所五年学制的中等学校，意在培养小学教师。该校经费充足，考试制度严格，校风良好，设备完善，而且学生所需书籍、纸张、文具，以及食、宿、制服都由学校供给。最后这一条打动了小庆春的心，他瞒着母亲，偷偷参加了招生考试。因为招生范围不限地区，而且毕业后就能担任小学教师，还包分配，所以报考人数常常超出录取名额的几十倍。1913 年小庆春顺利地考上了这所学校，直到这时他才有勇气把想继续升学的愿望告诉舒马氏。学费、食宿、书籍、制服倒是不要钱了，可入学前要交 10 元的保证金！舒马氏含着泪，花了半个月终于筹到这笔巨款。她送走住校的小庆春后，自己便找了一所学校去当工友。只要儿子有出息，母亲哪怕有再多的艰辛，都觉得心甘。

小庆春深知母亲的不容易，在校期间十分刻苦，各方面表现都十分优异。师范学校的课程含国文、教育学、教学法、心理学、地理、历史、数学、英文、兵操（即军训）、音乐、体育等，其中他最优秀的科目是国文，而且擅长演讲，在辩论会中多次获得优胜。他还参加了学校的军乐队，排演过话剧，并随学校参加了北京教育运动会，获得徒手操、球杆体操团体第一名，枪操团体第二名的好成绩。

在当时，颇受重视的北京师范学校，师资雄厚，众多师长让小庆春受益匪浅。要说对他影响最大的，还是第二任校长方还。方还的国学造诣极深，尤其擅长古文、诗词和书法，深受其影响的小庆春，开始学着吴梅村等人的风格作诗填词，甚至作赋。方校长不仅会纸上谈兵，还曾组织全校同学去汤山举行野战拉练，全校二百多人都穿着校服，

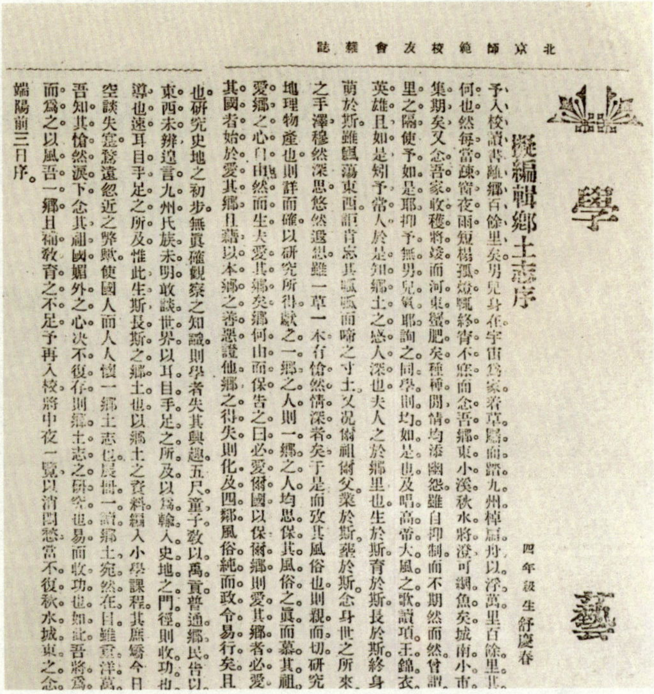
北京師範校友會雜誌

學藝

擬編輯鄉土志序

四年級生 舒慶春

予入校讀書距鄉百餘里矣男兒身在宇宙爲家若草鷗而踏九州棹扁舟以浮萬里百餘里其何也然每當疎窗夜雨短榻孤燈輒終宵不寐而念吾鄉東小溪秋水將澄可網魚矣城南小市集期矣又念吾家收穫將竣而河東蟹肥矣種種閒情均添幽怨雖自抑制而不期然而然曾謂里之隔使予如是耶抑予無男兒氣耶詢之同學則均如是也及唱高帝大風之歌讀項王錦衣英雄且如是矧予常人於是知鄉土之感人深也夫人之於鄉里也生於斯育於斯長於斯終身萌於斯雖飄蕩東西詎肯忘其呱呱而啼之寸土又況爾祖爾父業於斯葬於斯念身世之所來之手澤穆然深思悠然遐想雖一草一木有愴然情深者矣于是而攷其風俗也則親而切研究地理物產也則詳而確以研究所得獻之一鄉之人則一鄉之人均思保其風俗之貞而慕其祖愛鄉之心自油然而生夫愛其鄉矣鄉何由而保告之曰必愛爾國以保爾鄉則愛其鄉者必愛其國者始於愛其鄉且藉以本鄉之善惡證他鄉之得失則化及四鄰風俗純而政令易行矣且也研究史地之初步無貴確觀察之知識則學者失其興趣五尺童子教以禹貢普通鄉民告以東西未辨迂言九州氏族未明敢談世界以耳目手足之所及以爲輸入史地之門徑則收功也導也遠耳目手足之所及惟此生斯長斯之鄉土也以鄉土之資料編入小學課程其庶矯今日空談失實鶩遠忽近之弊歟使國人而人人懷一鄉土志也展卷一讀鄉土宛然在目雖重洋萬吾知其愴然淚下念其祖國媚外之心決不復存則鄉土志之研究也易而收功也如此吾將爲而爲之以風吾一鄉且補教育之不足予再入校將中夜一覽以消悶愁當不復秋水城東之念

端陽前三日序

1919 年 4 月载于《北京师范校友会杂志》第一期的舒庆春《拟编辑〈乡土志〉序》。

扛着方校长发的枪弹，列着队唱着歌，从居庸关出发，然后分队进行占领“阵地”的演习。

素以书法闻名的方还待小庆春十分亲厚，去世前曾给小庆春写了一副对联：“四世传经是谓通德，一门训善惟以永年。”用笔运墨极为精妙，可算他老人家的杰作。这副对联老舍十分珍爱，无论走到哪里都随身携带，并挂在住处最显眼的地方。

1919年4月，北京师范学校校友会成立并创办《北京师范校友会杂志》。身为优秀学生的小庆春为这本杂志贡献不少，第一期就刊有他一篇作文《拟编辑〈乡土志〉序》，一篇与同学合作的《参观津、保小学校特别调查报告》及9篇旧体诗。这几篇作品都是古文。小庆春在学校不仅受到了极好的教育，打下了极好的古文诗词底子，而且各方面都表现出色，爱国和救国之情也越燃越高。他在《拟编辑〈乡土志〉序》中说：“必爱尔国以保尔乡。则爱其乡者必爱其国，爱其国者始于爱其乡。……使国人而人人怀一《乡土志》也，展册一读，乡土宛然在目，虽重洋万里之外，否知其怆然泪下，念其祖国，媚外之心决不复存！”他想通过编写《乡土志》对国人进行爱国爱乡教育，来表达一个年轻人心底对爱国主义精神的呼喊。

1918年，19岁的小庆春以第五名的好成绩（全班共42人）从北京师范学校毕业。在校期间，因为他品学兼优，表现出众，师长们对他都印象很好，大加推荐。毕业后不久，他便接到京师学务局颁发的委任令，派他担任京师公立第十七高等小学校兼国民学校的校长。

毕业照合影（老舍位于第二排左八）。

2

糊 口 四 方

初 掌 教 鞭

为什么要教育？救国。怎样救国？知识与人格。这在一办教育的时候便应打定主意，这在一愿作校长教师的时候便应该牺牲了自己的那点小利益。

——老舍《猫城记》

舒庆春刚出校门，不过是个不到 20 岁的大孩子，如今成了堂堂的小学校长啦。当然，在那个年月，他这个年纪完全可以成家立业，抱上孩子了。在担任小学校长期间，他每天吃、住都在学校，一心扑在教育事业上。他和同样刚从师范学校毕业的几个同事，都力求转变教育观念，以统一教育思想，提倡教育创新。于是他们采用了新教材，开设了新课程，实行了新的学生管理办法，用新的思想去启发、教育学生。校长还常常和学生一起参加课余活动，和教师们一起研究教材、教法，以及与工友们一起打扫校园、

方家胡同小学校门与校园一隅。

方家胡同小学校内的老舍塑像。

方家胡同小学的校训：发扬老舍精神，做真善美的人。

养花种草。经过这位年轻的校长和他同仁们的共同努力，用新的思想把学校办得越发出色，学生家长们由衷地称赞老舍治校有方。

鉴于舒庆春担任校长一职时的良好表现，1919 年下半年，他被京师学务局选派赴江苏省考察小学教育，先后在南京、上海、无锡等地查访了二十多所小学校，并与其他考察人员一起撰写了《参观苏省小学教育报告》。他不仅在学校中对孩子进行教育，还经常作为志愿者参加教学活动，如在刘寿绵办的贫儿学校和地方中学做义务教员，帮助贫苦孩子读书。他积极参与推广平民教育，如带领老师和学生使用新教材，坚持贯彻“以平民精神陶冶儿童的心、以勤劳主义锻炼儿童的身、以自学主义发展儿童的脑”的办学宗旨，使学生得到全面发展。

这一时期，五四运动爆发，刚当上小学校长的舒庆春深受影响。可以说，如果没有五四运动，舒庆春大概也成不了作家老舍。因为那时他的人生，无外乎兢兢业业地办小学、恭恭顺顺地侍奉老母、规规矩矩地结婚生子。五四运动提出的反封建、反帝国主义，一下擦亮了舒庆春的眼睛，给了他一个全新的视界；五四运动彻底地不妥协地反对封建主义、反对帝国主义的革命精神，冲击着老舍的思想，使他的思想转变了。幼年时上私塾，他第一天就先郑重其事地给孔圣人的木牌位行礼，之后的每天上学、下学都要向那牌位作揖。这本来是天经地义，也从不敢怀疑的至理，然而现在的他“敢于怀疑孔圣人了”。他开始以批判的眼光审视“老人老事”，也对自己的民族开始了反思。他在小学读书时就知道了国耻，可是直到五四，才知道一些国耻是怎么来的，而且应该反抗谁、反抗什么。他说：“以前，我常常听说‘中国不亡，是无天理’这类的泄气话，而且觉得不足为怪。看到了‘五四’运动，我才懂得了‘天下兴亡，匹夫有责’。这运动使我看见了爱国主义的具体表现，明白了一些救亡图存的初步办法。反封建使我体会到人的尊严，人不该作礼教的奴隶；反帝国主义使我感到中国人的尊严，中国人不该再作洋奴。这两种认识就是我后来写作的基本思想与情感。”（老舍《“五四”给了我什么》）应该说，他后来不少长篇创作的主题思想，从这时就已经开始酝酿了。对人性、民族性和国家的思考，也成为他日后创作的基础和母题。

再有，就是白话文的兴起。以前，只有满口“之乎者也”的读书人能写作、能出版，而且写作出版也有它的一定之规。可现在的创作却可以引用街坊邻居——可都是些“贩夫走卒，引壶卖浆者流”口中天天说的话——一些不登大雅之堂的人物，这可多么新鲜！像千千万万同时代的青年人一样，擅长古文诗词、深感其中陈腐的舒庆春大为兴奋，他开始尝试使用白话文创作。这时的他还没想过要投稿，更像是自娱自乐。他有许多新奇的感受，觉得“什么地方都是诗”，却又捉摸不到明朗的诗句，迷惘而伤感。他想象着月色可能是蓝的，石头是有感觉的，却又没有胆子把蓝月与活石写出来。

他有个北京师范学校时的同学在日本，向他写信约稿，他尝试性投了几篇，还真登出来了。就是在日本广岛高等师范学校中华留日学生编辑的《海外新声》期刊一九二一年二月第一卷第二号上署名“舍予”的3首新诗《海外新声》：

（1）

不是炮弹的炸裂，
不是锣鼓的乱碰，
太平洋的潮声，
惊醒了多少酣梦。

（2）

我时时看见你们，
虽然没有你们的相片。
坚忍不拔的精神，
含在新声的里面。

（3）

你们挨饿受冻伴着荒岛，
为什么不在这里听杜威、罗素？
要设法超度他们，
快快脱了军国的劫数！

“舍予”是舒庆春的字，最早见于1919年《北京师范校友会杂志》第一期里刊载的《姓名录》。这个字明显是由他的姓拆解而来，其中有“舍我”的含义。舍弃自己，是为了他人，为了救国。后来他的笔名“老舍”，也是在这个意义上衍化出来的。

5月，在这本杂志的第一卷第三号上，又登出他的一篇短篇小说

《她的失败》。这两篇作品是使用白话文的尝试，尚显稚嫩。

1920年，因为他就任小学校长期间成绩卓异，京师学务局又升了他的职，调他任郊外北区劝学员，这是个工作清闲而待遇优厚的职务。劝学员全北京一共有4人，分别负责郊外东南西北4个区域，上有劝学员长1人，5人组成京师劝学办公室，功能类似于今天的教育局。劝学员的主要职责是管理所辖区域内的学校事务，该区域内所有的地方设学校及私人设学校，都归该区域的劝学员管理视察，并转呈学务局注册。北郊劝学员的管辖区域包括西直门外、德胜门外、安定门外、东直门外等，月薪有一百多元。尽管发下来的钞票一元只能当几角用，每月的薪水也不可能一次性发完，总要拖欠一些。在当时，小学校长也不过挣40元月薪，因此舒庆春的这次升职，很多人都十分羡慕。

就任劝学员期间，舒庆春勤勤恳恳，四处巡视，力争办好辖区内的学校。他呈请解散17所不合格的旧私塾，建立马甸清真教公立国民学校，还和同学合作编写体育教材《舞剑图》。这一时期，他还担任了教育部通俗教育研究会讲演股会员和京师公立北郊通俗教育讲演所所长、京师公立北郊阅书报处经理、京师私立小学教员夏期国语补习会经理等职务。京师私立小学教员夏期国语补习会为期两周，帮助京师私立小学教员补习国音、国语文法和国语教授法。舒庆春经理总揽一切，从没要求什么酬劳，仅在会费中报销了10元的车马费开支。

但是，教育界并不像这个初出茅庐的年轻人想象的那样美好蓬勃，相反地充满了污浊黑暗，搪塞敷衍。刚上任没多久，舒庆春向京师学务局呈递一份报告，要求惩处一个对其建立的学校毫不尽心，反而占用校舍处理私务的地方商人。他满以

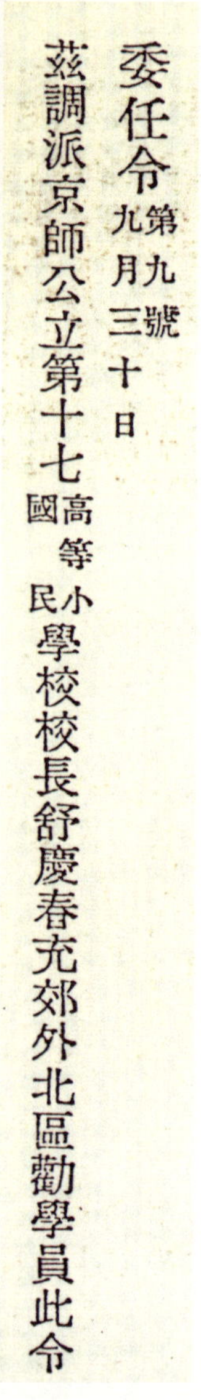
委任令 第九號 九月三十日

茲調派京師公立第十七高等國民小學校校長舒慶春充郊外北區勸學員此令

（左）劝学员委任令。

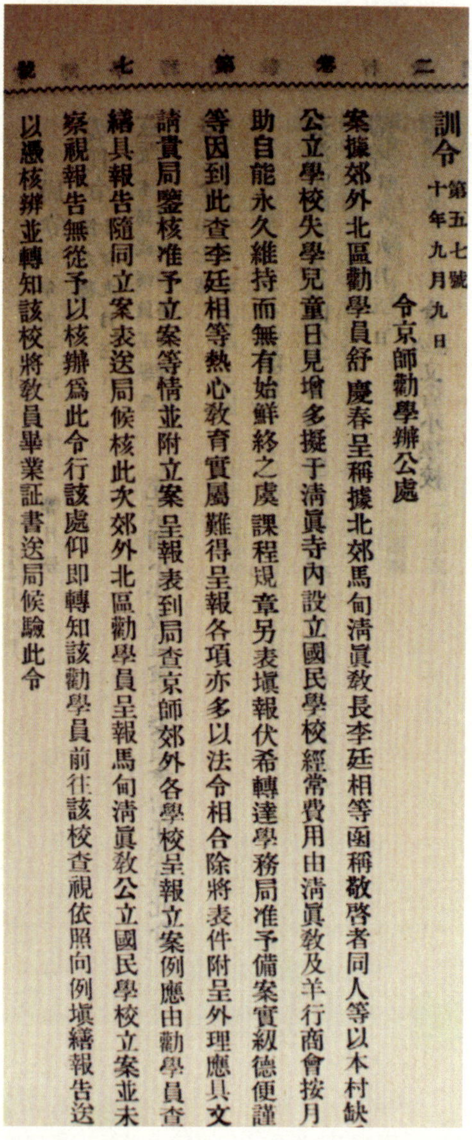
訓令第五七號 十年九月九日

令京師勸學辦公處

案據郊外北區勸學員舒慶春呈稱據北郊馬甸清眞教長李廷相等函稱敬啓者同人等以本村缺公立學校失學兒童日見增多擬于清眞寺內設立國民學校經常費用由清眞教及羊行商會按月助自能永久維持而無有始鮮終之虞課程規章另表塡報伏希轉達學務局准予備案實紉德便謹等因到此查李廷相等熱心教育實屬難得呈報各項亦多以法令相合除將表件附呈外理應具文請貴局鑒核准予立案等情並附立案呈報表到局查京師郊外各學校呈報立案例應由勸學員查繕具報告隨同立案表送局候核此次郊外北區勸學員呈報馬甸清眞教公立國民學校立案並未察視報告無從予以核辦爲此令行該處仰即轉知該勸學員前往該校查視依照向例塡繕報告送以憑核辦並轉知該校將教員畢業証書送局候驗此令

（右）1921年9月9日，京师学务局训令：同意设立马甸清真教公立国民学校。

为报告清晰，有理有据，递交后上级会惩处奸商，以维持学校正常运行，结果两个月后，批复下来，只有几句简短含糊的“请撤原案，免于追问”云云。这种不了了之的结果，令年轻的舒庆春十分失望。他还曾与其他25人一同联名上书教育部，针对北京教育会改选所暴露出的种种弊端，提请当局“设法取缔，以彰公道”，但这件事也同样没了下文。他逐渐发现，一切似乎都没什么改变，之前鼓吹的“教育革新”、“人性发展”，统统敌不过人情和关系。劝学员的职位让他更多地接触到教育界的乌烟瘴气，此时血气方刚的青年，感到十分迷茫、失落。

“二十三，罗成关”

我总感到世界上非常的空寂，非掏出点钱去不能把自己快乐的与世界上的某个角落发生关系。

——老舍《小型的复活》

“二十三，罗成关”。这是一句民间俗语，把二十三岁（虚岁）当作青年人生命中的第一道关卡。细细想来也有道理。二十一二岁的年轻人，正是脱离了孩童的懵懂，向着成人的圆熟转变的关口，正要学着成人们行事，一脚刚踏进社会的门槛。在舒庆春那个年代，很多人在这个年纪已经开始工作，如果工作上顺利，也就学着前辈的样，吃喝玩乐嫖赌抽，忙着学应酬；如果工作压抑，难免憋屈牢骚，内心郁闷。即使是不肯随波逐流的老实人，在这个年纪也多半为恋爱烦恼了。还有不少人一边忙着大学毕业考试，一边却又套着“毕业即失业”的箍儿，大家都面临着过大的心理和生理的双重压力。即使在今天，对这个年纪的青年人来说也是有些危险的，何况当时。年轻气盛的他们，在社会的黑泥潭里哑了火，难免心灰意冷，找些玩意儿打发时间。

这时的舒庆春也开始去看戏，泡戏园子，听名角儿，学流派唱腔。很快地，他也能唱上几段，大家聚会时也能露上几手了。他学会了抽烟喝酒，和朋友们聚一起的时候总是喝上几斤，热热闹闹地评说一通，然后再凑一桌打麻将。尽管他并不算牌，但“决不承认自己的牌臭，只要有人张罗”，就通宵达旦叼着烟卷摸啊搓啊，即使手心发热，脑子发晕，也绝不下牌桌。喝得多了，牌散场了，回家的路上，晕晕乎乎地把手绢包着的钱包一气交给洋车夫保存，这样的事也不是没有发生过。这种生活对健康一点益处也没有，加上舒庆春本来就有点先天不足——幼时家里贫困，母亲又没有奶水，只靠些水化糕干养活，营养不良是肯定的。现在，他变得更为瘦弱，痰里都带着血丝。

另一方面，在母亲看来，小庆春已经到了该成家立业的时候了。这儿子现在出息了，有公职，挣着百多块大洋，不愁找不到好媳妇。她很快物色了一个门当户对的满族姑娘，马上就替老儿子下定了。结果，她高高兴兴地通知儿子准备结婚的时候，舒庆春着了急。时代已经变了，民国元年铰了辫子，五四运动又放了妇女的小脚。西洋人那套自由恋爱、婚姻自主的态度，也逐渐成了中国知识青年的救世福音。现代青年已不甘受指腹为婚、媒妁之言、家长包办的摆布，一心追求自己的爱情，要求双方要有共同生活的基础、共同语言、共同爱好。舒庆春并不愿意娶一个自己不认识的又大字不识的姑娘，但亲事已定，要退婚肯定会令老母亲十分伤心，纠结不已。最终他请来姐姐帮忙说服母亲，母亲“含着泪点了头”退了婚。儿子不肯听话，还倔强地退掉了那么好的一门亲事，对舒马氏是一大打击。伤了母亲的心，对舒庆春来说，他也同样难受。在这内外交攻之下，他生了大病，这“罗成关”差点没闯过去。病愈后，他到京郊的卧佛寺去静养了几天，趁机又回顾了一下自己这几年的生活，最后他决定辞职，重新安排自己今后的生活。

没想到，这个充满干劲、持之以恒，又重视实效的年轻人，竟然跑去替刘大叔开的贫儿学校和地方中学做义务教员。清早，向人学形意拳、六合拳和剑术；晚上到缸瓦市基督教堂夜校学英文，一星期上五次，每次两小时，每月一块钱学费。这个英文夜校由刚从英国留学回来的宝广林主持，舒庆春和他结识后，加入了他组织的“率真会”和“青年服务部”，开始投身于宗教改革和社会服务事业。这一时期，他常和一些志同道合的青年，不分教育程度、不分信仰，也不管其出社会了没有，大家聚在一起，热火朝天地谈教育、谈文学、

缸瓦市基督教堂和主日学教室。

谈宗教，当然谈得最多的还是如何改造社会，为社会服务。1922年夏天，他加入了设在缸瓦市基督教堂内的由宝广林任校长的西城北京地方服务团附设的铭贤高等小学及国民学校，负责教务及修身、音乐课程。这所学校秉承的办学宗旨是“以平民精神陶冶儿童的心、以勤劳主义锻炼儿童的身、以自学主义发展儿童的脑”，主要招收来自西北城的贫困儿童，不仅免收学费，还发放日常学习用品。

20年代的许地山。

这期间，他结识了常来缸瓦市基督教堂的许地山。许地山是基督徒，刚从燕京大学毕业留校任教，常去教堂做义工。这可是个“有学问的人”，却没什么架子，爱说笑话，说得很有趣。中学毕业的舒庆春便试着向这个名牌大学毕业生请教自己心中的困惑，他发现对方很乐意把自己所知道的都告诉他，正如他愿给人讲故事一样。许地山不自傲、不轻视人，与他相处很轻松，和谈笑话似的有什么便说什么，不矜持也不厌倦。两人遂为好友。

那时候，各种舶来的主义、引进的学说，在神州大地上方兴未艾。尤其是青年，总是对这样的主义或那样的学说最感兴趣。国家有难，他们深感肩上责任重大，怀着一腔悲愤之情，潜心寻找一条能够救中国的道路。实业救国，科学救国，教育救国，暴力革命，不断革命，社会主义，神爱世人……种种皆有。青年舒庆春也在寻找自己的路，在宝广林和许地山的影响下，他首先选择了基督教。基督教构建的天国正和他的救世思想合拍，而且那时中国籍的教徒们正在酝酿从英国传教士手中接管教堂，实行华人自办，这件事对他也有很大的吸引力。于是他在缸瓦市基督教会接受了洗礼，然后以教徒身份直接插手制定教会章程和移交会产，为教会拟出规约草案。这一草案经讨论修改后正式通过，系统完整地规定了教会的宗旨和组织原则，是一份力图使基督教中国化的改革大纲，集中体现了舒庆春的宗教救国思想。

值得注意的是，中国人在信仰上从来是包罗万象，佛道儒和谐共处，土地庙狐仙庙龙王庙井水不犯河水。从古时候起，就没有一种宗教能真正在中华大地独领风骚，彻底剪灭其余。若是研究古代各种外来宗教在中国的传播史就能看出，像其他国家的宗教那样，完全排挤异己是不可能的。相反地，它们慢慢地都学会了妥协，或起码是睁一只眼闭一只眼。这一点在许地山和舒庆春身上都有所体现，他们两人都深受佛教影响。许地山的母亲是佛教徒，舅父是和尚，虽然自己神学院毕业，但后来又去读宗教史和宗教比较学，硕士论文是介绍的《法华经》，还曾在世界基督教大会上介绍道教。对佛教经典他极为熟悉，后来有一次舒庆春请他介绍佛教入门书籍，他竟开出一张六十几部佛学入门必读书的单子。舒庆春则总忘不了宗月大师的慈悲为怀，与人为善。后来老舍曾评价许地山："我不相信他有什么宗教的信仰，虽然他对宗教有深刻的研究，可是，我也不敢说宗教对他完全没有影响。"

其实用这句话来评价他自己也十分适合，尽管他对宗教的研究不算深刻。老舍的基督教信仰并不追求形式，如他从不去教堂做礼拜，吃饭前也不祷告，家里也不摆放圣诞树。他信仰基督教，更多的是崇尚基督与人为善和救世的精神，为的是找到救国之路。

有趣的是，日后他笔下的洋牧师，或是教徒，形象并不都是那么光彩。《二马》中的伊牧师、《四世同堂》中的窦神甫、《神拳》里的乔神甫、《正红旗下》中的牛牧师、《柳屯的》中的柳屯的、《正红旗下》中的多老大等，几乎都称得上是反面形象。《二马》中的伊牧师——一个在中国传了20多年教的老牧师，他是怀着殖民野心来到中国的。"他真爱中国人：半夜睡不着的时候，总是祷告上帝快快地叫中国变成英国的属国；他含着热泪告诉上帝：中国人要不叫英国人管起来，这群黄脸黑头发的东西，怎么也升不了天堂！"他既歧视中国人，又想尽一切办法利用中国人为自己服务，他之所以想尽一切办法动员老马入教，实际是想在自己的同胞面前炫耀自己对中国的影响力；他热情鼓动老马撰写中西文化对比的书籍，实际是为了将来自己能把它翻译成英文出版，既能出名，又能在英国人面前展览中国的落后和愚昧，讨好英国学界，将来自己好顶英国伦敦大学文科教授的美差。

《四世同堂》中的窦神甫更是好坏不分，没有是非观念，缺乏传教士起码的正义感和良知。当瑞宣怀着敬畏和肃穆的态度向窦神甫请教中日战争前景的问题时，这位意大利神甫只是语气冷漠地回答："我不知道，我只知道改朝换代是中国历史上常有的事！"

《神拳》里的乔神甫出场不多，但是这位传教士淫荡好色、贪财霸道、阴险龌龊、残酷暴力的个性却刻画得十分清晰。乔神甫一直对容貌姣好的荷花垂涎三尺，图谋不轨，被荷花当场揭露后，竟然厚颜无耻地说："荷花，为什么怕我呢？你有罪，我来救你！你应当去做修女，把身体、灵魂都献给圣母！只有那样，圣母才会饶恕你！"教堂被义和团烧掉，他以此大做文章，梦想大捞一笔横财："那座神的宝殿是五万两银子修盖的，神嫌它简陋，我要求你们赔偿三十万两，派民工五百名，重新修建！神的殿宇原来占五顷地，我要求再拨十五顷地！"为了搞臭义和团，他让孙县长鼓动衙役假扮义和团人员去奸淫抢掠，散布谣言，蛊惑人心，对侵略中国的行为，他堂而皇之、厚颜无耻地说："外国兵来得越多，就越好早早瓜分中国，处处都叫我们文明人管起来，你们就有了福！"

《正红旗下》中的牛牧师，在美国穷困潦倒时，受舅舅的指引来到中国传教，有了自己的住房，用上了男女仆人，身体开始发福。对工作他并不热心，对教友他有自己的一套看法：对有钱的教友虽然反感，但考虑到他们圣诞节礼物的丰厚，代表主宽恕了他们；对于没钱、人品好，虽然按时做礼拜，但不巴结他的教友，在祷告时他祈求主让他们下地狱；对于多老大这类，虽然没有钱，但没有架子，处处奉迎他的教友，他却非常喜欢。所以在多老大欺压王掌柜这件事上，他偏听偏信，助纣为虐，但当定大爷出面调停此事时，他却受宠若惊，借此攀附权贵。"他须抓住定禄，从而多认识一些达官贵人，刺探些重要消息，报告给国内或使馆，提高自己的地位"，这才是他内心真实的想法。

《柳屯的》中的"柳屯的"是夏廉为延续香火在柳屯勾搭上的一个娘们，作品中并未给出这个女人的真实姓名，仅以"柳屯的"指称。这个阴险强悍的女人先努力赢得夏家父子的好感，不久控制了夏廉，撵走了夏大嫂和三个女儿，将夏老者夫妇赶出上房，并与村里偷情的张二愣、醉鬼刘四、骂街的宋寡妇等沆瀣一气，加入了基督教，借洋教欺压村人、诅咒夏家，成为村中霸王。

《正红旗下》的多老大又懒又馋，无论做什么，他的劈面三刀总是非常漂亮，叫人相信他是最勤恳的人，酒足饭饱后一点也不勤恳，睡觉时连灯都懒得吹："没有灯亮儿，我睡不着！"全家人都反对他入教，可他却非常坚决："你看，财神爷，灶王爷，都不保佑我，我干吗不试试洋神仙呢？这年头，什么都是洋的好，睁开眼睛看看吧！"他倚仗洋教，不仅不还王掌柜的旧债，还要借机赊欠肘子并向王掌柜强借四吊钱，遭到王掌柜拒绝后，恼羞成怒，竟然昧着良心向牛牧师诬赖王掌柜是奸商，欺诈教友，诽谤教会。教徒里也有《老张的哲学》里李应和赵四这样的，他们一个入教为的是教会组织做好事，而且教堂有整齐严肃的风貌；一个入会是为了基督教勇敢好斗。老舍并不一味赞美基督教，也不诋毁它，只是如实描写当时国内基督会里众人的脸孔。

1922年9月，舒庆春又上了天津，去南开学校中学部接替罗常培

1922年老舍（第一排左二）等南开校刊编委会成员合影。

的教职，教授初中国文，并兼任辅导员。这份工作只有50元薪水，而且十分忙碌，和劝学员的工作没什么可比性。亲戚朋友说什么的都有，但舒庆春并不在意。现在，他脱离了那像潭死水一样的教育局，再也犯不着和那些官场里自己厌恶的蛀虫们应酬，也用不着再借酒消愁，沉迷麻将。他很快活，天天与书本相伴，面对的都是可爱的孩子。孩子在他心中永远是美好的，是将来，是希望，是明天。

天津南开中学校门。

不久，就是中华民国国庆“双十节”。舒庆春在庆祝大会上慷慨发言：“我愿将‘双十’解释作两个十字架。为了民主政治，为了国民的共同福利，我们每个人须负起两个十字架——耶稣只负起一个：为破坏、铲除旧的恶习，积弊，与像大烟瘾那样有毒的文化，我们须预备牺牲，负起一架十字架。同时，因为创造新的社会与文化，我们也须准备牺牲，再负起一架十字架。”

他们学校有青年会童子部，有鼓励修身的晨更团、基督教外围团体查经班，还有汉文演说会。作为老师和顾问的舒庆春不仅参与，而且还积极指导。孩子们也很努力，他从孩子们身上看到了美好明天，看到了救国的希望。

在南开任教期间，替校刊救急，他又写了一篇短篇小说《小铃儿》，发表在《南开季刊》上，署名舍予。这篇小说讲的是一个叫张德森的小学生，大家都叫他小铃儿。在老师的教导下，这个聪明伶俐、人人喜爱的小铃儿，极讨厌李鸿章，讨厌小日本，老惦记着长大了要去宰鬼子。他找了一些身强体壮的小伙伴，天天对打，以便将来长大了去打日本。后来小铃儿和伙伴们袭击了洋教堂里的孩子，把他们当洋鬼子给打了，结果学校以聚众斗殴为由开除了小铃儿。

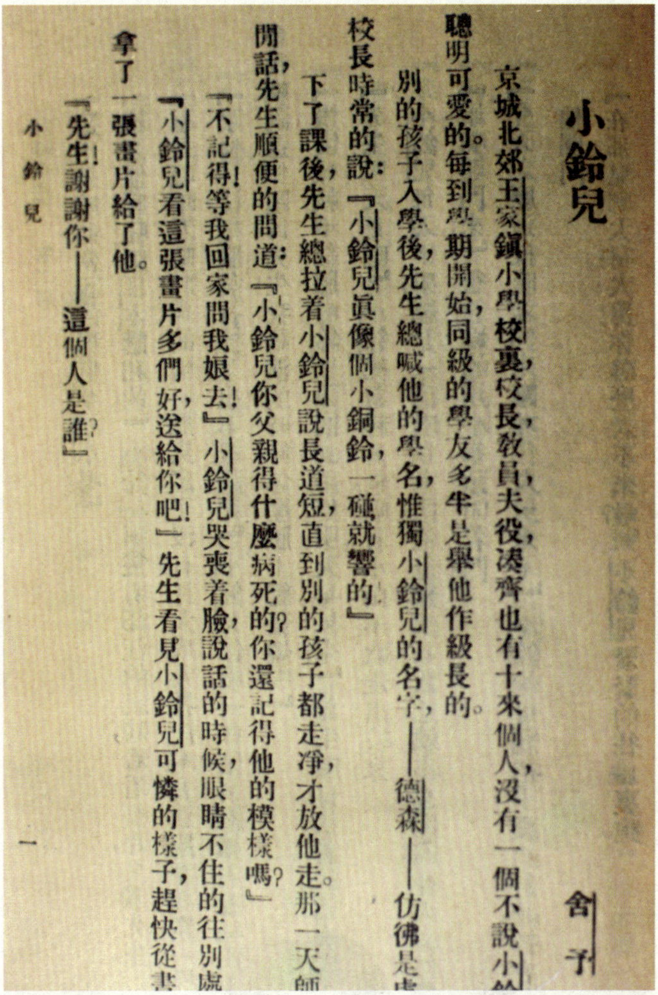
小鈴兒

舍予

京城北郊王家鎮小學校裏，校長教員夫役，湊齊也有十來個人，沒有一個不說小鈴
聰明可愛的。每到學期開始同級的學友多半是舉他作級長的。
別的孩子入學後先生總喊他的學名，惟獨小鈴兒的名字，——德森——彷彿是
校長時常的說：『小鈴兒眞像個小銅鈴，一碰就響的』
下了課後先生總拉着小鈴兒說長道短，直到別的孩子都走淨，才放他走。那一天師
閒話，先生順便的問道：『小鈴兒你父親得什麼病死的？你還記得他的模樣嗎？』
『不記得！等我回家問我娘去！』小鈴兒哭喪着臉說話的時候，眼睛不住的往別處
『小鈴兒看這張畫片多們好，送給你吧！』先生看見小鈴兒可憐的樣子，趕快從書
拿了一張畫片給了他。
『先生！謝謝你——這個人是誰？』

小鈴兒　一

《小铃儿》载于1923年《南开季刊》第2、3期合刊号。

从小说主人公身上，看得出不少舒庆春自己的影子：幼年丧父，有个厉害的对母亲不好的姑母，母亲一个人靠替人做针线支撑家里，他聪明伶俐，深得师长和同学的喜爱。他受到老师的影响，把打日本人当成爱国的表现，在同伴的起哄下，竟将北街洋教堂的孩子打一顿也当作爱国的前奏。这种朴素而略显幼稚的爱国主义，本该得到大人们，尤其是教师的引导，然而学校当局的应对则是开除了人人喜爱的小铃儿。这篇小说凸显了爱国主义的主题和反对帝国主义的明确态度，同时也能看到作者对什么是爱国、

应该怎样爱国、应该怎样教育孩子们爱国等问题的思考。在他后来的创作中，这种取材于自己生活经历，并带有一定自传性的作品仍持续出现，而爱国主义则是一条贯穿其中的主线。

靠着“做正经事”，靠着勤奋苦干，舒庆春的“罗成关”总算是顺利渡过了。

东方学院

> 想打倒帝国主义么，啊，得先充实自己的学问与知识，否则喊哑了嗓子只有自己难受而已。
>
> ——老舍《东方学院》

1923年，老舍赠给同班好友的半身像。

在南开教了一个学期，舒庆春又回到北京，在北京教育会做文书，后来又在缸瓦市中华基督教会任主日学主任，专给孩子们进行宗教教育。没多久，当上京师公立第一中学（现北京市一中）代理校长的罗常培，又聘请这位老朋友去一中，教国文、音乐、修身等课程。当时著名戏剧家翁偶虹正在一中就读，后来他曾回忆：“老舍先生教国文，不是硬邦邦地囿于一篇古文而字斟句酌，他的讲课内容极广，凡是与他讲解的文章有联系的东西，无不涉及。有一次，他讲骆宾王的《为徐敬业讨武曌檄》，从武韦之乱讲到开元、天宝，唐明皇与杨贵妃；从《长生殿传奇》讲到‘絮阁’、‘小宴’、‘闻铃’、‘弹词’，他逸兴遄飞地唱了一支‘二转货郎儿’的曲子：‘想当初庆皇唐太平天下，访丽色把娥眉选刷……’一边唱，一边用手拍着板。学生们听呆了，不知唱的是什么歌。……又有一次，老舍先生教授诸葛亮的《出师表》，把文章讲透之后，又谈起京剧里的诸葛亮来。他依然是逸兴遄飞地大讲谭鑫培演《失街亭》如何地传神，当念到‘……悔不听先帝之言，错用马谡，乃亮之罪也’时，如何从神色苍郁、字音沉重的表演上，体现了诸葛亮内疚自责的痛悔之情。”

这位讲起课来有声有色、旁征博引、眉飞色舞的老师，深受学生们欢迎。可是，这些工作给他带来

易文思（Robert Kenneth Evans，又译艾温士）。

的收入，也就每月四十余元，和以前相比是大大不及，生活也变得十分艰苦。可他执意拒绝同流合污，虽然他曾为母亲买御寒衣物及米面，在冬天卖掉了自己的皮袍，并自我解嘲：“冷风会令我的骨头更硬。”

1923年，舒庆春经宝广林推荐，结识了从英国伦敦传教会来燕京大学神学院任教的易文思教授（Robert Kenneth Evans，又译艾温士），并由此到燕京大学旁听，继续学习英语。1924年夏，舒庆春在易文思、宝广林等的推荐下，到伦敦大学东方学院任中文教员，讲授中国语言、文学等。到国外教书，收入稳定，借此可减轻一些经济负担，另外也可以开阔眼界，探寻英国之所以强、中国之所以弱的原因。所以尽管儿行千里母担忧，他也咬着牙踏上了去国外的轮船。

“笃信好学”条幅下面小字：读书达理则心平识远，富贵名利无所乞求；旦夕警策守之终身，便是真君子大英雄。甲子之夏将有英伦之游，书应涤洲仁弟正鉴。小兄舒舍予。

◀老舍去英国前，书赠好友白涤洲的“笃信好学”条幅。

泰晤士河与伦敦大桥旧景。

1924年9月，25岁的舒庆春在伦敦郊区的蒂尔伯里码头下了船。验护照时，身为中国人的他得排在英国人后面，还被盘问了不少时间。他后来自嘲地说，自己那时讲的“既不象英语，也不象德语，细听才听得出——原来是‘华英官话’。那就是说，我很艺术的把几个英国字匀派在中国词里，如鸡兔之同笼。英国人把我说得一愣一愣的，我可也把他们说得直眨眼；他们说的他们明白，我说的我明白，也就很过得去了”。其实早在北京师范学校上学的时候，他的课程里就有英文课，1921年夏天又在缸瓦市基督教堂的夜校补习过英文，认识易文思教授并经其介绍，老舍又在业余时间去燕京大学旁听英文，英语水平进一步得到提高。很快地，他就在《生命》杂志上发表了一篇译文《基督教的大同主义》。

从码头坐火车到了市区，易文思前来迎接，并把他带到巴尼特区事先租好的一栋二层小楼的住所。房东是一对英国姐妹，同住的还有许地山。后来他又新结交了如宁恩承等一些朋友，有了这些朋友的陪伴，很大程度减轻了他的乡愁，也免去了独处异国的冷寂和孤独。

东方学院是伦敦大学下属的学院之一，主要是教授远东近东和非洲的一些语言文字，重要的语种都成立独立的学系，比如中国语、阿拉伯语等。在各独立的学系中，如中国语文系大都有一位教授和两位讲师。教授差不多全是英国人，两位讲师中总有一位英国人，另一位是外国人。这三个人算作固定教师，临时需要时再另请讲师，比如有的学生如果要求学厦门话或绍兴话，而固定讲师又都是学官话的，那么就得临时请人来教。舒庆春在中国语文系教华语，属于固定讲师，他的合同自1924年8月1日起，为期5年，年薪250镑，按月支付。

当时英国普通学生每年生活费

要300镑左右，舒庆春250镑薪水既要维持自己的生计，还要寄钱回国赡养老母，日子自然过得紧巴巴的。宁恩承回忆说，那时他“一套哔叽青色洋服冬夏长年不替，屁股上磨得发亮，两袖头发光，胳膊肘上更亮闪闪的，四季无论寒暑只此一套，并无夹带。幸而英国天气四季阴冷，冬天阴冷时加上一件毛衣，夏季阴冷时脱掉一件毛衣也就将就着过去了”。教满两年，舒庆春给东方学院院长写信要求增加工资，因其工作成绩不错，院方同意1926年起，给他涨到300镑一年。

舒庆春个子不高，但生活艰苦，脸庞明显比之前要清瘦，体重也就100斤多点。脸色灰白，眼中蕴含热火，和外表大不相符。他和宁恩承等人经常聚会，对国内形势十分关注，在国民革命军北伐时，他们按照得到的消息，用针插在地图上观察北伐进程。前进了，他们就狂喜，退却了，他们就懊丧。尽管身在国外，他们却一直心系着祖国。

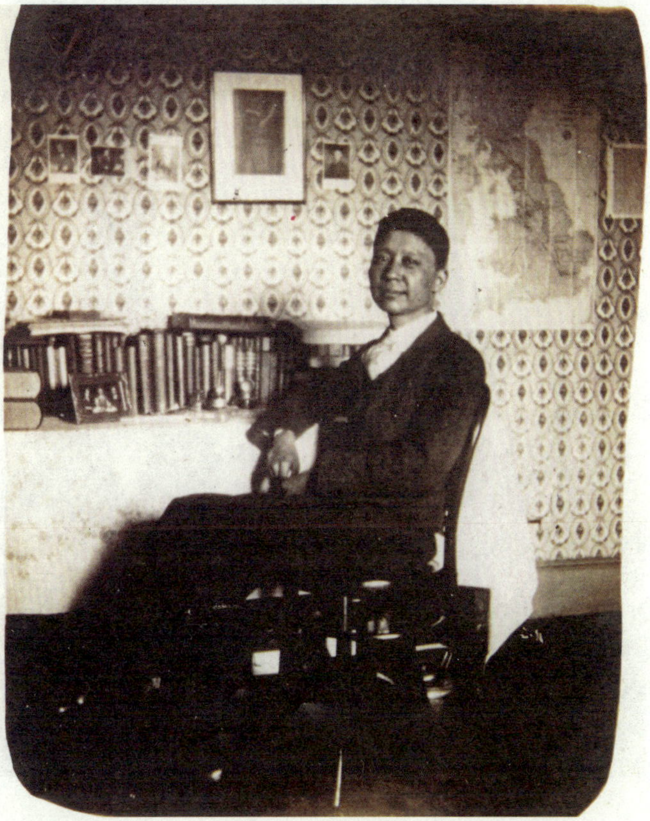

1926年于伦敦寓所——此时老舍已改穿西服。

在东方学院执教，使舒庆春有机会接触并观察到各式各样的英国学生。东方学院的学生入学时没有

20年代的东方学院大楼外观。

1928年的老舍（中）。

任何限制。不管是十几岁的少年，还是七八十岁的老年人，只要交足学费，都可以入学学习。一般的情形是一人学一样课程，很少有两个学生恰巧学同样内容的，但舒庆春所在的中国语文系，就有两位七十多岁的老人进修汉文。即使这样，这两位老人彼此也有很大差别，一位老人专学汉字字形，他指定要英国的讲师教他，不管他怎样发音；另一位老人则非常注重汉字的发音，他懂古希腊语、拉丁语、希伯来语，到东方学院时，专门请中国人舒庆春教他华语，他要听听华语的发音是什么味儿。两位老人头发都已经斑白，却十分勤奋。其他学生中，或专修元曲，或研读《汉书》。学生的汉语程度也参差不齐，有的是要开赴中国，先来学几句应付差事的汉话，有的是曾经在中国住过十年八年的，为了深造而专修汉学。每个学生所学的课程五花八门，上课时间也各有要求，一位教授两位讲师一天到晚像走马灯一般，忙得没有半点余暇。在这种情形下，教授或讲师很难开一定的课程，往往是学生希望学什么，教师就得教什么，有时即使不能教，也得勉强敷衍，否则院长不答应。有一次，来了一位英国医生，要舒庆春教他点中国医学，舒庆春不肯随便敷衍，便拒绝了。最后是英国教授出面，硬凑合着给这个医生讲了一学期。

这个学院也有整班上课的学生，他们大多是军人和银行练习生。来学习的军人中大部分已是小军官，多为世家子弟，他们学习还是用功的，也遵守纪律。他们学习华语的目的是将来能和中国人会话，能读大报纸上的社论与新闻，能将中国的操典与公文译成英文。学习一年后，他们会被派往中国继续学习华语，然后再回到英国接受试验，试验及格，便加薪俸。只要他们多学会一种语言，每年军饷就能多拿100镑。这些人将来或者继续在军队供职，或者是充当英国在外国占领地的官员。面对这些学生，舒庆春常常陷入深思："大英帝国为了实现它的侵略野心，是这样处心积虑地训练'人材'，对列强是不可等闲视之的；我们如果不奋发自强，

《言语声片》封面。

只是空喊几句口号，怎么能够抵抗得了帝国主义的掠夺欺凌？要救国救民，就必须改革教育，提高国人人格，树立民族自尊心。”这是一颗灼热的爱国者的心在搏动。而银行练习生则大多出身于中等家庭。他们经过学习后，有可能被派到新加坡和中国香港、上海就职，未来的工作并不需要他们使用汉语，所以，他们到东方学院与其说是“预备语言”，不如说是“预备资格”，因此学习怠惰，也看不起教员。对这些人，舒庆春只有鄙视和厌恶。

在东方学院期间，除了常规的教学任务外，舒庆春还应院方要求，做过不少其他事。

他和中文系的教授及另一名讲师一起，合作编写了一套配有唱片的中文教材，名为《言语声片》。这套教材是灵格风东方语言丛书（*Linguaphone Oriental Language Courses*）之一，全书以课的形式编写，30课中每课有单字、单词、句子、对话等几个部分，单字均配以读音和音调。教材的中文文字全部由舒庆春用毛笔书写，生词和课文也是由他朗读后灌制唱片——《言语声片》保留了年轻的舒庆春的笔迹和声音。该书既是一

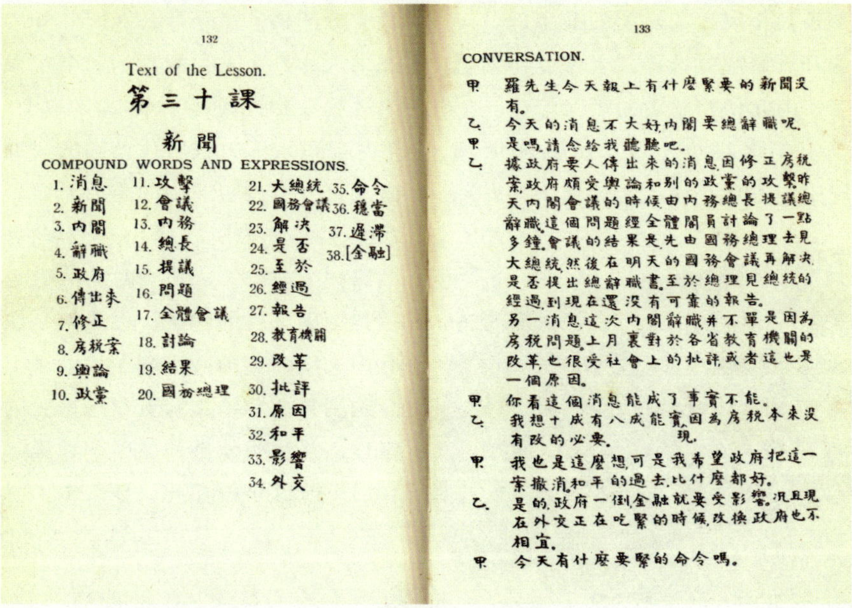

132

Text of the Lesson.

第三十課

新聞

COMPOUND WORDS AND EXPRESSIONS.

1. 消息
2. 新聞
3. 内閣
4. 辭職
5. 政府
6. 傳出来
7. 修正
8. 房税案
9. 輿論
10. 政黨
11. 攻擊
12. 會議
13. 内務
14. 總長
15. 提議
16. 問題
17. 全體會議
18. 討論
19. 結果
20. 國務總理
21. 大總統
22. 國務會議
23. 解決
24. 是否
25. 至於
26. 經過
27. 報告
28. 教育機關
29. 改革
30. 批評
31. 原因
32. 和平
33. 影響
34. 外交
35. 命令
36. 穩當
37. 遲滯
38. [金融]

133

CONVERSATION.

甲 羅先生，今天報上有什麽緊要的新聞没有。
乙 今天的消息不大好，内閣要總辭職呢。
甲 是嗎，請念給我聽聽吧。
乙 據政府要人傳出来的消息，因修正房税案，政府頗受輿論和别的政黨的攻擊。昨天内閣會議的時候，由内務總長提議總辭職。這個問題經全體閣員討論了一點多鐘。會議的結果是，先由國務總理去見大總統，然後在明天的國務會議再解決是否提出總辭職書。至於總理見總統的經過，到現在還没有可靠的報告。
另一消息，這次内閣辭職并不單是因為房税問題。上月裏對於各省教育機關的改革，也很受社會上的批評，或者這也是一個原因。
甲 你看這個消息能成了事實不能。
乙 我想十成有八成能實現，因為房税本来没有改的必要。
甲 我也是這麽想，可是我希望政府把這一案撤消，和平的過去，比什麽都好。
乙 是的，政府一倒，金融就要受影響。況且現在外交正在吃緊的時候，改換政府也不相宜。
甲 今天有什麽要緊的命令嗎。

《言语声片》内页。

套教材，也是一部字典，检索、索引等全都具备，完全可以当作一本工具书，它曾在世界上广为流传。

舒庆春还应院方邀请，以“唐代爱情小说”为题，用英文在院内举行了一次学术讲座，并在英国广播公司（BBC）做过一次关于汉语概况的简短演讲。

在东方学院，舒庆春不仅认识了艾支顿（Clement Egerton），而且还与他建立了深厚的友谊。艾支顿提议“彼此交换知识”，舒庆春多教他些中文，他教舒庆春英文，并提出为了学习方便，俩人最好住在一起。舒庆春答应了后，他们就在圣詹姆斯广场31号的二层，租下一套大小间的房子，租约三年。舒庆春出房租，住小间，艾支顿夫妇供给饭食，住大间。在他们同住的三年里，关系融洽。也正是在这套房子里，舒庆春写下了他的第一部长篇小说《老张的哲学》和第二部长篇小说《赵子曰》，以及第三部长篇小说《二马》的前半部分。他开玩笑般的选择“老舍”作为笔名，由此便开始走向了文坛。

在此期间，艾支顿也决定翻译中国古典小说《金瓶梅》，在舒庆春的帮助下，花了5年时间，于1939年《金瓶梅》正式出版，英文名《The Golden Lotus》。书的扉页上郑重地写着一行字“To C.C.Shu My Friend”。C.C.Shu是舒庆春的旧式拼音缩写，也是他选择的英文名Colin C. Shu的缩写。序言之后的译者说明里，艾支顿一开头就解释了为什么说此书要献给舒庆春：“我在此特别向舒庆春先生致谢。他是东方学院的中文讲师，在我着手进行翻译此书的时候，如果没有他的不屈不挠的和慷慨的帮助，我根本没有勇气接受这个任务。”

伦敦的名人故居数不胜数，为了纪念与追思，伦敦市政府设立了英国遗产委员会。1867年起，在这些故居门口镶上一个蓝色椭圆形的金属或陶瓷小牌，并写上曾居住于此的名人姓名和时间。挂上蓝牌的建筑均被列入保护之列，居民仍可在屋内自由生活，但建筑外观必须严加保护。设立蓝牌对象条件的审核十分严格，必须是公众所熟知的杰出人物、为人类的福利和幸福做出过重要贡献，而且去世20年以上。如果是外国人，其居住英国的时期必须是人生或事业中的重要阶段。2003年，詹姆斯广场31号为老舍故居挂上蓝牌。这是当时第一处为一位中国人挂的牌子，也是第一块有中文字的英国遗产牌子。牌子上分别用英文和中文写着“老舍”的字样，并注明他是一位中国作家，1925—1928年曾在此居住。中文字

英文版《金瓶梅》。

老舍伦敦故居及蓝牌。

体是按他的夫人胡絜青书写的毛笔字放大复制的。

这套房子租约期满后，因为一时很难找到便宜又适合同住的房子，舒庆春只得同艾支顿夫妇道别，住进学校附近的一家学生公寓，每星期房租2镑10先令，含早餐，周末两天加1餐。冬天靠烧煤气炉子取暖，但要收费，煤气炉只有周围一圈是热的，整个房间依然很冷，要是凑得太近，难免把裤腿烤煳。若是手头拮据，就连这点热气都享受不起。学生公寓的房东为了多挣点钱，公寓的伙食差得不能再差，很快舒庆春患上了胃病。其唯一慰藉便是去中国小馆子吃一碗热腾腾的汤面，可汤面要1先令1碗，也绝不能多吃。从母亲那里继承了硬骨头个性的舒庆春，一辈子不肯欠别人的钱。他的薪水不高，样样都有定规。有一次，因为北伐，北京不宁，舒庆春给母亲寄了加倍的钱，让她买点米面以应对可能发生的围城恐慌，结果自己的房租就没了着落。宁恩承看不过去，帮他代付了两周房租，借给他5镑。发薪水时，舒庆春做的第一件事就是还钱。住了半年，他又搬到伦敦南部的蒙特利尔路31号，一直住到回国。

初登文坛

20世纪的“人”是与“国家”相对待的：强国的人是“人”，弱国的呢？狗！

——老舍《二马》

东方学院的教学安排并不算紧张，安排课程时，每星期总有差不多两天的空闲。一年分为3个学期，每学期只上10个星期的课，教员一年中可以有5个月的休假。假期中有的学生愿意继续上课，学费归教员所得。在假期里，舒庆春除了承担这种教学任务，其他的时间就消耗在东方学院的图书馆里。坐落在城里的东方学院，附近虽有几个火车站，可是校园里并没有什么噪声，图书馆里更是清静。图书馆对面有块空地，有些花木，像个花园。闲暇时，舒庆春喜欢在这个图书馆里静静地读书、思考、写作，累了就到对面的空地上坐坐。在这个图书馆里，他一边按着西方历史读了对应的文学典籍——荷马史诗、希腊历史等，一边也读些不入流的通俗作品，以及地摊上几个便士租的小说。在阅读的这些大量书籍中，希腊短诗让他沉醉，罗马散文让他在雄辩中体会到罗马的伟大，史诗《神曲》让他明白了文艺的深度——文学是应该关注灵魂的，十七八世纪欧洲的复古主义的著作让他学会文字应该先求简明和思路上的层次清楚；近代的英法小说，英国的威尔斯、康拉德，法国的福楼拜、莫泊桑的小说都对他产生了很大影响。他特别推崇但丁的《神曲》，认为是他读过的文学名著里，能给他带来最多好处的作品。他也很喜欢英国作家康拉德，称之为“最有本事说故事的人”。回顾英法小说家对他的创作思想的影响，他曾说：“大体上我喜欢近代小说的写实的态度，与尖刻的笔调。这态度与笔调告诉我，小说已成为社会的

东方学院图书馆。

指导者，人生的教科书；他们不只供给消遣，而是用引人入胜的方法作某一事理的宣传。”“各派的小说，我都看到了一点，我有时候很想仿制。可是，由于多读的关系，我知道道摹仿一派的作风是使人吃亏的事。看吧，从古至今，那些能传久的作品，不管是属于哪一派的，大概都有个相同之点，就是它们健康，崇高，真实。反之，那些只管作风趋时，而并不结实的东西，尽管风行一时，也难免境迁书灭。在我的长篇小说里，我永远不刻意的摹仿任何文派的作风与技巧；我写我的。”（老舍《写与读》）

对这个年轻人来说，伦敦是一个全然陌生的城市。在留居伦敦的几年里，舒庆春除了教书、读书、写作外，还细心地观察了伦敦以及他所接触的英国人，这使他对于英国的国情和英国人的民族性格有了较为深入的理解，同时，也加深了他对于自己祖国命运的焦虑。

伦敦和北平不同，是个现代化的都市，热闹喧嚣。可是这样热闹的城市，对华人的态度却是轻蔑又冷淡的。“没到过中国的英国人，看中国人是阴险诡诈，长着个讨人嫌的黄脸。到过中国的英国人，看中国人是脏，臭，糊涂的傻蛋。”“设若普通英国人讨厌中国人，有钱的英国男女是拿中国人当玩艺儿看。”（老舍《二马》）在那个时候，英国社会流行的小说里，中国人专下毒药害人；电影里的英国小伙一个人打死十几个中国人，底下观众哗哗鼓掌，直道“打得痛快”；社会普遍的观念是中国人专爱杀人放火抢女人，再就是抽鸦片和走私军火。那时伦敦稍微大一点的旅馆就不肯让中国人住进去，更不用说讲体面的人家。家里倘若住着两个中国人，便不好意思请亲戚朋友来喝茶吃饭，而受邀请的亲戚朋友也不肯来。跟中国人一起上街是件招人耻笑的事，中国老人出门遛狗，后面跟一群小孩子起哄喊“老黄脸”，彬彬有礼的英国人对中国人是当着面儿骂，蛮不客气。俊秀的中国小伙请个洋姑娘进餐馆吃饭，中国人以为他召了妓女，而洋姑娘的哥哥以为他占妹妹便宜，一边大打出手一边骂道：“别以为你是个人似的，和我们的姑娘一块混！”后来他在小说里叹息说：“没有英国青年男女爱中国人的，因为中国人现在是给全世界的人作笑话用的！写文章的要招人笑，一定骂中国人，因为只有中国人骂着没有危险。研究学问的恨中国人，因为只有中国人不能帮他们的忙；哪样学问是中国人的特长？没有！普通人小看中国人，因为中国人——缺点多了，简直的说不清！”“外国人在电影里，戏剧里，小说里，骂中国人，已经成了一种历史的习惯，正像中国戏台上老给曹操打大白脸一样。中国戏台上不会有黑脸曹操，外国戏台上不会有好中国人。”

他又这样描写《二马》中的主

人公马威在伦敦住了一年后的心情:“伦敦是大的，马威却觉着非常的孤独寂寞。伦敦有七百万人，谁知道他，谁可怜他……他觉着非常的凄凉，虽然伦敦是这么热闹的一个地方。他没有地方去，虽然伦敦有四百个电影院，几十个戏馆子，多少个博物院，美术馆，千万个铺子，无数的人家；他却没有地方去……他坐在铺子里，听着街上的车声，圣保罗堂的钟声，他知道还身在最繁华热闹的伦敦，可是他寂寞，孤苦，好像他在戈壁沙漠里独身游荡，好像在荒岛上和一群野鸟同居。”弱国无人权。国家的衰弱令国外的游子倍感苦难和屈辱，也更燃起他切盼祖国的新生和富强的烈火。

舒庆春有自己的见解主张，胸中充满火一样的热情。他既有古典文学的良好基础，又受到新文化运动影响，更是饱读西方典籍。如何找到释放这些热情的突破口呢？当时在伦敦的许地山，闲下来的时候就拿一本中国小商店里用的粗纸账本写小说，这自然让舒庆春十分羡慕而又感兴趣。身在异乡为异客，心中孤寂，也就越发怀念故土，舒庆春也想把自己的这些感受写下来，写过去亲历的生活印象，写自己对伦敦生活的感悟，抒发自己久郁于心的感怀。他试着以自己在教育界时的见闻为素材写了些东西，并把其中的一些段落读给许地山听，许地山听后被逗得直笑，鼓励他说：“写下去吧！”

这使他增添了不少勇气和信心，在随后的工作之余，他断断续续用了近一年的时间，终于把这些东西写完了，这就是长篇小说《老张的哲学》。在许地山的建议下，他把小说寄到了国内的《小说月报》。没想到几个月后的1926年7月10日，《小说月报》第十七卷第七号上，以“舒庆春”的名字开始连载这部小说了。为此，舒庆春特地去中国馆子吃了一顿，表示庆祝。

1926年8月10日，《小说月报》第17卷第8号继续刊载《老张的哲学》时，作者署名为“老舍”。从此以后，这个名字一步一步地轰动文坛，成了国内外极有影响的大作家。这个笔名由舒庆春的字“舍予”衍化而来，称“老舍”，正如我们平时称“老张”、“老李”一样是种随意又亲切的称呼。老舍并不像鲁迅，虽然也用过“絜青”、“鸿来”等“马甲”，但他的重要作品几乎都是用这一个笔名发表的。这个笔名如此深入人心，渐渐取代了作家的本名。几十年后，各界人士几乎都尊称他为“老舍先生”，以至有些人根本不知道他的本名。连他自己在家里接电话，拿起话筒也说：“喂，我是老舍。”

当时的中国文坛，以鲁迅的《狂人日记》等作品为代表的短篇小说大放异彩，而长篇小说创作却相对薄弱，已开始的白话文运动虽然仍在进行，但成果并不令人满意。《老

《老张的哲学》出版本及译本。

张的哲学》是当时少见的长篇小说佳作，语言流利，描写生动，幽默风趣，讽刺深刻，令人耳目一新。

《老张的哲学》以北京一个私立学校的校长老张为主角，这个人贪婪又刻薄，秉持“钱本位而三位一体”的市侩哲学，奉行“猪肉贵而羊肉贱则回，猪羊肉都贵则佛，请客之时则耶”的生活信条。他当私塾老师，为的是骗学生的钱；他在衙门当差，为的是多领一份钱；他和孙八爷要好，那也是骗他的钱；他娶个廉价老婆，天天省吃俭用，那也是为了钱；以至于他后来放高利贷，逼迫龙军官和李家的女儿来偿债，都是为了钱。老张用金钱去攫取他想得到的一切。他发现“有钱无势力，是三条腿的牛”，于是他又往政界爬，居然爬到北郊自治会长的位置，最后他做师长的盟兄向北京政府保荐，老张做了南方某省的教育厅长。

同时，这本小说也刻画了一个充满成规旧俗的社会，千百年来一成不变的伦理道德，虽经五四运动的冲击，但并没有太多的改变。老张借债务之名要逼娶少女李静，李静和王德相爱，却遭到姑母反对：“我们小的时候，父母怎么管束我们来着？父母许咱们自己定亲吗？要是小人们能办自己的事，那么咱们这群老的是干吗的？我是个无儿无女的老绝户，可是我不跟绝户学。我爱我侄女和亲生的女儿一样，我就不能看着她信意把她自己毁了！我就不许她有什么心目中人，那不成一句话！”王德在大闹婚堂后，大病一场，终于按家长意愿同一个不相识的姑娘结了婚。李静抑郁而死。

从这本书开始，老舍就已经确立了他的写作风格。他的写作题材都是从自己耳闻目睹、亲身经历中来，不是出自凭空想象。他用当时最俗最白的北京土话，描写城市里最平凡的贫民，虽然讲的是他们司空见惯、平平常常的故事，但却蕴含着好些社会的黑暗不公和自己的见解。他的描写还自然而然地散发有一种令人“始而发笑，继而感动，终而悲愤”的幽默，其源自他曾写“您看我挺爱笑不是？因为我悲观”所道出的，他的幽默是一种含着泪的微笑。

此外，老舍小说里的地名和景物描写，给人的感觉既真实而又形象，这大都应是来自他的生活，如《老张的哲学》中所描写的：

“那条胡同是狭而长的。两旁都是用碎砖砌的墙。南墙少见日光，薄薄的长着一层绿苔，高处有隐隐的几条蜗牛爬过的银轨。往里走略觉宽敞一些，可是两旁的墙更破碎一些。

“古老雄厚的城墙，杂生着本短枝粗的小树；有的挂着半红的虎眼枣，迎风摆动，引的野鸟飞上飞下的啄食。城墙下宽宽的土路，印着半尺多深的车迹。靠墙根的地方，依旧开着黄金野菊，更显出幽寂而深厚。清浅的护城河水，浮着几只白鸭，把脚洗得鲜黄在水面上照出一圈一圈的金光。”

这些都应是他儿时生活的片段，牢牢地印在他的脑海中。在他日后的作品里，这些记忆依然信手拈来，鲜活无比。除了依靠这些童年的记忆外，日常生活中他还很注意留心观察，时时记录。他写作用的稿签纸是很便宜的练习簿，如写坏了就立刻撕下来，并装在口袋里随身携带，遇到灵感突发时就马上记下来。宁恩承回忆老舍时曾说：“有一次我同他坐船沿泰晤士河到汉谟吞故宫去，那是亨利第八的皇宫，雄踞河上，古堡春深，十分优美。他全记下来。又一次到瑞屈港（Richmond）正是日落，我们坐在山坡上，静看太阳西下，红霞晚照，泰晤士河水溶溶，清风拂面。他掏出他的零页纸片，一一记下来，以为他日写景物的材料。”后来在《二马》里所描写的泰晤士河晚霞，就是来自这次经历。直到二十多年后，他由自己的写作生涯所总结出的宝贵经验，告诉了文学爱好者：一要多看多想，二要写熟悉的人和事物，三要脚踏实地。

1926年夏，老舍的第二部长篇小说《赵子曰》脱稿。1927年3月，《赵子曰》开始在《小说月报》上连载。这部小说反映的是，在五四运动后新旧交替的历史时期，生活在北京钟鼓楼后面学生公寓的一群大学生，“闭着眼睛混”，一时找不到“光明之路”，他们在解放与自由的声浪中“混闹”，并将这一切以为是“革命”。最后，主角赵子曰在正面人物李景纯的影响下，思想发生了急剧变化，决心不辜负他的希望，或埋头求学，或同军阀去硬拼。这本书里，老舍鲜明地表达了自己反对帝国主义、反对军阀，热切希望青年以实际作为报效祖国的主张。

《二马》是老舍在伦敦期间写作的最后一个长篇，1929年5月《小

《赵子曰》出版本及译本。

说月报》第二十卷第五号上开始连载，同年第二十卷第十二号续完。如果说《老张的哲学》和《赵子曰》描述的是军阀统治下北京城市民群众，以及青年学生的生活状况，着重于揭露军阀统治的罪恶现实的话，那么《二马》则把视线转向了帝国主义对中国人民的欺压和凌辱。这本小说以代表新旧中国人的马则仁、马威父子在伦敦经营古玩店时的生活和遭遇为主线，揭露了帝国主义的种族歧视和金钱主宰一切的现实，描述了祖国的衰弱给中国人民带来的痛苦和屈辱，表现了作者深沉的爱国主义精神，提出了作者自己对国民性问题的思考。

显然，这本小说的写作加入了很多老舍在英国时的亲身感受。写这本书，他是怀着悲怆而又激愤的心情——他亲身体验了中国人在伦敦所受到的侮辱和歧视，渴望中国富强、昌盛，渴望中国人坚毅、有为。这使他在《二马》中，常常抑制不住其幽默，激情地大声疾呼：

“二十世纪的‘人’是与‘国家’相对待的：强国的人是‘人’，

《二马》出版本及译本。

弱国的呢？狗！

中国是个弱国，中国‘人’呢？是——！

中国人！你们该睁开眼看一看了，到了该睁眼的时候了！你们该挺挺腰板了，到了挺腰板的时候了！——除非你们愿意永远当狗！”

要挺起腰板来！老舍指出，首先必须自强，然后才能同其他民族讲平等。“当国家乱的时候，没人跟你表同情。你就是把嘴说破了，告诉英国人，法国人，日本人：‘我们是古国，古国变新了是不容易的，你们应当跟我们表同情呀，不应当借火打劫呀！’这不是白饶吗！人家看你弱就欺侮你，看你起革命就讥笑你，国与国的关系本来是你死我活的事。除非你们自己把国变好了，变强了，没人看得起你，没人跟你讲交情。”他认为，要改变这种现状，需要从改造国民精神入手，因为“民族要是老了，人人生下来就是‘出窝老’。出窝老是生下来便眼花耳聋痰喘咳嗽的！”在《二马》中，老舍试图比较英国人和中国人的不同，探索中国之所以落后的原因，即中国人之所以遭到帝国主义的欺侮，帝国主义之所以敢于欺侮中国人，国民性的愚弱、怠惰是十分重要的一个原因。老马的形象是一个老派的中国小市民，尽管他来继承兄长的古玩生意，却处处鄙视经商俗气，一听到别人夸奖中国东西，他就白送；只要人家一说中国人好，他非请人家吃饭不可；人家再一夸他饭好，得，非请第二回不可。他本来是鳏居，但为了迎合英国人心中的中国人形象，却说自己在老家有五六个妻子。实际上这是个被几千年的传统文化束缚了思想，因循守旧的老一代中国人的代言人。小马作为新一代中国人象征的马威，在感情受挫、经历痛苦思索后，决心为民族、国家的振兴而献身——民族自尊意识的觉醒同献身祖国的决心融合起来，形成为一种信念：

“他心中忘不了玛力，可是他也看出来了：他要是为她颓丧起来，他们父子就非饿死不可！对于他的祖国是丝毫责任不能尽的！马威不是个傻子，他是个新青年，新青年最高的目的是为国家社会做点事。这个责任比什么也重要！为老中国丧了命，比为一个美女死了，要高上千万倍！为爱情牺牲只是在诗料上增加了一朵小花，为国家死是在中国史上加上极光明的一页！”

马威性格的一个突出特点是开始有了人和中国民族尊严的自觉，他有身为弱国子民的自觉与悲哀，也有着积极奋斗的精神，他的身上显示了新一代中国国民的觉醒。他能够接受新事物，希望走一条与父亲不同的道路，最后终于还是离开了他。但是他重感情、爱幻想，遇事犹豫，因而老舍在书中又写了一个重实际的李子荣来补充。

从《二马》起，老舍开始有意识地改变过去文白语言裹在一处以求滑稽的不足，力求写出白话语言

1999年摄制的电视剧《二马》。

的原味儿，在结构上也设计了一番，采用倒装叙述。就写作技巧而言，《二马》要比《老张的哲学》《赵子曰》成熟不少。

老舍的头几部小说题材新颖，语言生动，以风格独特的讽刺和幽默赢得了广泛的读者群。尽管也存在这样或那样的局限和不足，但它们在现代长篇小说发展史上的地位是不容低估的。

回国执教

在今日而想明白什么叫作革命，只有到东方来，因为东方民族是受着人类所有的一切压迫；从哪儿想，他都应当革命。这就无怪乎英国中等阶级的儿女根本不想天下大事，而新加坡中等阶级的儿女除了天下大事什么也不想了。

——老舍《我怎样写〈小坡的生日〉》

1929年6月底，老舍结束了东方学院的教学合同，去德、意、法等国旅行了3个月，在巴黎待了大部分时间。1929年冬，他取道新加坡回国。他之所以选择这条路线，一是路费有限，只能先到新加坡后再说；二是因为他喜爱的小说家康拉德的缘故，想去看看南洋，找些写作材料。“他（指康拉德）的笔上魔术使我渴想闻到那咸的海，与从海岛上浮来的花香；使我渴想亲眼看到他所写的一切。”

到了新加坡，他得先解决食宿费用，找个事做。辗转通过商务印

1929在巴黎与朋友合影。

书馆、南洋兄弟烟草公司、中华书局，终于在新加坡南洋华侨中学谋了个国文教员职位。这可是老本行了，他安下心来，买了些衣服被褥，赊了一部《辞源》准备开始教书。

新加坡是英属殖民地，民族情况十分复杂。这里聚居着数量众多的中国华侨，也有不少印度人、锡兰人、马来人，他们参与了新加坡的开发，同时承受着帝国主义殖民主义的压迫和剥削。老舍生活在这些华侨中学的学生中间，感受良多。他说："我教的学生差不多都是十五六岁的小人儿们。他们所说的，和他们在作文时所写的，使我惊异。他们在思想上的激进，和所要知道的问题，是我在国外的学校五年中所未遇到过的。不错，他们是很浮浅；但是他们的言语行动都使我不敢笑他们，而开始觉到新的思想是在东方，不是在西方。"

新加坡南洋华侨中学20年代时的主楼。

新加坡的华人是主要劳动者，他们的辛勤汗水和聪明才智浇灌出了新加坡的美丽。"南洋的开发设若没有中国人行么？……中国人能忍受最大的苦处，中国人能抵抗一切疾痛：毒蟒猛虎所盘据的荒林被中国人铲平，不毛之地被中国人种满了菜蔬。中国人不怕死，因为他晓得怎样应付环境，怎样活着。中国人不悲观，因为他懂得忍耐而不惜力气。他坐着多么破的船也敢冲风破浪往海外去，赤着脚，空着拳，只凭那口气与那点天赋的聪明，若能再有点好运，他便能在几年之间成个财主。……自然，他也有好多毛病与缺欠，可是南洋之所以为南洋，显然的大部分是中国人的成绩。”在新加坡他看到了希望的种子——中国人无穷无尽的创造力和对于压迫者的抗争精神。同时他也体会到，如果没有强大的国家作为后盾，这些辛勤劳动和聪明才智是如何被强权者所剥削欺辱。他眼中的华人、马来人、印度人与白人间泾渭分明，并目睹华人内部的地域之争，以及马来人和印度人的愚昧散漫。他萌生了一种要写点什么的冲动，想描述南洋艳丽无双的颜色，想表达弱小民族联合起来共同奋斗的理想。在之前的巴黎到新加坡途中，他已开始写一部叫《大概如此》的长篇。这部书和《二马》差不多，写的也是生活在伦敦的中国人，情节主要是围绕一男一女，男的穷而好学，女的富而遭了难，穷男救了富女，俩人谈起了恋爱。最后男的坠入情海之中，女的却只拿爱作为一种应酬与报答，结果男的被毁了。小说写到这时，因为思想受了激荡，他就停下了笔。“设若国已不国，就是有情人成了眷属，也不过是一对会恋爱的亡国奴；难道因为我们明白恋爱，外国人，军阀们，就高抬贵手不残害我们了吗？”

转而他又开始创作童话《小坡的生日》。这部童话自老舍在新加坡华侨中学教书时写起，到离开新加坡前已4万字；回国后暂住在上海的郑振铎家，又续写完最后2万字。1931年1月，《小说月报》第二十二卷第一号开始连载，至二十四卷第四号上登完。

《小坡的生日》主角小坡，是一个生活在新加坡的广东小男孩。新加坡的街道常以“坡”为后缀，小坡的名字即得于他出生时家庭所在的街道。小说开头就说：

“哥哥是父亲在大坡开国货店时生的，所以叫作大坡。小坡自己呢，是父亲的铺子移到小坡生的；他这个名字，虽没有哥哥的那个那么大方好听，可是一样的有来历，不发生什么疑问。

“可是，生妹妹的时候，国货店仍然是开在小坡，为什么她不

《小坡的生日》，作家书屋，1944年初版。

也叫小坡？或是小小坡？或是二小坡等等？而偏偏的叫作仙坡呢？每逢叫妹妹的时候，便有点疑惑不清楚。据小坡在家庭与在学校左右邻近旅行的经验，和从各方面的探听，新加坡的街道确是没有叫仙坡的。你说这可怎么办！这个问题和‘妹妹为什么一定是姑娘’一样的不能明白。哥哥为什么不是姑娘？妹妹为什么一定叫仙坡，而不叫小小坡或是二小坡等等？简直的别想，哎！一想便糊涂得要命！”这种从孩子的角度看问题，以及想事情的写法，准确地捉住了孩童的心理，新鲜有趣，童稚动人，直到今天，读来仍是妙趣横生。

《小坡的生日》的前半部分主要描写小坡和家人朋友的日常生活，新加坡的民族情况、风光习俗；后半部分则写小坡的一个梦境，里面隐含了老舍对现实弊端的种种焦虑和讽刺，因此前后笔调略有差别。老舍在《我怎样写《〈小坡的生日〉》中说："总而言之，这是幻想与写实夹杂在一处，而成了个四不像了。这个毛病是因为我是脚踩两只船：既舍不得小孩的天真，又舍不得我心中那点不属于儿童世界的思想。我愿与小孩们一同玩耍，又忘不了我是大人。这就糟了。所谓不属于儿童世界的思想是什么呢？是联合世界上弱小民族共同奋斗。"

此时，老舍已经离开北京、离开家、离开老母亲6年有余。新加坡虽好，也非久恋之地。在南洋接触到众多华人，也让他越发想念自己的家人。1930年春，他怀着深切的思乡之情，离开新加坡回到祖国。

回到北京，他才发现《老张的哲学》《赵子曰》等小说发表后，自己已经被冠上了“幽默大师”的名头，各方面不断请他演讲，参加各种活动，约稿也纷至沓来。身为作家又出了名，当然是好事，然而被限为幽默作家，甚至被斥为“油滑无稽”，却令他十分烦恼。在他看来，“嬉皮笑脸并不是幽默，心平气和，心宽气朗才是幽默，一个幽默写家对于世事如入异国观光，事事有趣，他指出世人的愚笨可怜，指出那可爱的小古怪地点，世上最可爱的人，最伟大的人也可能正是最愚而可笑的人。吉珂德先生即一好例。幽默的写家会同情于一个满街追帽子的大胖子，也同情——因为他明白——那攻打风磨的愚人的真诚与伟大。”事实上，老舍始终是城市穷苦人民的代言人，他的创作以对祖国的爱为主线，对表现城市贫民的生活，以及贫困能如何毁灭一个人，他有着极精到，令人几乎毛骨悚然而又感同身受的描写。他是生长在大杂院里的苦孩子，一生的经历波折坎坷，酸甜苦辣，使他深通人情世故，却始终保持本真。他待人和气，爱说笑话，常常逗得众人前仰后合，但事后细细品味，总有着一种苦涩与辛辣。他喜欢交友，也很合群，和谁都友好，但心中却有自己的原则。每当在书斋独

1930年6月，老舍和好友在中南海合影。左起老向（王向辰）、老舍、杨云竹、白涤洲、祁伯文、何容。

自静心创作时，他又能耐得住寂寞。

老舍书中所写的大都是自己从小熟悉的底层市民的事，他既是带着同情、带着温存、带着批评来看他们，也是同样地这样来看待自己，因为他就是他们中的一员。所以他笔下的人物说话行事都是活生生的典型，不管他们说话行事、遣词造句，还是俗而有力的幽默，无不含着同情、仗义，以及鲜活的幽默感。例如，有个记者陈逸飞前去拜访暂住白涤洲家的老舍，却没有见到人，于是留下一信，谈及欲请老舍做“笑王”。第二天，陈逸飞收到老舍一封妙趣横生的信（即《辞王启》）：

逸飞先生：

您来，正赶上我由津回来大睡其午觉，该死！其实，白老先生也太爱我了，假如他进来叫我一声，我还能一定抱着“不醒主义”吗？

您封我为“笑王”，真是不敢当！依中国逻辑，王必有妃，王必有府，王必有八人大轿，而我无妃无府无大轿，其“不王”也明矣。

我星期三（廿八）上午在家，您如愿来，请来；如不方便，改日我到您那儿去请安，嘛！

敬祝

笑安

弟舒舍予鞠躬

30.5.26

7月，他接受了济南私立齐鲁大学的聘书，到那里当文学教授。

3

成家立业

初恋

我没和她说过一句话，没握过一次手，见面连点头都不点。可是我的一切，她知道；她的一切，我知道。我们用不着看彼此的服装，用不着打听彼此的身世，我们一眼看到一粒珍珠，藏在彼此的心里；这一点点便是我们的一切，那些七零八碎的东西都是配搭，都无须注意。

——老舍《无题（因为没有故事）》

在《我怎样写〈赵子曰〉》中，老舍曾写道："我怕写女人；平常日子见着女人也老觉得拘束。在我读书的时候，男女还不能同校；在我做事的时候，终日与些中年人在一处，自然要假装出稳重。我没有机会交女友，也似乎以此为荣。在后来的作品中虽然有女角，大概都是我心中想出来的，而加上一些我所看到的女人的举动与姿态……"的确，老舍作品中以女性为主人公的并不多，然而，却几乎篇篇凄婉哀伤，动人心弦。这和他少年时的一段刻骨铭心的初恋不无关系。

恩人刘寿绵有个和他一般大的女儿，舒庆春上他家拜访时，曾见过刘小姐，随后逐渐地对她萌生了强烈而又朦胧的爱慕之情。每次见到刘小姐，都令舒庆春心跳半天，不过他们彼此间并没有说过一句话。在他帮刘善人办贫儿学校的时候，刘小姐在贫儿学校教过书，他们之间自然有了较多见面机会。可是他俩从未单独交谈过什么——舒庆春清楚，一个是大家千金，一个是贫苦少年，他们之间有一道不可逾越的高墙。他只好把这份感情深深地压抑在自己心里，也未对母亲和家人说起过。这种初恋在很大程度上属于单相思，幻想的成分比较多，失败自然不可避免。他的好友罗常培先生回忆道："……恰巧他有写给我的一封信还没有发，信里有一首咏梅花诗，字里行间表现着内心的苦闷。从这首诗谈起，他告诉了我儿时所眷恋的对象和当时情

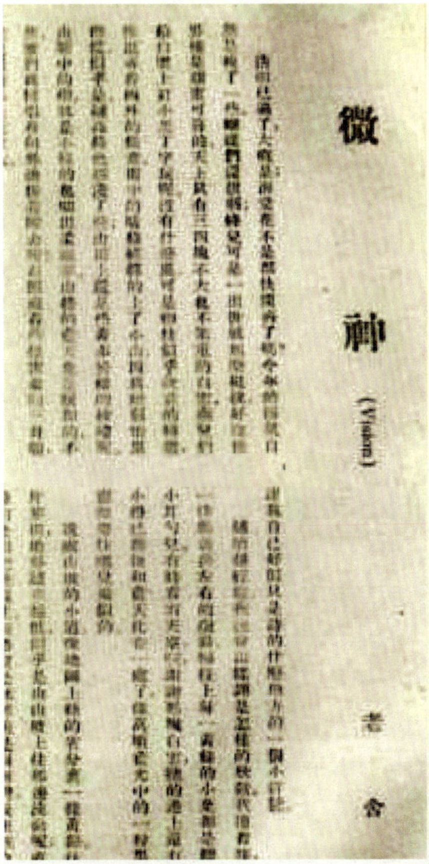

微神

（Vision）

老舍

《微神》，载于1933年《文学》第一卷。

感动荡的状况，我还一度自告奋勇地去伐柯，到了那儿因为那位小姐的父亲当了和尚，累得女儿做了带发修行的优波夷！以致这段姻缘未能缔结——虽然她的结局并不象那篇小说写得那么坏。”这篇小说，指的就是老舍作品中十分特殊的一篇——《微神》。

1933年10月1日，短篇小说《微神》发表于《文学》杂志第1卷第4号。这篇小说十分特别，和老舍平时常用的平顺白话不同，抒情色彩极浓。它以十分诗意的笔触，近乎象征主义的抽象笔法，描写了一对青年男女之间的恋爱悲剧。虽然俩人心心相印，他们却没能结婚。女子因家境之累做了暗娼，男的从南洋回来后曾想娶女子，却被拒绝，女子后来死于堕胎，男的只能含着泪望着女子出殡的棺木。

这是一篇哀婉动人、迷离缠绵的爱情小说，在老舍的作品中十分少见。《微神》隐含着老舍对自己过去初恋的缅怀，也是对小说主角“我”与“她”爱情的一首挽歌。最初“我”和“她”彼此恋慕：“听见我来了，她象燕儿似的从帘下飞出来；没顾得换鞋，脚下一双小绿拖鞋象两片嫩绿的叶儿。”可是“提婚是不能想的事。许多许多无意识而有力量的阻碍，象个专以力气自雄的恶虎，站在我们中间”。最终“我”去了南洋，几年后，“我”

《微神》连环画之一，王书朋绘，1985年。

《微神》连环画之二，王书朋绘，1985年。

从南洋回来了，可是，爱人的家道不幸中落，为了供养父亲“她”不得不沦为暗娼——这是俩人谁都不曾预料到的。“我”懊悔不已，但是，有情人终成眷属的信念没有改变，“我得等着她。初恋象幼年的宝贝永远是最甜蜜的，不管那个宝贝是一个小布人，还是几块小石子”。“是她打开了我的爱的园门，我得和她走到山穷水尽。怜比爱少着些味道，可是更多着些人情”。“我”托朋友向她说明“我”愿意娶“她”，可是，“她”拒绝了，并且以自杀来结束“她”苦难人生：“我杀了我自己。我命定的只能住在你心中，生存在一首诗里，生死有什么区别？在打胎的时候我自己下了手。有你在我左右，我没法子再笑。不笑，我怎么挣钱？只有一条路，名字叫死。你回来迟了，我别再死迟了：我再晚死一会儿，我便连住在你心中的希望也没有了。我住在这里，这里便是你的心。这里没有阳光，没有声响，只有一些颜色。颜色是更持久的，颜色画成咱们的记忆。看那双小鞋，绿的，是点颜色，你我永远认识它们。”

发表于1935年的中篇小说《月牙儿》和1937年的散文《无题（因为没有故事）》，也是基于这个主题的再创作，笔法同样哀婉动人，缠绵刻骨，足见这一段初恋对老舍的影响之深。

妻子儿女

虽然明知家庭之累，等于投胎为马为牛，可是人生总不过如此，多少也都得经验一番……

——老舍《我的理想家庭》

这段暗恋无疾而终，之后的舒庆春很是心灰意冷了一段时间，抱定独身主义。1925年他写给哥哥的一封信说：“我临出国之时曾嘱咐您千万莫代我主张婚事，希望您实行我的话，不必听别人的！还是那句话，谁给我定婚，谁替我养着，我没有那份本事多挣钱。我一点怒气都没有，我只是明明白白地陈说个中的利害与我不结婚的理由。我不是说人们不应当结婚，不过我自己不愿结婚！我不敢说结婚一定有损无益，我只是从事实上想我不能结婚。我没有相当心目中的女子，因为我不交女朋友，怎能相爱呢？我见着女子躲也躲不及，还能赶着女人们表示好意吗？我常走的地方是哪几处，您知道！您看得出半点痕迹没有？自然没有！本来我丝毫没想到那个问题上头去，怎能有什么痕迹呢？我若是有什么相当的人，我早就告诉家中了，因为婚姻本是正大光明的事，我又是直嘴快心的人，有何不可说呢？我实在没有，我实不愿意结婚，我实在不能结婚……”他说自己没有合适相当的对象，也不愿意结婚，也养不起家，所以拒绝家里或朋友给他张罗亲事。

从英国归国后，他当了教授，收入宽裕不少，自己也觉得足以负担家庭了，经多方劝说，老舍才松了口，于是对白涤洲、罗常培等朋友说：“你们帮我找吧。”

恰巧，正逢罗常培受他人之托寻觅合适人家。

原来罗常培的同学有个妹妹叫胡絜青，也是满族正红旗人，在北京师范大学读书，爱好文艺，而且还在报纸上发表过新诗和散文。胡姑娘瘦高挑椭圆脸，梳着当时流行的齐耳短发，待人有礼，热情中见几分腼腆。如今已二十多岁了，母亲担心着女儿的终身大事，就托儿子的同学罗常培给寻个合适人家。罗常培第一个就想到了老舍，便把他的情况和老太太一说，老太太一听，同族，教授，孝顺，挺高兴，马上就同意了。这时，胡絜青参加的文学社团真社听说作家老舍归国，就指派胡絜青去请这个作家来作演讲。胡絜青到白涤洲家见到老舍，将邀请一事如是陈述后，没想到老舍很痛快地就应允下来。胡絜青回家后，胡母急忙就问：“见到老舍了吗？人怎么样？”胡絜青回答说：“又瘦又弱，人倒是挺老实。”姑娘很纳闷：一向守旧、不乐意女儿上大学以及和男同学来往的母亲，为什么突然问起男人的事？

胡絜青毕业照（1931年）。

1930年末，老舍回北平过寒假，在罗常培的安排下，他到处被朋友们拉去吃饭，先是罗常培，然后白涤洲，而每次饭桌上总有胡絜青。这样几次后，两个人心里都明白是

1931 年 2 月 20 日，老舍赠胡絜青的照片。

结婚照。

怎么回事了。老舍给胡絜青写了一封信，说："咱俩也不能老是靠吃别人的饭来见面啊，你我都有笔，就拿起笔来把自己想说的都在信上说出来吧。"于是两人开始了通信。寒假结束，老舍又回到济南，每天至少给胡絜青写一封信，有时竟两三封。随着鸿雁的频繁往来，俩人的心也就越来越靠近。1931 年 4 月 4 日，老舍专程回北平和胡絜青订婚。暑假里的 7 月 28 日，俩人在北京举行婚礼，老舍专门请了宝乐山

老舍和胡絜青的婚书。

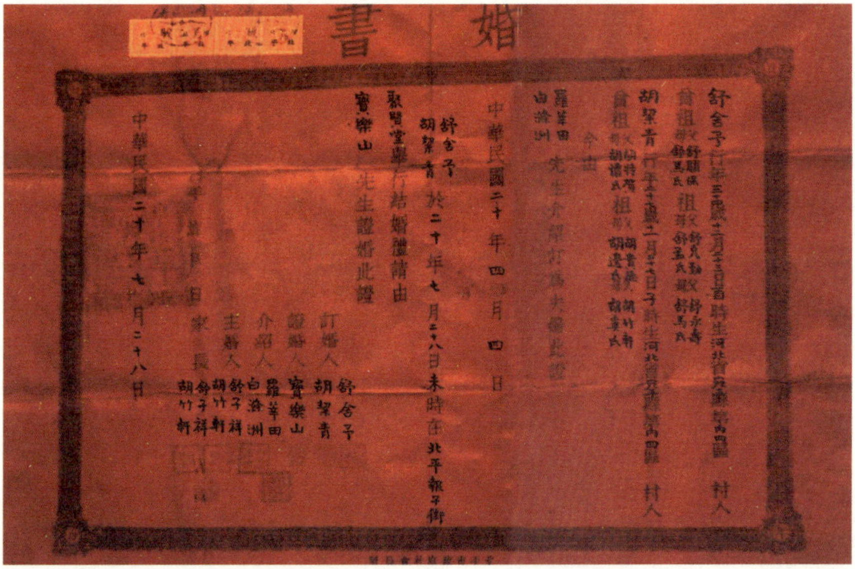

婚書

舒舍予

胡絜青

羅莘田
白滌洲
介由先生介紹訂爲夫婦此證

中華民國二十年四月四日

舒舍予
胡絜青
於二十年七月二十八日未時在北平報子街

聚賢堂舉行結婚禮請由

寶樂山先生證婚此證

訂婚人 舒舍予 胡絜青
證婚人 寶樂山
介紹人 羅莘田 白滌洲
主婚人 舒子祥 胡竹軒
家長 舒子祥 胡竹軒

中華民國二十年七月二十八日

做订婚人。最初俩人打算旅行结婚，省去一切繁复礼俗，可是双方母亲的意见很大，认为婚姻大事不能随便，于是找了个馆子，请了亲朋好友们前来观礼。

俩人的婚书是由老舍亲笔填写，大红色纸质地，红底墨字，异常醒目："舒舍予、胡絜青，于二十年七月二十八日未时在北平报子街聚贤堂举行结婚礼，请由宝乐山证婚，此证。订婚人：舒舍予、胡絜青；证婚人：宝乐山；介绍人：罗莘田、白涤洲；主婚人：舒子祥、胡竹轩；家长：舒子祥、胡竹轩。中华民国二十年七月二十八日。"

婚书，指的是男女双方婚嫁的文书。古往今来，结婚都是人生头等大事。作为这项人生大事的记录与见证，婚书不仅承载了个体的人生故事，它所蕴含的历史，更是清晰地折射出了社会政治、经济、民风民俗的发展变迁，记录了时代的文明进步。每本婚书都有属于它自己的时代烙印。

老舍、胡絜青的婚书于1931年由北平市政府社会局印制。婚书上开列了结婚当事人老舍和胡絜青的出生年月、日辰和籍贯，并列有他们父母、祖父母、曾祖父母三代的名字，还写明了老舍夫妇何时何地举行婚礼，他们的证婚人、介绍人以及主婚人的名字，并附有印章。主婚人与介绍人在旧式婚姻中地位十分重要。婚书下面长方框的四个边角处各留出一个圆形空白，按照从右至左、从上到下的顺序，分别印入"百"、"年"、"好"、"合"的吉祥字，营造喜庆氛围和表示美好祝福。婚书右上角贴有四张印花税票，上面盖有公章。从传统社会早期至清末，国家始终将婚姻划在礼的范畴之内。直到宣统年间，才正式出台经政府审定颁发，内书三代、年貌、籍贯，领取时须加贴印花税票的结婚证明，表明国家已经将婚嫁行为正式纳入法的轨道，由官府来保障婚姻的合法性。婚书上老舍和胡絜青的籍贯记录是"河北省宛平县第内四区村人"。这和北京地区行政区划在历史上的演变有重要关系。辽圣宗开泰元年（1012年，时为北宋真宗大中祥符五年），改南京（今北京）为燕京，改幽州府为析津府，改幽都县为宛平县，宛平县由此诞生。金贞元元年（1153），金改燕京为中都，改析津府为大兴府。元灭金后，改中都为大都。曾以南北中轴线为界，东为大兴，西为宛平，就是说宛平县曾占当时北京的一半。明洪武元年（1368）改大都为北平，永乐元年（1403）改北平为北京。但宛平县之名则一直未变。1928年6月，南京国民政府的北伐军进占北京，因省市划界，撤销京兆地方，北京改为北平，设特别市。京兆各县划归河北省，宛平县随属河北省辖。故而才有了老舍婚书上面写的"河北省宛平县第内四区村人"。

南新街寓所。

婚后不久，胡絜青就随老舍回到济南，在南新街54号（现58号）租了一个小院住下。老舍选择这个小院是因它离学校很近，不管他去学校还是学生教师来找他，都十分方便。这是一个两进门的小独院，大门边有一间门房，由佣工老田夫妇居住；二门内，西屋是饭厅，东屋是厨房，北房三间半，东边一间半是新婚夫妇的卧室，西边一间是老舍用来写作和会客的，西北角是杂物间。小院院子虽然不大，但夫妇俩却充分利用空间，种了许多花草。院里有几株亭亭如盖的小树，花台上下摆满了不计其数的花盆。还有一口小水井，给主人的生活和花草提供了很多便利。每年春天，院子里姹紫嫣红，五彩缤纷，来拜访的客人们都赞不绝口。

老舍因为要写作，因此落下两个“小毛病”，他十分恳切地告诉了新婚妻子：一是自己每天早晨起床后不爱说话，那不是生气，而是在思考今天要写些什么东西，请别介意；二是自己抽烟的时候不爱理人，请千万别打搅。胡絜青答应了，于是自己也去找了个学校教书，新婚夫妇相处十分和谐。

老舍喜欢孩子，也很受孩子们的欢迎。他曾经说：“我愿永远作‘孩子头儿’。……我爱孩子，他们是光明，他们是历史的新页，印着我们所不知道的事儿——我们只能向那里望一望，可也就够痛快的了，那里是希望。”他有一种本事，随便和孩子们聊上几句，就能够被他们高高兴兴地接受，并成为之中一分子。他没有大人的架子，也从不严词厉色，和孩子们讲话的神态、语气、用词，都充满童趣。

在重庆的时候，他经常去冰心家拜访，很受冰心子女的欢迎。印

新婚夫妇于院内合影。

象最深的是，他第一次见到冰心3岁的儿子，还没说上几句就马上和他一起，跪在地上找一只小布熊。等老舍把手伸到椅子后面拉出小布熊的时候，小孩高兴坏了，抱住这个刚见面的陌生人的脖子，使劲亲了一口。每次“舒伯伯”一来，孩子们就一窝蜂地把他围住，吵着要他讲故事、说笑话，老舍也总是笑嘻嘻地和他们聊个没完。冰心说：“有一次我在旁边听见孩子们问：‘舒伯伯，您书里的好人，为什么总是姓李呢？’老舍把脸一绷，说：‘我就是喜欢姓李的！——你们要是都做好孩子，下次我再写书，书里的好人就姓吴了！’孩子们都高兴得拍起手来，老舍也跟着大笑了。”

曹禺的孩子、臧克家的孩子也都非常喜欢老舍，尤其爱听他讲笑话，他只要随口一说，都能把孩子们逗得哈哈大笑。老舍出国回来，常给臧克家带点纪念品，其中免不了给臧克家的女儿带一份，并且还要在包装上亲笔写“大姑娘的”。臧克家回忆说：“从日本带来的一个‘万花筒’，大女儿一直保存到现在，而人生的万花筒，已经变幻无穷了。”马宗融的女儿马小弥和老舍的关系也很好，每次马小弥因成绩不好挨骂的时候，老舍总在旁边打岔，拿马小弥做模特即兴编一段故事，逗得大家笑个不停，也就替马小弥躲过一顿骂。

不仅如此，他也同样这样对待自己的孩子。1933年，他们的家添了一个小女儿，因为生在济南，所以起名为“济”。老舍曾经十分风趣地叙述，小济降生以后给家庭带来的一种生气：“有了小活神仙，家里才会热闹。窗台上，我一向认为是摆花的地方。夏天呢，开着窗，风儿轻轻吹动花与叶，屋中一阵阵的清香。冬天呢，阳光射到花上，使全屋中有些颜色与生气。后来，有了小孩，那些花盆很神秘的都不见了，窗台上满是瓶子罐子，数不清有多少。尿布有时候上了写字台，奶瓶倒在书架上。……上次大扫除的时候，我由床底下找到了但丁的《神曲》。不知道这老家伙干吗在那里藏着玩呢！”

他和胡絜青共有4个孩子，除长女舒济外，长子舒乙1935年出生于青岛，次女舒雨1937年也生于青岛，小女舒立1945年生于重庆北碚。那时，第一个孩子舒济的繁体字“濟”，因笔画不少，招来不少非议，纷纷“声讨”名字起得不好，笔画太多，难为孩子云云。有了前车之鉴，为了避免招二次“声讨”，老舍给第二个孩子起名时，干脆就叫“乙”，只有一笔，又有“二”的意义，形意皆佳，这一回耳根子总算能清静了。老三名“雨”，她出生那年青岛大旱，饮水不继，她出生后忽得大雨，所以取了这个名字。其实，当时七七事变刚发生不久，日军全面侵华，国难临头，形势大乱，老舍本来想给女儿取名为“乱”，可胡絜青坚决反对给女儿

1934年，老舍夫妇与长女舒济在院中照全家福。照片后面还有老舍的题诗："爸笑妈随女扯书，一家三口乐安居；济南山水充名士，篮里猫球盆里鱼。"

取这样的名字，才换成了"雨"。最小的女儿舒立凑巧生在立春当天（1945年2月4日），既然老舍已经抢占了"春"字（舒庆春），那她就别无选择，只能用"立"字了。

老舍对待孩子，和大多数家长不一样，有自己一套独特的教育思想。首先，他从来不过问孩子的考试成绩，不会因为他们没考"双百"而生气。有一次，小女儿为数学只考了60分不高兴，老舍却安慰她："60分也很高嘛！你比爸爸好，我小时候数学还不及格呢！"当女儿问老舍，要是考不上大学怎么办，老舍回答："考不上大学，你就在家待着，我教你英语。"在一篇叫《一封信》的散文中，他曾这样表达过对孩子们的期望："我想，他们能粗识几个字，会点加减法，知道一点历史，便已够了，只要身体强壮，将来能学一份手艺，即可谋生，不必非入大学不可。……假如我看到我的女儿会跳舞演讲，有做明星的希望，我的儿子体健如牛，吃得苦，受得累，我必非常欢喜！我愿自己的儿女能以血汗挣饭吃。"他还说："书呆子无机会腾达，有机会做官，则必贪迂误国，甚为可怕！"其实他并不是真的不希望孩子们学习文化知识，相反，他一向主张普及教育，以知识救国，以学问强国。他反对的是功利性的学习，读书只为谋利的话，不如不读。

他也从来不干涉孩子们的志愿，在他看来，将来无论从事什么样的行业，只要勤恳踏实就足矣。1942年8月，他曾写过一篇叫作《艺术与木匠》的文章，其中有这么一段："我有三个小孩，除非他们自己愿意，而且极肯努力，作文艺写家，我决不鼓励他们，因为我看他们作木匠、瓦匠，或作写家，是同样有意义的，没有高低贵贱之别。"

他特别珍视儿童的天真，认为这是天下最可贵的，主张维护儿童天真活泼的天性，不可强求，更不可处处约束。他最害怕看见"小大人"、"小老头"和"少年老成"，一看见小孩穿上小马褂，一举一动全像大人，便想落泪。他曾说过："哲人的智慧，加上孩子的天真，或者就能成个好作家了。"可见孩子的天真，在他眼里是何等重要。他也不赞同一般家庭教幼童背唐诗，来客动辄表演一番的做法，认为这是把儿童当作玩物。他提倡对待儿童应该用平等的态度，要像对待好朋友一样地尊重他们。他在这方面不仅说到，而且是身体力行的。当儿子成了中学生后，他就开始以姓名相称，不再叫小名，表示尊重；会主动向他伸出手行握手礼，以表平等。在他面前，孩子可以自由说话，他认为孩子有权如此，并希望普天下的父母都有这样的态度和胸怀。

第二故乡

四年虽短，但是一气住下来，于是事与事的联系，人与人的交往，快乐与悲苦的代换，更显明的在这一生里更自成一段落，深深的印画在心中；时短情长，济南就成了我的第二故乡。

——老舍《吊济南》

济南对老舍来说，有着很特别的意义。俗话说"三十而立"，老舍30岁后的头几年就是在这里度过的。他在这个城市住了4年，认真教学，勤恳办报，生儿育女，忙于写作。他在这里挑起教导学生新文学的担子，也在这里度过新婚，迎接他的第一个孩子的诞生，还对中国的国民性问题进行了更为深刻的思考和批判。他对济南很有感情，称这里为他的第二故乡。

老舍刚到齐鲁大学的时候，寄住在齐鲁大学办公楼二层西南角的一个房间里。这座办公楼是一座坐北朝南的青灰色砖石结构楼房，包括地下室在内，共有3层，现已不存。从老舍所居住的房间向外看去，既能俯瞰楼下美丽如画的校园，也能远眺南边庙宇点点的千佛山、济南南郊的山林田野。老舍十分喜欢齐鲁大学的校园，称之为"非正式的公园"，还曾为此写过诗：

一片闲情诗境里，
柳风淡淡柝声凉。

山腰月少青松黑，
篱畔光多玉李黄。
心静渐知春似海，
花深每觉影生香。
何时买得田千顷，
遍种梧桐与海棠！

1930年，在齐鲁大学的老舍。

老舍来到齐鲁大学的时候，国学研究所刚刚建立，他被聘为国学研究所文学主任兼文学院文学教授，在《齐大月刊》的《新职员之介绍》中，介绍他的简历为“北平师范毕业，曾任英国伦敦大学东方学院华文教师”，他主要负责的课程有“文学概论”、“文学批评”、“文艺思潮”、“小说及作法”、“世界文艺名著”等，分别为中文系各年级的必修课。除他负责教授的新文学和外国文学外，文学院的其他几位老师教授的课程都是中国古代文学、古代汉语等。老舍对文学院的

齐鲁大学校门及老舍办公室。

教授一职十分看重，平时把主要精力都用在看书备课、编写讲义、批改作业和学生交流方面，只有放假时他才拼命写作。那时的新文学兴起也不过十来年，外国文学更是知之者寥寥，校园里的国学还是占据主流地位，所以难免有人背后议论老舍，说三道四，老舍在英国不过是个教人讲中文的，凭什么能当教授呢？为什么要拿国学研究所的薪水？听到这些流言后，老舍又在国学研究所申报了一个研究“三礼”（《周礼》《仪礼》《礼记》）的课题。有同事弄不明白，问他，你不是搞新文学的吗，报这种古代国学课题做什么？老舍不无诙谐地回答，没办法，不去研究国学，别人不让拿薪水啊！其原因大多数人都心知肚明，也不免哄堂大笑。

他教授的“文学概论”课程是文学院一年级的必修课，其他系的选修课。老舍任教期间专门编写了一本《文学概论讲义》，用作这门课的通用教材，并以讲义的形式内部印行。这本讲义共分15讲，涵盖了文艺学中的基础知识，如中国历代“文说”的得失，文学的性质、文学的创造、文学的起源、文学的风格等；此外对文学的形式、文学的倾向以及各类文学体裁的特征，也都作了简要的分析。讲义充分阐述了老舍本人的艺术理论观点。严格来说，老舍并没有念过大学，也不是科班出身，他的文学理论有很大一部分是从自己的创作中所来。他在讲到短篇小说时总结，必须用最经济的手段写出，要在这简短的篇幅中，写得极简洁、极精彩、极美好，用不着的事自然是不能放在里面，就是用不着的一语一字也不

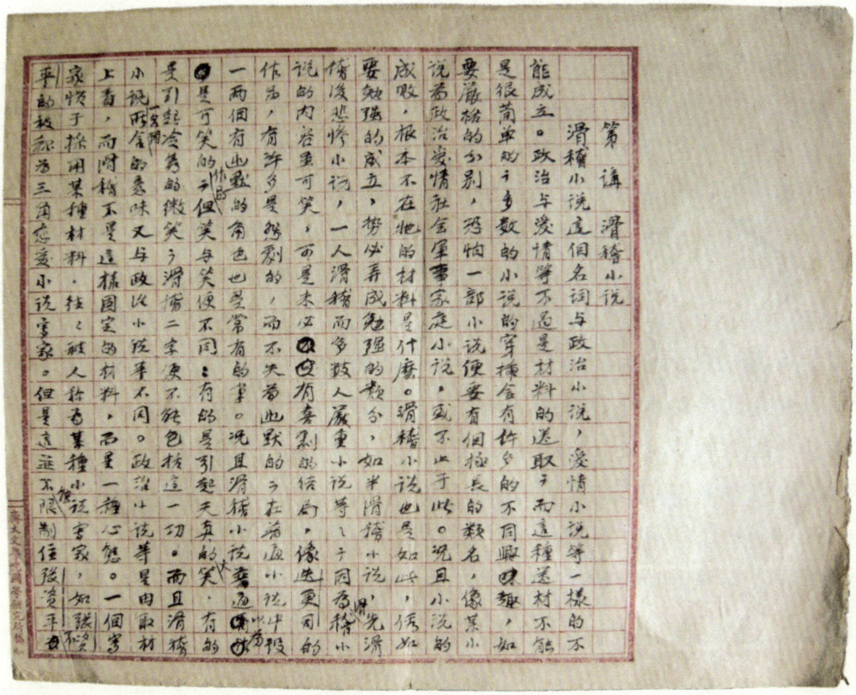
第 講 滑稽小說
滑稽小說這個名詞與政治小說，愛情小說等一樣的不能成立。政治與愛情等不過是材料的選取；而這種選材不能是很簡單的；多數的小說的穿插含有許多的不同趣味，如要嚴格的分別，恐怕一部小說便要有個極長的類名，像某小說為政治愛情社會軍事家庭小說。或不止于此。況且小說的成敗，根本不在他的材料是什麼。滑稽小說也是如此，[illegible]要勉強的成立，勢必弄成勉強的類分，如半滑稽小說，先滑稽後悲慘小說，一人滑稽而多數人嚴重小說等等，同為滑稽小說的內容是可笑，可是未必[illegible]有喜劇的結局，像迭更司的作品，有許多是悲劇的，而不失為幽默的；在[illegible]小說中[illegible]一兩個有幽默的角色也是常有的事。況且滑稽小說[illegible]是可笑的，但笑與笑便不同：有的是引起天真的笑，有的是引起冷嘲的微笑；滑稽二字決不能包括這一切。而且滑稽小說所含的意味又與政治小說等不同。政治小說等是由取材上看，而滑稽不是這樣固定的材料，而是一種心態。一個寫家慣于採用某種材料，往往被人稱為某種小說家，如張資平的被稱為三角戀愛小說專家。但是這並不限制住張資平[illegible]

文学概论讲义手稿。

能容纳。讲到长篇时强调，需要有个主要之点，从而建设起一切的穿插高潮。老舍对创作心得从不敝帚自珍，相反却常向人恳切传授，对文学爱好者的指点，从不厌烦。

老舍在讲课和坚持业余写作之外，还有一项重要工作，那就是《齐大月刊》的编辑工作。

这本综合性刊物是由济南私立齐鲁大学文学院、理学院和医学院合办的，在学术论文之外，也刊登一些文艺创作及学校大事方面的内容，算校级刊物。老舍最初为编辑委员，后为编辑部主任，具体主持刊物的编辑和出版。他在发刊词中说："既名月刊，内容自然也和别家出的月刊差不了多少，出不去：学术研究、文艺创作、校事报告等等。有这样的内容，刊行的目的也便简单的很：（一）校事经过及计划的有系统的报告；（二）研究兴趣的表现。这已足说明这个小刊物的性质，似乎不必再说什么。……忠实的读书，大胆的发表，如果能引起一些研究和批评的兴趣，也就足以抵得住'不善藏拙'之诮了。"

在老舍主持下，刊物始终贯彻着上面提到的办刊宗旨。从1930年10月10日创刊，至1932年6月休刊，《齐大月刊》共出版2卷，每卷8期。拿它和齐鲁大学过去和后来出版的同性质刊物对比，明显可以看出，在老舍的精心安排下，外国文艺理论和文艺作品的翻译介绍，以及新文艺作品的分量都明显增加。老舍在不违背"文艺作品不得过月刊页数四分之一"原则的前提下，尽力扩大了新文艺作品的页数，这给当时死气沉沉的齐鲁大学注入了一股清风。这一时期，老舍在《齐大月刊》上登载了13篇译文，主要是和课程相关的外文小说和理论著作，如小说《隐者》、论文《但丁》和一些文学批评的相关作品，其作品翻译均出自他手。有意思的是，老舍发表理论文章的时候都署名"舍予"，可能为了避免自己名字出现的次数过多之嫌，有几篇如诗歌《我发明的死》《爱》（Humbert Wolfe著）和信函《几封信》，译文是用"絜青"的笔名发表的。

因发行时间紧迫，加上人手和稿件不足，老舍自然也就成了《齐大月刊》新文艺作品供稿的生力军，其作品也大多在主编杂志时发表，有小说、诗歌、散文、论文及译文，颇受校园读者欢迎，以至每期月刊发行时，许多忠实的读者都迫不及待地想看看他又写了些什么。散文《一些印象》以老舍一贯的幽默文风，细腻描写了他来到济南，来到齐鲁大学后的所见所闻，文字隽永优美。其中的《济南的冬天》一节被选入了语文课本，更是令大众耳熟能详。直到现在，很多人对济南的印象就来自这篇课文，以及同样出自老舍之手的《趵突泉》，一提济南，就想起"济南的冬天是没有风声的"，"济南的冬天是响晴的"，又或者"冒，冒，冒"。因

《齐大月刊》编委会的合影，老舍位于第一排左二。

此很多到济南游玩的游客大呼上当。

其实，老舍虽然写过上面的篇章，也写过“上帝把夏天的艺术赐给瑞士，把春天的赐给西湖，秋和冬的全赐给了济南”，同样也写过“在济南的初伏以前而打算不出汗，除非离开济南。早晨，晌午，晚间，夜里，毛孔永远川流不息；只要你一眨巴眼，或叫声球——那只小猫——得，遍体生津。……屋子里比烤面包的炉子的热度高着多少？无从知道，因为没有寒暑表。屋内的蚊子还没都被烤死呢，我放心了。”说到济南的酷暑，老舍深有感触：“天气非常的热——济南的热法是至少可以和南京比一比的——我每天早晨七点动手，写到九点，九点以后便连喘气也很费事了。”

济南在老舍的印象中有好也有坏，但最后都归于一种脉脉温情。他一生走过的地方可谓天南海北，长久居住的地方也不少，北京自然是他心中美好的永不可忘的故乡，然后就是济南——他称这里为他的第二故乡。可能正是在济南时的美好家庭生活，令他念念不忘吧。

长期繁忙工作和伏案写作，对老舍的健康颇为不利。1933 年春，他患了背痛病，痛得翻不了身。他不爱篮球、足球等西式体育活动，所以想到了练拳。经朋友介绍，老舍认识了济南的著名拳师马子元，跟他学习拳术，俩人交上了朋友。一年多后，老舍的病情大有好转，因此对马拳师十分感激。1934 年端午节前夕，老舍特意赠送马子元一把折扇，一面是请济南著名画家关友声画的写意山水，一面则是老舍亲笔书写的短文，记述了他跟马子元练拳习武的过程：

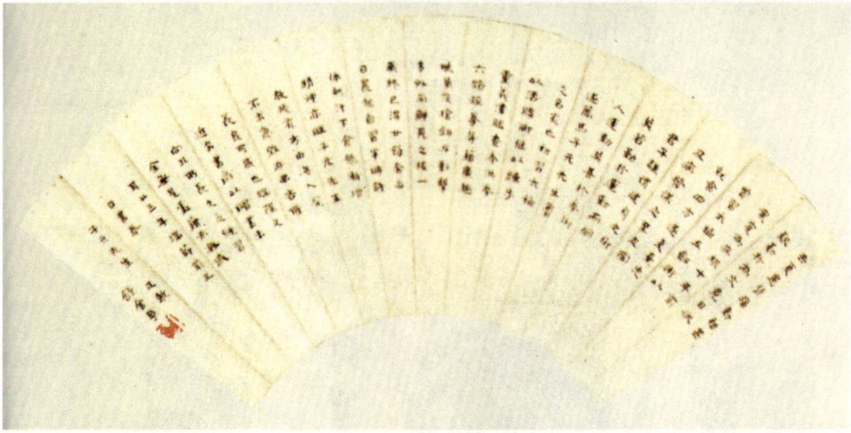

老舍赠予马子元的扇面。

“去夏患背痛，动转甚艰。勤于为文，竟日伏案，实为病根。十年前曾习太极与剑术，以就食四方，遂复弃忘。及病发，谋之至友陶君子谦，谓：‘健身之术莫若勤于运动，而个人运动莫善于拳术。’遂荐马子元先生，鲁之名家也。初习太极，以活动腰脚；继以练步，重义潭腿、查拳、洪拳、六路短拳等，藉广趣味；兼及枪剑与对击，多外间鲜见之技。一岁终，已得二十余套。每日晨起，自习半时许，体热汗下，食欲渐增，精神亦旺。子元先生教授有方，由浅入深，不求急效，亦弗吝所长，良可感也。端午又近矣，书扇以赠。书法向非所长，久乏练习，全无是处，藉示激感耳。二十三年端午前三日书奉，子元先生正教，舒舍予。”

他这种练武习拳的习惯维持了很久。当举家搬去青岛后，家中墙上仍挂满了刀矛枪棒，而且每天都要练上一会。抗战时期，老舍出走武汉，兵器自然是没法带上了，但据冯玉祥日记记载（老舍当时借住在冯玉祥寓所），他每天早晨穿着单衣打拳，天天如此，从不间断。于是以老舍为例，冯玉祥还勉励士兵们坚持锻炼。

因为对外文作品和新文艺作品的偏爱，《齐大月刊》很快遭到国学派的反对，1932 年被改版为《齐大季刊》，原编辑部被撤销，老舍的编辑部主任一职当然也就没了。之后，他仅在《齐大季刊》上连载

1987 年，丁聪为老舍绘的练拳漫画。

过译作《文学批评》的前三章。

齐鲁大学这种充满陈腐气息的学术环境和保守的校风令老舍感到窒息，1934年7月，他辞去齐鲁大学教职，8月，前往上海以寻求是否能有做职业作家的可能。但是，事与愿违，当时的上海文化管制十分严苛，书报业普遍不景气。到上海后，老舍看清楚了“专仗着写东西吃不上饭”，朋友们也劝他不要冒险，无奈只得又返回山东，应聘到青岛的山东大学任中国文学系教授。山东大学和齐鲁大学不同，比较重视新文学，校长杨振声也是小说作家，在成立中文系之前就已经招揽了闻一多、沈从文、洪深、王统照等人，老舍的到来更是令师资队伍如虎添翼。

老舍这时也就三十来岁，但身体不适，十分瘦弱。他的教学态度已变得十分严肃，即使偶尔讲上几句令学生们哄堂大笑的话，自己却从来不笑。这大概和他受幽默之累，被视为油滑肤浅有一定关系吧。

山东大学校门及原文学院大楼。

在青岛国立山东大学任教期间，老舍开设了“小说作法”、“文艺批评”、“高级作文”、“欧洲文学概论”、“文艺思潮”、“欧洲通史”等课程，很受学生们欢迎。“小说作法”课采用大纲式教学，由他口述，学生记笔记。每讲一个段落，他就要求学生做一次练习，借此提高学生的写作能力，并从中了解学生的理解程度，以听取学生意见。批改学生作业时，他一丝不苟，每遇到句子结构、段落层次有不妥帖之处，都加以眉批，也不放过任何一个用错的标点符号。他告诫学生，作品的人物要有生气，要能引起读者感情上的共鸣，最忌空洞无物；语言要凝练，不能拖泥带水。他以自己创作时的甘苦，引导学生严肃地进行创作。因他给分严格，获得高分的寥寥无几，但就这样学生们依然踊跃选修，教室也为之爆满。

在学生中间，老舍从不以名作家、名教授自居，而是谦逊自处，

1936年的老舍。

平易近人。他的时间一向很紧张，既要教课又要写作，每当学生毕业，都愿意请他题词留念，但他从不推诿，有求必应，而且题词时斟酌再三，曾题曰：“对事卖十分力气，对人不用半点心机。”

有一次，在除夕夜的晚宴上，他不仅给学生们讲了笑话，接着又表演剑术，一下风靡了全校。

1936年暑假，因校长撤换，老舍辞去山东大学的教职，之后在青岛从事专业写作。1937年8月，又因局势不稳和经济原因，他应聘重新回到私立齐鲁大学任教。

“写家”生涯

也不是怎股子劲儿，我成了个写家。我的朋友德成粮店的写帐先生也是写家，我跟他同等，并且管他叫二哥。

——老舍《又是一年芳草绿》

……行市是三块钱一千字，得写得好，快，应时当令，而且不激烈，恰好立于革命与不革命之间，政治与三角恋爱之外，还得不马上等着钱用。它得知道怎样小心，得会没墨水也能写出字，而且写得高明伟大；它应会办的事太多了，它的报酬可只是三块钱一千字与比三块钱还多一些的臭骂。

——老舍《钢笔与粉笔》

老舍一生可谓勤勉不怠，这体现在他日常生活的习惯上。他惯于早起，起床后打扫房间，锻炼身体，上午写作，下午处理事务，晚上睡得很早。写作和锻炼都是他一生不曾放松的事。在齐鲁大学时，他虽然将主要精力都放在教学上，但一到了假日或寒暑假，他便不分酷暑或严寒，每天总要坚持地写上一段时间。

自《齐大月刊》改成了《齐大季刊》后，他的文章就发表于各大报刊，诸如《论语》《宇宙风》《文艺月刊》《申报》等，都向他伸手要稿子。《青年界》编辑赵景深曾有一次缺稿件，马上想到了老舍，于是急忙写了一封约稿信，信上只写了一个大大的“赵”字，而“赵”字又被一大圆圈圈起来，意思是：“赵某被围，速发救兵！”老舍看了信，乐了！回了一篇小说，还附了一封同样有趣的信：

景深兄：

元帅发来紧急令：内无粮草外无兵！小将提枪上了马，《青年界》上走一程。呔！马来！参见元帅。带来多少人马？两千来个字，还都是老弱残兵！后帐休息！得令！正是：旌旗明日月，杀气满山头！

祝吉

弟舍予躬

附奠文一

这封信画面感极强，对传统戏剧、曲艺熟悉的人，在阅读过程中完全能想象到演员应如何演绎。老舍用不到100个字就勾画出了求援、奔赴、帐中对话三个场面。和赵景深的来信相对照，可谓妙趣横生。

济南四年，老舍过得紧张而又忙碌。他强调认真，对教学工作“总求无愧于心。这么着，平日的时间便完全花费在上课与备课上，非到暑假不能拿笔写自己的东西”。就这样，本该身心放松的暑假，他却一样忙得不可开交。济南的夏天，热得人昏昏沉沉，他每天只有头缠毛巾，肘腕子下垫着吸墨纸，冒着屋里90度（华氏）的高温，左手挥扇打苍蝇，右手握笔疾书，汗水顺着手指一直流到稿纸上。在这种情况下，他仍赶出了不少代表作。后来，老舍戏称这种写作生活“往好里说，这叫做努力；实际说来，这是‘玩命’！”

“玩命”得来的成果颇为丰硕。除《大明湖》外，还有3部长篇小说《猫城记》《离婚》《牛天赐传》；以及短篇小说《微神》《黑白李》等15篇结集为《赶集》出版；在《论语》《申报·自由谈》等报刊上发表数量可观的幽默诗文，也结集为《老舍幽默诗文集》出版。

老舍到济南时，“五卅惨案”刚过去没2年。他走在济南的大街小巷，仿佛还能闻到硝烟和血腥气味，以及目睹到屠杀与恐怖场景。当时，日本侵略军以保护侨民为名，派兵进驻济南、青岛及胶济铁路沿线。1928年5月1日，国民革命军克复济南，5月3日，日军遂派兵侵入中国政府所设的山东交涉署，将交涉员蔡公时割去耳鼻，然后枪杀，接着又杀害了交涉署的所有职员，肆意焚掠屠杀。据统计，中国官民被焚杀者，达一万七千余人，受伤者二千余人，被俘者五千余人。

于是，老舍四处走动，向人询问当时的情形。半年后，他对济南民众的生活和“五卅惨案”都了如指掌，就开始潜心创作长篇小说《大明湖》。这部小说以“五卅惨案”为背景，讲述一对贫穷母女，因为生存所迫，母亲只好出卖皮肉，后来跳了大明湖；无人保护的女儿，没有了经济来源，也被迫走上了母亲的老路。在女儿也被逼得要跳湖的时候，被仨兄弟救了。这仨兄弟的老大和老二是双胞胎，性格迥异，“老大表现着理智的能力，老二表现着感情的热烈。一冷一热，而又不肯公然冲突。这象征着‘学问呢，还是革命呢？’的不易决定”。两个兄弟都喜欢那女儿，后来老大娶了她。“五卅事件”发生了，老三被杀。老大、老二“一个用脑，一个用心，领略着家破人亡的滋味”。

老舍将书稿寄给《小说月报》后，对方答应连载。1931年九一八事变，日本在上海不断寻衅挑起事端。1932年1月28日晚，日军突然向闸北的国民党第十九路军发起攻击，随后又进攻江湾和吴淞。十九路军在军长蔡廷锴、总指挥蒋光鼐的率领下，奋起抵抗，可惜在这次一·二八事变中，底稿和纸型均毁于战火。

《月牙儿》连环画（李全武、徐勇民绘）。

《月牙儿》，中流出版社1978年5月版。

老舍写作时有个习惯，底稿一向用楷书工整书写，清爽整洁，基本没什么删改，所以不需要二次誊抄，也不留副稿。《大明湖》就这样湮没在炮火里，事后，他再也没有默写这篇东西的心情了，只把里面印象最深刻的段落抽出，于几年后单写了一篇《月牙儿》。

《月牙儿》是个中篇，以老舍作品里少见的女性第一人称的视角，并以月牙儿为线索贯串全篇，宛如一首如泣如诉的散文诗。主角正是《大明湖》里的贫穷女儿，她小时丧父，母亲无奈再嫁后丈夫消失，母女俩没有出路，母亲只好暗地里做起皮肉生意。上了学的女儿感到又羞耻又惊慌，然而在母亲无法负担她的生计后，四处碰壁，最

电影《月牙儿》剧照（1987年）。

后也走上了和母亲相同的道路，后来被查处送进监狱。这是一出动人心弦的悲剧，颓废堕落的女主角也曾抗争过、奋斗过，最后，只剩下冷冷的一句“钱比人更利害一些，人若是兽，钱就是兽的胆子”。

老舍用自己的作品，针对“读书的青年男女好说自己如何苦闷，如何因失恋而想自杀，好像别人都没有这种问题，而只有他们的委屈很值钱似的”，提出要他们正确面对人生，面对自己。

1932年，老舍应上海《现代》杂志的邀请，创作了一部长篇小说《猫城记》。这部小说在老舍作品里颇为独特，从它诞生之日起，国内外的评价就一直莫衷一是。近年来竟有人称它是国内较早的科幻小说，但总的说来，它应该划分为悲观主义的政治讽刺小说。老舍这样概括它的内容：

“……中国人——就是我呀——到火星上探险。飞机碎了，司机也死了，只剩得我一个人——火星上的飘流者。来到猫城，参观一切，还遭了多少的险难……火星上真有什么，谁知道呢？火星上该有什么？听我道来。就是这么一回事。……”（老舍致《现代》杂志编辑的信）

作品以第一人称叙述“我”来

《猫城记》，晨光出版公司，1947年初版。

到火星后被猫人掳去的种种遭遇，和“我”对猫国猫人的观察与思考。“我”与猫人为伍，在猫国经历了一番奇遇，被当作“地球先生”而受到尊敬。“我”学会了“猫语”，这才懂得：猫人们也见钱眼开，也自相残杀，“杀人的方法差不多与作诗一样巧妙”；猫人同样害怕外国人，“外国人咳嗽一声，吓倒猫国五百兵”；那里的“圣人”，会“忽而变为禽兽”；那里的女子“无处去诉苦”，被作为取乐的玩物；猫城到处是臭水沟，一片污浊，却没有医生；那里“总是皇上管着大家的，人民是不得出声的”……后来，猫国被“矮子兵”征服了，猫人被大批大批活埋，“连他们的苍蝇恐怕也不能剩下几个”。“我”决计离开火星，在遇到法国的一架探险飞机时，终于“生还我的伟大的光明的自由的中国”。

“我”来自“伟大光明自由的中国”，具有现代人的价值观。而猫国虽然也有两万多年文明，却即将灭绝，不但其自然环境（土地、天空和山）是灰色的，国家的政治、经济、教育、文化，乃至人们的思想都是灰色的。猫人已不再种粮食，只种由外国输入的“迷叶”，越吃越懒，到处起了抢劫。国家只能依靠外国人来维持秩序，敬奉外国人若神明，到处流传着“外国人咳嗽一声，吓退猫国五百兵”的说法。而外国人也联合起来惩罚猫人，共同得到好处。虽然猫人相互之间抢劫、斗殴，但在外国人的干涉下却甘愿受罚。当然在猫人社会内部也是尊卑有序的，伸手就打是上等猫人的尊荣，也被下等猫人视为当然。商量办事是被猫人看不起的，“我”因不愿打人而差点饿饭。猫城的人因经常挨打，头上都有“没毛而铁皮的一块”。猫人也有教育文化，而大学生比任何国家都多，可实际上都是一入学就毕业的学生。古物院的文物已被出卖一空，图书馆也正改建成旅馆。正是在这样的“文明”里，猫人在矮人的入侵下灭绝了。不难看出，作家是以寓言的形式表达了对中国社会现实的隐喻性思考，并且由于对国事的深切失望，

《猫城记》插图（高荣生绘）。

因而走向了阴冷灰暗的绝望讽刺以至说教。浊秽、疾病、乱七八糟、糊涂、黑暗是这个文明的特征，纵然构成这个文明的元素也有带光的，但那一些光明绝抵抗不住这个黑暗的势力。因此他也偏激地讽刺了革命政党的“大家夫斯基”、“哄”、“马祖大仙”。但同时，这部小说对民族文化性格的反省与思考已伸展到了一个相当深广的层面，从猫国的政治、经济、外交、文化、教育等诸方面，剖析与批判了国民性中自私、卑鄙、折中、糊涂、随遇而安等劣质，他实质上是以愤激的心情，沉痛地表达自己对我们古老民族与国家命运的关切与忧虑，表现出一种深沉的历史悲剧感。可以说《二马》中的民族性悲剧因素在《猫城记》中得到了进一步拓展。

《猫城记》所讽刺的民族性弱点，涉及的方面相当广泛。比如折中、妥协、没有勇气、自私、横行、不合作、势利、贪财、世故人情和面子，根深蒂固的糊涂，糊涂的结果是事事敷衍。这种落后的国民性，渗透于广泛的生活领域。具体说来，上层统治者对外国人心存恐惧，却又总想假借外国人的威风压迫本国的同胞；一般人交朋友是为了互相利用；军人的职业就是抢劫老百姓的财物；学者研究学问为的是争第一，因而随意提出一些毫无用处的怪问题；政客组织党派团体只是为起哄，而并无济世救民的宗旨；妇女解放只是学会了往脸上擦更多的白粉、穿高跟鞋，婚姻自由成了儿戏；新教育只剩下空壳，变成了赚钱的买卖；等等。

统治阶级如此，被统治阶级中的落后的人们也是如此。作者在书中愤激地指出：“这样多糊涂，老实，愚笨，可怜，贫苦，随遇而安，快活的民众；这么多只拿棍子，只抢迷叶与妇女的兵；这么多聪明，自私，近视，无耻，为自己有计划，对社会不关心的政客。”猫国是“热闹的”，但在这热闹的景象中，仿佛正有一个“毁灭的手指，似乎将要剥尽人们的皮肉，使这猫城成为白骨的堆积场”。“一眼看见猫城，不知道为什么我心中形成了一句话：这个文明快要灭绝！”

剖析落后的国民性，寻求疗治的方法，这是当时许多具有民主主义思想的进步知识分子都十分关注的问题。鲁迅远在日本读书时就把探讨国民性问题放在了重要位置，因为要救治国人麻木的精神，他才决定弃医从文。老舍也是如此，从创作第一部长篇小说《老张的哲学》开始，他就表现出对于中国民族性思索的兴趣，在《二马》中他几乎倾注了全力，以艺术的对比手法展示了我们民族在精神上的消极现象。当时他还只是一般地从民族复兴的角度观察问题，到了写作《猫城记》时，亡国的危险摆在每一个爱国者的面前，他痛感民族精神的迟滞和愚钝，这时他就不是一般地提出问题，而是把振奋民族精神、医治落后国民性问题看作是关系民族生死存亡的严重任务了。

但是，老舍并不能解决这个课题。当他从生活的直接感受出发，描述社会生活中的消极现象、描述落后的国民性的诸种表现时，他是富于机智和智慧的，许多评断锋利而又准确，但是当他进一步思索这种落后的国民性何以形成以及如何改造时，就显得十分软弱无力，所见不深了。他因而陷入悲观：“一个文明的灭绝是比一个人的死亡更不自觉的；好似是创造之神已把那毁灭的手指按在文明的头上，好的——就是将死的国中总也有几个好人罢——坏的，全要同归于尽。那几个好的人也许觉出呼吸的紧促，也许已经预备好了绝命书，但是，这几个人的悲吟与那自促死亡的哀乐比起来，好似几个残蝉反抗着狂猛的秋风。”

1931 年写《猫城记》时，恰逢九一八事变硝烟骤起，日军一举鲸吞东三省，隆隆炮声震撼华夏……中国面临着亡国的危险，广大民众忧心似焚。“对国事的失望，军事与外交种种的失败”，使老舍“由愤恨而失望”。正因如此，才促使他动笔写下“噩梦”般的《猫城记》。《猫城记》着力对当时中国的黑暗进行深刻揭露批判，通篇过于悲观：“到处是黑暗，黑暗，一百分的黑暗。”借“我”之口，说出了他的痛苦：“我落下泪来，不是怕，是想起来故乡。光明的中国，伟大的中国……我将永远不能享受合理的人生了……”但是他仍执着地向往未来，梦想有一天“猫城改建了，成了一座花园似的城市，音乐，雕刻，读书声，花，鸟，秩序，清洁，美丽……”

不过，《猫城记》并不是老舍很满意的作品。他曾这样说过：“在《猫城记》中，不仅讽刺了当时的军阀、政客与统治者，也讽刺了前进中的人物，说他们只讲空话而不

《猫城记》译本。

办真事。这是因为我未能参加革命，所以只觉得某些革命者未免偏激空洞，而不明白他们的热诚与理想。我很后悔，我曾写过那样的讽刺……”《猫城记》记录了老舍的思索和探求，记录了他的痛苦和失望，记录了他的长处和弱点。以后他再没写过《猫城记》类似的作品。

1934年1月1日《文学季刊》创刊号，发表了老舍的短篇小说《黑白李》，小说以黑李、白李兄弟俩人不同的思想性格以及不同的人生道路为主线，描写了一个李代桃僵的故事，它显示了老舍对革命者认识的转变。这兄弟俩的父母均已去世，俩人年龄相差5岁，相貌酷似。哥哥脸上有个黑痣，所以叫黑李；弟弟脸上无痣，便叫白李。两个人一旧一新，一个一心维护兄弟，一个却一心革命。白李为了不连累哥哥，坚持要分家。黑李知道了弟弟的谋划后，悄悄地蚀掉脸上的黑痣，准备替代弟弟牺牲。不久，白李因组织洋车夫砸电车，被当局通缉，黑李便冒充顶罪，替弟弟慨然赴死。白李逃脱追捕后，继续从事他“砸地狱的门”的事业。老舍认为，这篇作品是“受了革命文学理论的影响”，后来他说：“在今天看起来，《黑白李》是篇可笑的，甚至于是荒唐的作品。可是，在当时，那确足以证明我在思想上有了些变动。诚然，在内容上，我没敢形容的白李怎样的加入组织，怎样的指导劳苦大众，和怎样的去领导斗争，而只用传奇的笔法，去描写黑李的死；可是，我到底看明白了，黑李该死，而且那么死最上算。……不管怎么说吧，我总比当时那诬蔑前进的战士的人，说他们虽然帮助洋车夫造反，却在洋车夫跑得不快的时候踢他两脚的，稍微强一点了。而且，当时的文字检查也使我不愿露骨地形容，免得既未参加革命，而又戴上一顶‘红帽子’。”（《老舍选集·自序》）

电影《黑白李》海报（2010年）。

1933年创作完成的《离婚》是老舍的代表作之一，1933年8月由良友图书印刷公司初版印行，这也标志着他的创作手法臻于成熟。小说写的是北京某财政所的一群小科员的婚姻纠葛。主要人物有三个。一是张大哥，一位安分守己又热心助人的老派市民，他一生要完成的神圣使命就是做媒与反对离婚，因为离婚意味着破坏既成秩序。他是“地狱中最安分的笑脸鬼”，其处世哲学是折中：“走极端是使生命失去平衡，而要平地摔跟头的。张大哥最不喜欢摔跟头。他的衣裳，帽子，手套，烟斗，手杖，全是摩登人用过半年多，而顽固老还要再思索三两个月才敢用的时候的样式与风格。”他的生命观是舒服，“肚子里有油水，生命才有意义”。他是毫无苦闷的人，他的“每根毫毛都是合着社会的意思长的”。他是已同灰色生活化为一体，而又以消极的人生哲学腐蚀他人的一个庸人、京油子。二是老李，一位还残余着些理想与追求的中间派市民，他不满意灰色的生活和平庸的旧式妻子，幻想体验一把浪漫的诗意，并对生命的价值展开了痛苦的思考。但是在张大哥善意的体贴与小赵刁蛮的欺诈下，终于认清自己也不外乎一个懦弱、随俗敷衍的地狱的鬼。三是小赵，一个恶棍，倚仗他与所长太太的特殊关系和卑鄙的手腕，成为一个呼风唤雨的强人。他不但戏耍老李，还要强占张大哥的房子和女儿。最后这个作恶多端的小赵被古代侠客式的人物丁四爷杀死。这种以暴制暴，或者说是除暴安良的侠义行为才能制裁小赵这样的恶人，正是千百年来平民百姓的无奈又消极的看法，也是老舍的看法。敷衍、怯懦和折中，既是《离婚》中许多人物性格的基本色调，也是民族性弱点的继续引申。张大哥的怯懦常常表现为“退一步想”：他替老李张罗租房，在相中的房子里，有的雨天漏水，然而他却很满意。他的理论是：漏水的房子每月可以省两块钱房租，这样也就可以同“下雨在屋里打伞的劳苦相抵”，“况且漏水与塌房还相距甚远，不必过虑”。多少尖锐的矛盾，就在这种“退一步想”中模糊了。同为怯懦，老李的表现大多是折中。他对革命，未始没有向往，但是又认为“近于破坏”；虽然“极看不起社会上的一切”，却又觉得流血“太不近人情”。在更多的情况下，老李的怯懦表现为一种被动的屈从：“什么事都由着别人，自己就没个主张？穿衣服、

离婚》，晨光出版公司，1947年初版。

电影《离婚》剧照（1992年）。

结婚、接家眷，生，死，都听别人的。连和太太大声吵几句都不敢。”这种妥协、敷衍、折中、怯懦在社会生活中弥漫着、渗透着，它麻痹人们的精神，阻滞着社会的变革和发展。作品明白地告诉读者：“这种敷衍目下的办法——虽然是善意的——似乎只能继续保持社会的黑暗，而使人人乐意生活在黑暗里；偶尔有点光明，人们还许都闭上眼，受不住呢！”

《离婚》的写作笔法仍然充满幽默，但却保持了先前作品中的优点，又避免了先前作品中失之于油滑、追求笑料的缺点；既是一种“含着泪水的微笑”，也是一种尖锐而不刻薄、辛辣而不恶毒的温婉宽容的幽默，达到了底蕴深厚、耐人寻味的艺术境界。《离婚》中的幽默，已不是信马由缰，而是极有分寸感，极有节制。同时，老舍也借由对原汁原味的北京风物与市民生活的细

（左）青岛黄县路12号小楼，老舍曾居住在其中一层。

（右）老舍在青岛。

腻描写，呈现出一幅幅生动的北京市井风俗画卷。诚如老舍所说："我立意要它幽默，可是我这回把幽默看住了，不准它把我带了走。"

搬去青岛后，老舍的生活和在济南时区别不大，仍然勤于教学和写作，著有大量短篇小说、散文、杂文、旧体诗等。1935年出版短篇小说集《樱海集》，1936年出版短篇小说集《蛤藻集》，1937年还出版了一部创作自述合集《老牛破车》以及其代表作《骆驼祥子》，这些大多是老舍一家移居青岛黄县路6号二楼时完成的。

老舍曾说："到了《上任》与《月牙儿》，我的态度已由消极的否定黑李，改为积极的描写受压迫的人了。"国家日渐衰颓，平民生活日益困苦，老舍身处这样的生活，在观察中无不有深刻体会，使他再也笑不出声来——"笑是不能勉强的"。表现在作品中的幽默成分减少了，严峻笔调增强——"这个变动与心情是一致的"。虽然他怀着不可遏止的愤怒，沉痛地控诉旧世界的罪恶，但却无法"给《月牙儿》中的女人，或《上任》中的'英雄'们，找到出路"。尽管如此，可以说老舍在山东期间是他创作的第一个黄金时期，他的思想和文学道路都得到了开阔、伸展，成果丰硕。

在他控诉旧社会罪恶的同时，老舍也陷入了深深的思索。传统的道德文化，宽厚、仗义、良善，为什么反倒走到末路了呢？这种思索挥之不去，反而成就了《老字号》《断魂枪》等表现文化悲剧的作品出世。《老字号》三合祥的倒闭，以及神枪沙子龙的"不传，不传！"都表现了传统文化的纯正与典雅，却又暴露出它们在变化的时代面前不堪一击，其中以武侠为题的《断魂枪》尤为突出。老舍本人习武学拳，和武师们也有交情，对他们既敬佩又同情，但在落笔写武侠时，却怀着微妙的嘲讽——"一方面是说武侠与大刀早该一齐埋在坟里，另一方面是说代替武侠与大刀的诸般玩艺不过是加大的杀人放火，所谓鸟枪换炮者是也，只是显出人类的愚蠢。"作品开头一段议论文字可以帮助我们理解作家思索的重心："东方的大梦没法子不醒了。炮声压下去马来与印度野林中的虎啸。半醒的人们，揉着眼，祷告着祖先与神灵；不大会儿，失去了国土、自由与主权。……龙旗的中国也不再神秘，有了火车呀，穿坟过墓破坏着风水。枣红色多穗的镖旗，绿鲨皮鞘的钢刀，响着串铃的口马，江湖上的智慧与黑话，义气与声名，连沙子龙，他的武艺、事业，都梦似的变成昨夜的。今天是火车、快枪，通商与恐怖。听说，有人还要杀下皇帝的头呢！"这个作品的中心情节是写"神枪"沙子龙的命运变化。由于时代的变迁，"沙子龙的镖局已改成客栈"，当年使他在江湖上赢得声望的"五虎断魂枪"已没有什么用场，他的事业已被时代的"狂风吹了走”。因此“在白天，他不大谈武艺与往事”，也不再教徒弟，即使孙老者远道而来学艺，他也绝不肯传一手。只是夜深人稀之后，关好小门，他才独自温习过去的枪法，“一气把六十四枪刺下来”，而后“拄着枪，望着天上的群星，想起当年在野店荒林的威风。叹一口气，用手指慢慢摸着凉滑的枪身，又微微一笑，‘不传！不传！’”不难看出，老舍对沙子龙充满了同情，但对“神枪”沙子龙已成了时代落伍者的这一事实，也给予了具体的描述。

这是一个动荡的时代，帝国主义经济侵略的魔爪伸向了中国，中国已经沦为半封建半殖民地国家。封建社会固有的秩序已经土崩瓦解，社会生活以及人们的思想发生了急剧变化，一切都换了样子。而沙子龙的悲剧在于：他虽然生活在一个同过去全然不同的环境里，却不能理解眼前的变化；他对旧时代、旧事物心存怀恋，对眼前的生活，不无反感，然而却只能以绝不再传“五虎断魂枪”表示微弱无力的抗议。这篇作品篇幅虽短但蕴含深厚，文字凝练，生动，是老舍短篇小说名篇之一。老舍对它也颇为喜爱，1946 年在美国时，还根据这篇小说写出了一部英文三幕四场话剧剧本《五虎断魂枪》。

1936 年，老舍和朋友聊天的时候，友人谈到北京有个洋车夫，一辈子都想拉上自己的车，可三起三落，末了还是受穷；还说起什么车夫也被“丘八”抓了去，结果偷出来了 3 匹骆驼等等。老舍听后，笑着说：“这可以写一篇小说。”然后他用了半年多的时间，入迷似的搜集材料，潜心揣摩，最终写出了一本“最使自己满意”的作品，这就是《骆驼祥子》。

1936 年 9 月，《骆驼祥子》开始在上海陶亢德先生主编的《宇宙风》半月刊第 25 期上连载，1937

《骆驼祥子》各版本。

年10月刊完。这部小说以一个年轻人力车夫祥子一生的浮沉为线索，全面展示了当时城市底层贫苦市民的悲苦生活图景，并对这地狱般的社会给予了深刻痛苦的批判。同时也生动传神地描绘了北京下层市民社会原汁原味的风俗民情，犹如一幅幅卓越的世俗画和风情画。它的语言也达到了一个新的高度，熔老舍早期小说语言的幽默性、抒情性和悲剧性于一炉，形成了一种在平易中显出生动、在生动中显出深刻的艺术风格，既是对北京市民口语的艺术提炼，又保持着口语的原味儿，使人物的语言高度个性化，于俗白中传达出人物的个性与神韵。《骆驼祥子》是一部具有鲜明民族特色的小说，也被视为老舍的代表作之一，出版后又多次再版，并被翻译成多国语言，是世界人民广为喜爱的作品。

在写这部作品时，老舍认为："我所要观察的不仅是车夫的一点点的浮现在衣冠上的，表现在言语与姿态上的那些小事情了，而是要由车夫的内心状态观察到地狱究竟是什么样子。……车夫的外表上的一切，都必有生活与生命上的根据。我必须找到这个根源，才能写出个劳苦社会。"而这个根源，他认为是"一场雨，也许多添几个妓女或小贼，多有些人下到监狱去；大人病了，儿女们作贼作娼也比饿着强！雨下给富人，也下给穷人；下给义人，也下给不义的人。其实，雨并不公道，因为下落在一个没有公道的世界上……""愚蠢与残忍是这里的一些现象；所以愚蠢，所以残忍，却另有原因"。老舍以极其尖锐的语言揭破了这个人间地狱的本质，并且在这样的一个认识指导下，对生活进行了深刻的艺术概括。

祥子是一个破产农民。在乡间，他失去了父母与几亩薄田，18岁的时候跑到城里来。在城里，他几乎把那些凡是靠卖力气就能吃饭的事都做过了，最后选中了拉车这一个行业，因为他觉得"拉车是件更容易挣钱的事"。他善良、诚实，"坚壮，沉默，而又有生气"，如同一棵小树。对于生活，他充满了希望，"他老想着远远的一辆车，可以使他自由，独立，象自己的手脚的那么一辆车。有了自己的车，他可以不再受拴车的人们的气，也无须敷衍别人；有自己的力气与洋车，睁开眼就可以有饭吃"。这是他一个并不算高的理想。他争取的不过是能独立、自由生存下去的权利。然而即使如此平常的愿望，也是难于实现的。祥子通过诚实努力的劳动，攒钱买到了他梦寐以求的车。那辆车对于祥子来说，是那么重要——在他眼中，车能"产生烙饼与一切吃食"。可是命运捉弄人，他的车被乱兵抢走。当他再次攒足了钱，又被孙侦探敲诈一空。他愤怒，也迷惑，他对孙侦探喊："我招惹谁了？"孙侦探冷酷地告诉他："你谁也没招，就是碰在点上了！"当时，"谁都有办法，哪里都有缝子，只有祥子跑不了，因为他是个拉车的。一个拉车的吞的是粗粮，冒出来的是血；他要卖最大的力气，得最低的报酬；要立在人间的最低处，等着一切人一切法一切困苦的打击”。一个洋车夫不值半分钱，谁都可以欺侮。后来，他又被迫与虎妞结婚，因虎妞难产而卖掉了第三辆车。当他喜爱的小福子自杀以后，心中仅存的一丝希望也消失了。从此，祥子便丧失了生活的信心，从上进好强而沦落为自甘堕落。

沿着祥子的踪迹，老舍以详略有致的笔法，对西安门大街刘四人和车厂对于人力车夫无休止的榨取和车夫苦痛的挣扎、电影院附近小茶馆中人力车夫辛酸不平的闲话

《骆驼祥子》插图一（高荣生绘）。

《骆驼祥子》插图二（高荣生绘）。

和食不果腹的三餐、西城毛家湾大杂院充满了痛苦打骂的非人境遇、西直门外白房子中以“卖肉”维持一家人生活的哭诉无门的不幸人们等一一进行了描绘。例如大杂院人家的生活尤为惨不忍睹：“大杂院里有七八户人家，多数的都住着一间房，一间房里有的住着老少七八口。这些人有的拉车，有的作小买卖，有的当巡警，有的当仆人。各人有各人的事，谁也没个空闲，连小孩子们也都提着小筐，早晨去打粥，下午去拾煤核。只有那顶小的孩子才把屁股冻得通红的在院里玩耍或打架。炉灰尘土脏水就都倒在院中，没人顾得去打扫，院子当中间儿冻满了冰，大孩子拾煤核回来拿这当作冰场，嚷闹着打冰出溜玩。顶苦的是那些老人与妇女。老人们无衣无食，躺在冰凉的炕上，干等着年轻的挣来一点钱，好喝碗粥，年轻卖力气的也许挣得来钱，也许空手回来，回来还要发脾气，找着缝儿吵嘴。……老人们空着肚子得拿眼泪当作水，咽到肚中去。那些妇人们，既得顾着老的，又得顾着小的，还得敷衍年轻挣钱的男人。她们怀着孕也得照常操作，只吃着窝窝头与白薯粥；不，不但要照常工作，还得去打粥，兜揽些活计——幸而老少都吃饱了躺下，她们得抱着小小煤油灯给人家洗、作，缝缝补补。屋子是那么小，墙是那么破，冷风从这面的墙缝钻进来，一直的从那面出去，把所有的一点暖气都带了去。她们的身上只挂着些破布，肚子盛着一碗或半碗粥，或者还有个六七个月的胎。她们得工作，得先尽着老的少的吃饱。她们浑身都是病，不到三十岁已脱了头发，可是一时一刻不能闲着，从病中走到死亡；死了，棺材得去向'善人'们募化。……那些姑娘中，十六七岁了，没有裤子，只能围着块什么破东西在屋中——天然的监狱——帮着母亲作事，干活。要到茅房去，她们得看准了院中无人才敢贼也似的往外跑；一冬天，她们没有见过太阳与青天。那长得丑的，将来承袭她们妈妈的一切；那长得有个模样的，连自己也知道，早晚是被父母卖出，'享福去'！"

在揭露这无边无际、压得人愤懑苦痛的社会黑暗的同时，《骆驼祥子》也尖锐地提出了城市贫民如何才能摆脱悲惨命运的社会课题。老舍说："《骆驼祥子》，因为是长篇，又比《上任》与《月牙儿》，无论在思想上与描写上，都更明确细致了些。可是，我到底还是不敢高呼革命，去碰一碰检查老爷们的虎威。我只在全部故事的末尾说出：'体面的、要强的、好梦想的、利己的、个人的、健壮的、伟大的祥子，不知陪着人家送了多少回殡；不知道何时何地会埋起他自己来，埋起这堕落的、自私的、不幸的、社会病胎里的产儿，个人主义的末路鬼！'我管他叫做'个人主义的末路鬼'，其实正是责备我自己不敢明言他为什么不造反。在'祥子'刚发表后，就有工人质问我：'祥子若是那样的死去，我们还有什么希望呢？'我无言答对。"

这也表明了老舍的态度：城市贫民要翻身，做生活和命运的主人，单靠个人奋斗是没有出路的，它不通向幸福，只通向更加悲惨的生活。可是，除此之外的道路，老舍也没能找到。

电影《骆驼祥子》剧照（1982年）。

4

八 方 风 雨

千 里 抗 战

我只有一枝笔。这枝笔是我的本钱，也是我的抗敌的武器。我不肯，也不应该，放弃了它，而去另找出路。于是，我由青岛跑到济南，由济南跑到武汉，而后跑到重庆。由重庆，我曾到洛阳，西安，兰州，青海，绥远去游荡，到川东川西和昆明大理去观光。到处，我老拿着我的笔。风把我的破帽子吹落在沙漠上，雨打湿了我的瘦小的铺盖卷儿；比风雨更厉害的是多少次敌人的炸弹落在我的附近，用沙土把我埋了半截。这，是流亡，是酸苦，是贫寒，是兴奋，是抗敌，也就是“八方风雨”。

——老舍《八方风雨》

1937年7月7日，驻华日军在卢沟桥附近演习时，以一名士兵失踪为名，要求进入宛平县城搜查。其无理要求遭到中国守军严词拒绝后，日军遂悍然向中国守军开枪射击，炮轰宛平城，制造了震惊中外的七七事变，又称卢沟桥事变。这是日本军国主义蓄谋已久的战争，标志着日本全面侵华战争的开始。以此事件为开端，日本军国主义大肆侵占我华北大片领土，把侵略的魔爪伸向了中国内陆腹地。中华民族陷入了空前的灾难，面临亡国灭种的危机。

在青岛，老舍十分关注局势发展，但报纸禁严，消息断绝，只有日本报纸大量报道的事件进展，以及贴出的日本战胜、中国战败的海报。青岛地势重要，一旦中日战争爆发，必有争斗，民众纷纷逃往远方。老舍念及在北京的老母、将要生产的妻子，心绪烦乱不已，常常夜不能寐。

8月，淞沪战役爆发，日本陆战队于青岛登陆。好不容易团聚的老舍一家，又匆匆离开青岛赶赴济南。应齐鲁大学文学院聘请，老舍再度回到文学院任教。仓促到达济南后，因数日连降大雨，加上行李没送到，家中四壁皆空，老舍只好将儿子送去朋友家借住。胡絜青则刚生产不久就颠簸劳累，一到济南就住进医院，接着女儿也受凉住院。

老舍每天要去医院探望妻女，再上朋友家安抚儿子，还要去买家居、生活用品，天天跋涉于泥水中。济南局势也是一片混乱，决定留下不走的却难以找到房子，要迁逃的又行色匆匆，惶恐不安。齐鲁大学虽然9月中旬就开了学，但是来报到的学生还不到总人数的一半，学校里已没有了学习的气氛，加上敌机差不多每天到济南上空侦察，人心更是惶惶不可终日。10月5日前后，全市中小学宣布停课，齐鲁大学也宣布停课。很快学生已都走完，教员也走了多一半。偌大的院子，只剩下几家人。每天，只要是晴天，必有轰炸警报：上午8点开始，到下午四五点钟才解除。院子里静寂得可怕：卖青菜、卖果子的都已不再来，人踪不见，而一群群的失了主人的猫狗都跑来乞饭吃。

老舍积极参与了济南市组织的一些抗日救亡宣传和集会，但这些活动常常被政府禁止，令他不免有些灰心。但他仍然参加了山东省文化界抗敌协会筹备会的发起和筹备工作。

时局越来越险恶。卢沟桥事变后，不到一个月，就失去了北平、天津，不久察哈尔、绥远两省也相继丢失。日本侵略军一时间气焰万丈。中华民族到了生死关头。

在济南的老舍也面临着痛苦而艰难的抉择：走，还是不走？日寇为了麻痹中国人民的神经，鼓吹“中日亲善”，假惺惺地示好，收买或威逼知名人士为他们粉饰太平。李大钊曾说过：“日本人的吗啡针，和中国人的肉皮亲善。日本人的商品，和中国人的金钱亲善。日本人的铁棍手枪，和中国人的头颅血肉亲善。日本的侵略主义，和中国的土地亲善。日本的军舰，和中国的福建亲善。这就叫‘中日亲善’。”老舍身为知名作家，如果继续留在济南，肯定也逃不过这样的待遇。他陷入了深深的矛盾之中：“第一，我不知道上哪里去好：回老家北平吧，道路不通；而且北平已陷入敌手，我曾函劝诸友逃出来，我自己怎能去自投罗网呢？到上海去吧，沪上的友人又告诉我不要去，我只好‘按兵不动’。第二，从泰安到徐州，火车时常遭受敌机的轰炸，而我的幼女才不满三个月，大的孩子也不过四岁，实在不便去冒险。……这是最凄凉的日子。”可是如果不走，“死亡事小，假若我被他捉去而被逼着作汉奸，怎么办呢？这点恐惧，日夜在我心中盘旋。是的，我在济南，没有财产，没有银钱；敌人进来，我也许受不了多大的损失。但

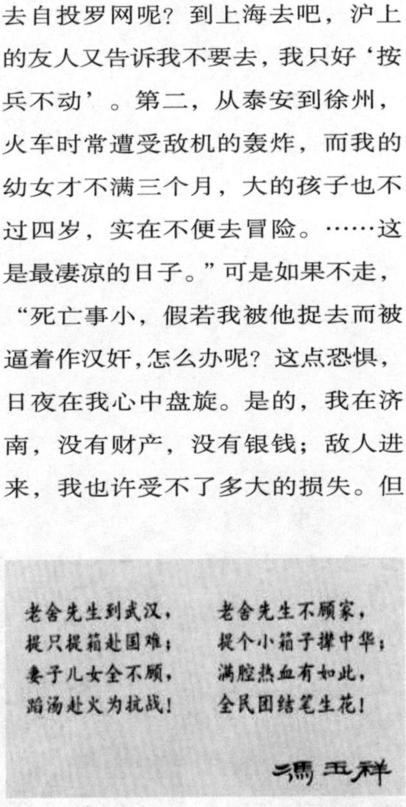

老舍先生到武汉，
提只提箱赴国难；
妻子儿女全不顾，
踏汤赴火为抗战！

老舍先生不顾家，
提个小箱子撑中华；
满腔热血有如此，
全民团结笔生花！

馮玉祥

冯玉祥为老舍做的两首打油诗。

是，一个读书人最珍贵的东西是他的一点气节。我不能等待敌人进来，把我的那点珍宝劫夺了去。我必须赶紧走。”

这是一个困难的抉择。胡絜青刚刚生产完，舒济、舒乙还是幼童不能自理，小舒雨尚在襁褓之中；出逃路途危险，不时还有日军的飞机轰炸，娇妻稚儿难以周全；家里存款也不多了，全家人一起离开显然不可能，要把她们留在敌占区，老舍心如刀绞。胡絜青也明白当前的局势，她坚定地支持老舍离开济南，前去为国效力。她让老舍放心，她会坚强地活下去，教书挣钱把孩子们带大，给老舍的母亲送终。

这使老舍又想起了在满城刀光血影里护着自己的老母亲。后来他怀着感愧的心写下这样的话：“国难期间，男女间的关系，是含泪相誓，各自珍重，为国效劳。男儿是兵，女子也是兵，都须把最崇高的情绪生活献给这血雨刀山的大时代。夫不属于妻，妻不属于夫，他与她都属于国家。”

想到要离开自己的家人，老舍的心是凄苦的，留下了这样一首诗：

弱女痴儿不解哀，
牵衣问父去何来？
话因伤别潸应泪，
血若停流定是灰。
已见乡关沦水火，
更堪江海逐风雷；
徘徊未忍道珍重，
暮雁声低切切催。

1937年11月15日黄昏，为阻止日军南下，国民党军队炸毁了济南泺口黄河铁桥，而济南城内的人都以为是日寇攻城。老舍再不能迟疑，“稍一踟蹰，我就会放下箱子，不能迈步了”。他提起箱子，走出家门，最后给家人留下一句话：“我到车站看看有车没有，没有车就马上回来！”济南市内一个行人也没有，商户全都关门落锁，火车站倒是人山人海。老舍从车窗好不容易

武昌千家街福音堂——冯玉祥宅邸。

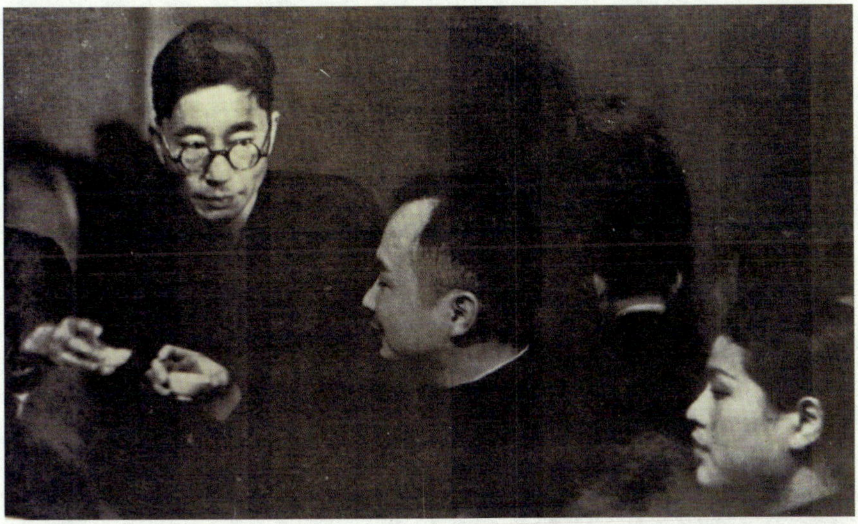

老舍在武汉。

爬进车厢，经徐州、郑州，于11月18日到达汉口，从此开始了他颠沛流离的抗战生涯。留守济南的胡絜青则携几个孩子回到沦陷于日寇手中的北京城，找了一份教书的工作，奉养老舍的老母，拉扯几个孩子。为了避免危险，几个孩子暂时都改姓胡。

到汉口以后，老舍的住处换了几个地方，最后，应冯玉祥先生之邀，和何容、楼适夷、老向、吴组缃等十余位文艺界人士，同住武昌千家街冯玉祥的寓所。这里只有一张大圆桌，两三张椅子，所以大家就一起围着圆桌，站着吃大锅饭。伙食很普通，不过是青菜豆腐和馒头，隔几天才吃一个带肉的菜。

老舍说话风趣，所以大家都爱听他讲话，成了众人注目的中心。但他不太爱发起话题，往往只在别人的谈话中加上一两句，就让人哄堂大笑。这时的他自己却不发笑，态度还十分严肃，众人笑过以后，却发现他不是有意地压抑自己情绪，而是内心郁闷，十分痛苦，他在寻求着请缨报国的出路。

出路终于有了。全面抗战爆发之后，武汉很快就成了当时的抗战中心，来自全国各地的文艺家，也纷纷聚集到这里。如果能整合来自各方面的这股庞大力量，组织一支文艺团体，对抗战宣传无疑大有好处。1937年底，以中国共产党首席代表的身份到达武汉的周恩来找到老舍，向他表达了准备建立一个团结抗日的新的文艺团体——中华全国文艺界抗敌协会（简称“文协”）的想法，并推荐老舍具体负责这个团体的组织领导工作。

1938年3月27日，文协在汉口总商会大礼堂举行成立大会，到会文艺界人士有500多人。周恩来、蔡元培、罗曼·罗兰等被推举为名誉主席团成员，主席团由邵力子、冯玉祥、郭沫若、老舍、田汉、胡风等10余人组成。邵力子先生主

汉口总商会大礼堂。

持成立大会并首先致辞。周恩来参加了成立大会并发表演说。文协成立大会从上午一直开到下午，老舍宣读了大会宣言和告世界作家书，还即席赋诗一首，表达他对抗战事业的关注和对光明前途的胜利信念：

三月莺花黄鹤楼，
骚人无复旧风流。
忍听杨柳大堤曲，
誓雪江山半壁仇。
李杜光芒齐万丈，
乾坤血泪共千秋。
凯歌明日春潮急，
洗笔携来东海头。

为庆贺文协成立，他还专门撰写了一篇入会誓词以表决心，文中说："全国文艺界抗敌协会成立了，这是新的机械化部队。我这名小卒居然也被收容，也能随着出师必捷的部队去作战，腰间至少也有几个手榴弹打碎些个暴敌的头颅。你们发令吧，我已准备好出发。生死有什么关系呢，尽了一名小卒的职责就够了！"

文协是抗战文化统一战线的组织，里面有国民党、共产党、无党派人士，而国民党却一心想争夺控制权。在这种情况下，要使文协工作正常运行，周恩来指示要充分发

文协成立大会部分代表合影。

揮我党的领导作用，以调和各方面的冲突，就等于在夹缝里生长。身为无党派爱国人士的老舍被推举为总务部主任，实际就是由他主持文协工作。作为文协领导人的老舍，当时所处的政治环境是很复杂的，因为抗日战争是所有中国人的战争，全国的进步作家都团结起来奋斗了，他的责任就是组织协会为他们服务，不是将自己关在书斋里闷头写作。他明确表示：“我不是国民党，也不是共产党，谁真正抗战，我就跟着谁走，我就是一个抗战派！”

这个“抗战派”可真不好当，必须面面俱到，既要应付国民党势力，好讨要办公经费，又不能失去抗日爱国的底线，面对特务还必须挺身而出，救援被陷同志。同时，他还要主持文协会刊《抗战文艺》，出版文艺丛书，举办各种活动，安排作家食宿，努力向各方求援，以保证文协事务的顺利进行。

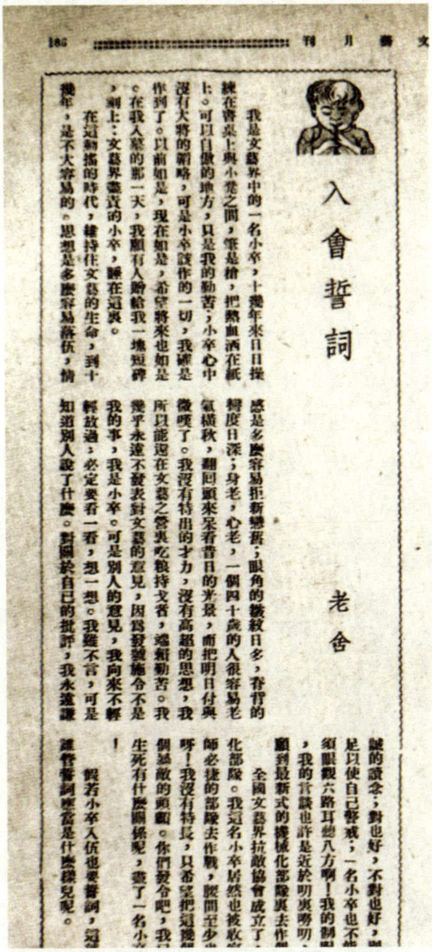
186 文藝月刊

入會誓詞

老舍

我是文藝界中的一名小卒，十幾年來日日操練在書桌上與小凳之間，筆是槍，把熱血洒在紙上。可以自傲的地方，只是我的勤苦；小卒心中沒有大將的韜略，可是小卒該作的一切，我確是作到了。以前如是，現在如是，希望將來也如是。在我入墓的那一天，我願有人贈給我一塊短碑，刻上：文藝界盡責的小卒，睡在這裏。

在這動搖的時代，維持住文藝的生命，到十幾年，是不太容易的。思想是多麼容易落伍，情感是多麼容易拒新戀舊；眼角的皺紋日多，脊背的彎度日深；身老，心老，一個四十歲的人很容易老氣橫秋，翻回頭來呆看昔日的光景，而把明日付與微嘆了。我沒有特出的才力，沒有高超的思想，我所以能返在文藝之營裏吃糧持戈者，端賴勤苦。我幾乎永遠不發表對文藝的意見，因爲發號施令不是我的事，我是小卒。可是別人的意見，我向來不輕輕放過；必定要看一看，想一想。我雖不言，可是知道別人說了什麼。對關於自己的批評，我永遠謙虛的讀念；對也好，不對也好，……是以使自己警戒；一名小卒也不……須眼觀六路耳聽八方啊！我的創……，我的言談也許是近於叨裏嘮叨，……願到最新式的機械化部隊裏去作……

全國文藝界抗敵協會成立了，……化部隊。我這名小卒居然也被收……師必捷的部隊去作戰，腰間至少……呀！我沒有特長，只希望把這幾……個暴敵的頭顱。你們發令吧，我……生死有什麼關係呢，盡了一名小……！

假若小卒入伍也要誓詞，這……誰管誓詞應當是什麼樣兒呢。

老舍《入会誓词》，载1938年《文艺月刊·战时特刊》第九期。

国民党虽然宣称提供经费，实际上却经常一毛不拔，老舍就得上教育部去讨要，并且还得应付对方的种种推托，想方设法让他们掏点钱出来。即使这样，文协每月所要支付的会址房租、雇员薪水（大部分工作人员都是义务）以及刊物出版印刷的费用，另外举办活动也得有经费，讨要的这点钱远远不够。老舍就以私人名义出面，向开明人士商借款项，声明经费发下来就归还。后来经冯玉祥、于右任等人的慷慨解囊，这样才勉强维持了文协的运行。

老舍在经费使用上账目清楚，定期给众人过目，还在会刊上公示。为文协工作的数年中，他自己从不在文协领薪水，一切都是义务的。有时需要委曲求全的时候，他也会委曲求全，但需要他卖力、挺身而出的时候，绝不退缩。文协的工作，众人看在眼里，无论其政治派别如何，都不得不佩服。

在老舍的主持下，文协在推动抗日文艺活动的开展方面，做了大量的工作。它提出了“文章下乡，文章入伍”的口号，引导和鼓励作家到战地去，深入现实的斗争生活，对于促进文艺为抗战服务，发挥了积极的作用。当时常有敌机轰炸武汉，躲空袭警报成了常有的事。老舍有一次在千家街躲警报，一枚炸弹恰好落在防空洞口，他半身都被洞顶落下来的土埋了，幸好没受伤。在这种艰难的情况下，又面临人手不足、资金短缺，局势危急，老舍负责的文协会刊《抗战文艺》仍然坚持出版，从1938年在武汉创刊，到1946年在重庆终刊，共出版了70余期，整整延续了8年，《抗战文艺》是唯一的贯穿整个抗日时期的文艺刊物。该刊最初是三日刊，组稿、阅稿、编稿、校稿时间十分紧张，遑论之后还要发行出版、结算账目，所以后来又改为周刊。它有一个号称30多人的庞大编委会，但实际上具体处理编务的只有三四个人，楼适夷、蒋锡金、孔罗荪、叶以群、姚篷子等曾经较长时间参加编辑工作，老舍则是实际的主持人。除了编校有专人负责外，老舍还包揽了一切杂务，打理得清清爽爽，井井有条。当然他也为会刊写稿子，只要有空白，都是他补上。文协的会务报告都由他执笔，却署名“总务部”。文协活动不少，理事会、茶会、晚会、餐会、欢迎会等，都由他带着几个助手一一操持。

文协成立后，曾组织慰问台儿庄将士，当发现前线士兵精神生活贫瘠，无书可读，于是众人决定贯彻“文章下乡，文章入伍”的口号，号召大家多写些通俗文艺的作品，慰劳前线战士，为后方多作宣传。老舍积极响应，他本来就爱好曲艺，这一时期又认识了逃难到武汉的京韵大鼓艺人山药蛋（富少舫）和梨花大鼓艺人董莲枝等，他和这些民间艺人往来频繁，并一起切磋技艺。他写的唱词都先交给他们唱一遍，然后再根据演唱过程中发现

文协会刊《抗战文艺》。

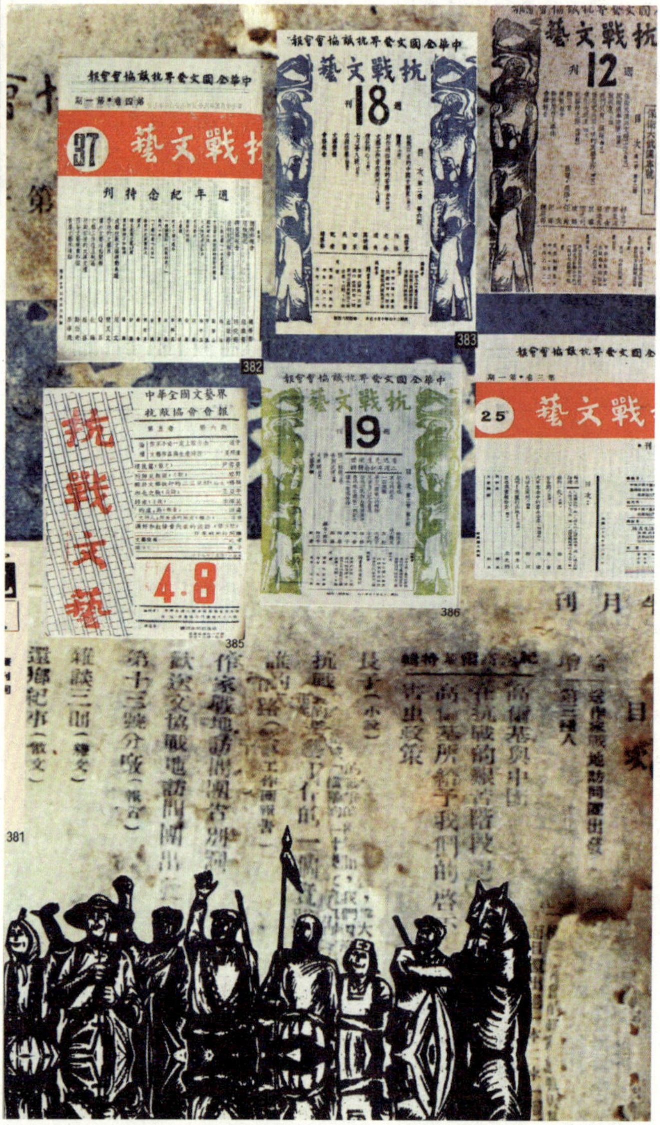

的问题调整修改，这样使他的作品既有了鲜明的抗战意识，又适合了实际演出，可谓风靡一时。

在当时，一般人看来，老舍出过洋，当过教授，是著名作家，而这些曲艺演员不过是旧社会备受歧视的艺人而已，属社会下九流，二者身份相距悬殊。但老舍从不高高在上，而以平等心态与他们相处、结交，视如兄弟，因为他视自己为这些底层人物中的一员。

1938 年的老舍。

这一时期，老舍终日为文协奔走，住处经常客流不断，但只要一有机会，他就忙中抽闲，继续写作。只要是抗战题材，他来者不拒，什么都写。就那么点零星的稿费收入，他还常请一些经济窘迫的朋友或者后辈们吃饭，并安慰对方说“我总比你们宽裕些”。其实，他自己的生活十分简朴，吃的是大锅饭，穿的是从山东带来的几件旧衣，唯一奢侈点的爱好是抽烟，而且抽的也都是极廉价的纸烟。平时吃饭总是越简单越好，虽然年轻时他就学会了喝酒，现在和朋友吃饭，稍微喝点黄酒，也从不过量，很有节制，偶尔乘兴也划划拳。在山东养成一个习惯，写作时总要抽点烟，帮助思考。可这时候，他常抽的美丽牌等二等香烟轻易买不到，物价飞涨，即使有他也买不起。烟越来越坏，却不得不吸，他也曾想过戒烟，却屡戒不止。他曾风趣地描写过自己和何容一起抽烟：“头一口就惊人，冒的是黄烟，我以为他误把爆竹买来了！听了一会儿，还好，并没有爆炸，就放胆继续地吸。吸了不到四五口，我看见蚊子都争着向外边飞，我很高兴。既吸烟，又驱蚊，太可贵了！再吸几口之后，墙上又发现了臭虫，大概也要搬家，我更高兴了！吸到了半枝，何容先生与我也跑出去了……”（老舍《四位先生》）

他对青年们很热心，不仅帮他们修改习作，还带着他们去听曲艺表演——当然账得由他来支付，并且鼓励他们进行通俗文艺创作，说到兴头上时，自己也会拍着大腿唱上一两段，供他们体会。

1938 年初夏，武汉形势开始吃紧。武昌遭敌机的轰炸，已经不成样子，千户街的福音堂两次中弹，炸弹就落在离老舍住处不远的地方。为安全起见，冯玉祥先生把老舍送到汉口，不久汉口也住不下去了，老舍在旁人的劝说下，决定携总会办公室转移去重庆。

他与何容、老向夫妇等人同船，带着文协的文件及油印机等南下。买的船票只到宜昌，为了买到重庆的船票，一行人又在宜昌等了好几天，当时正患痢疾的老舍，也没法安心呆在旅馆，天天要往大街上跑。最后，他们好不容易托关系，总算弄到几张无铺位的船票，老舍几个人只好在船舱外的过道边上打地铺。白天，旅客们在船上来往穿梭，给他们的地铺留下了好些脚印，他们没法睡觉，或坐着聊天，或玩骨牌。在途中，一行人心里并不轻松，但仍然尽力宽解，在宜昌时去逛公园，到奉节后去看张飞庙，到了忠州，还拉着旅客一起举行联欢会。老舍现场唱了段京剧，最后还高举右手食指当作马鞭，走了一个圆场，博得阵阵喝彩。

一行人到达重庆后，暂时住在青年会的机器房内，随即展开了文协的工作。

自文协总部搬到国民党的统治中心重庆后，差不多每有活动，都要遭到国民党特务分子的破坏。老舍一方面和国民党当局要进行必要的斗争，一方面又要多方应付，使抗日文化活动避免受阻而中断。此番重任，实为艰难，正如茅盾先生后来在文章中所说："如果没有老舍先生的任劳任怨，这一件大事——抗战的文艺家的大团结，恐怕不能那样顺利迅速地完成，而且恐怕也不能艰难困苦地支撑到今天了。这不是我个人的私言，也是文艺界同人的公论。"这一段时期的文协工作，老舍自己也说："办事很困难，只要我们动一动，外边就有谣言，每每还遭受了打击。我们可是不灰心，也不抱怨。我们诸事谨慎，处处留神。为了抗战，我们甘心忍受一切的委屈。"

1940 年，文协打算召开鲁迅逝世纪念日大会，卫戍司令部却通知说，接到党部社会部的命令，不准召开。老舍就去拜访冯玉祥，请他出面充当主席，这才使得活动能够正常进行。又有一次，文协预备在诗人节——1941 年，文协将旧历五月五日屈原忌日定为诗人节——举办纪念会，需要和国民党文化运动委员张道藩谈判并协商发言人选，

重庆张家花园文协会所纪念墙。

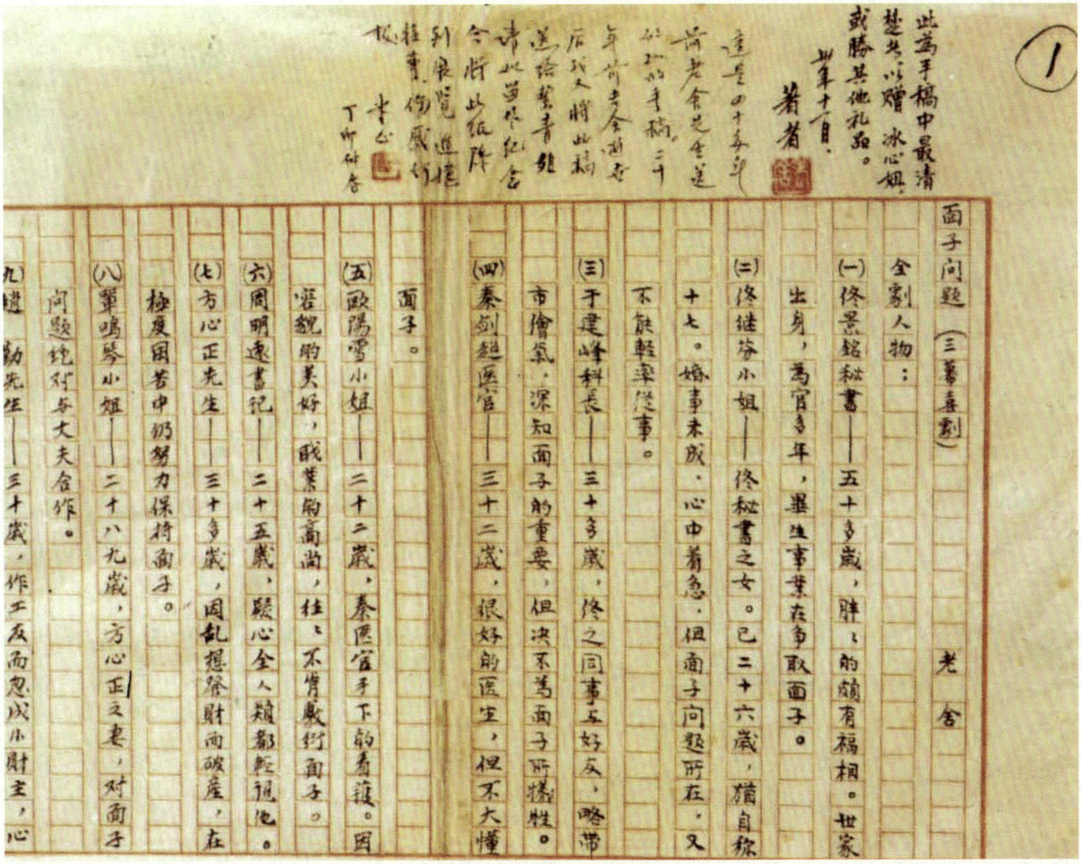
此为手稿中最清楚者，以赠冰心姐，或胜其他礼品。
卅年十月。
老舍

面子问题（三幕喜剧） 老舍

全剧人物：

(一)佟景铭秘书——五十多岁，胖胖的颇有福相。世家
出身，为官多年，毕生事业在争取面子。

(二)佟继芬小姐——佟秘书之女。已二十六岁，犹自称
十七。婚事未成，心中着急。但面子问题所在，又
不能轻率从事。

(三)于建峰科长——三十多岁，佟之同事与好友。略带
市侩气，深知面子的重要，但决不为面子所牺牲。

(四)秦剑超医官——三十二岁，很好的医生，但不大懂
面子。

(五)欧阳雪小姐——二十二岁，秦医官手下的看护。因
容貌的美好，职业的高尚，往往不肯敷衍面子。

(六)周明远书记——二十五岁，疑心全人类都轻视他。

(七)方心正先生——三十多岁，因乱想发财而破产，在
极度困苦中仍努力保持面子。

(八)单鸣琴小姐——二十八九岁，方心正之妻，对面子
问题她行与丈夫合作。

(九)赵勤先生——三十岁，作工友而忽成小财主，心

赠给冰心的《面子问题》手稿。

于是老舍让代表中共的叶以群直接出面。在这些复杂的政治斗争面前他处理得十分巧妙，并且他还寻找一切机会，借助一切可能，甚至创造一些由头，来进行文艺活动，坚持抗战。

1941 年，为响应重庆文化界发起的出钱劳军运动，以“文协出纸，作家出力，请诸公出钱”为口号，文协举行义卖，会员踊跃捐赠字画，社会反响不错。老舍不但应求写了许多字幅，还将话剧《面子问题》的手稿全部献出义卖。之后，他又在没卖完的手稿中挑出最清楚的一张，送给了冰心。

国难当头，前途未卜。老舍虽然仍在发表作品，稿费却常常拿不到手，即使拿到手后的法币，价值已经跌落大半，生活更加窘迫。可老舍慷慨好客，在这种情况下，来了远方的客人，哪怕典当或变卖自己的衣物，也要请他们吃上一顿。他曾在七律《端午》中写道：

端午偏逢风雨狂，
村童仍着旧衣裳；
相邀情重携蓑笠，
敢为泥深恋草堂；
有客同心当骨肉，
无钱买酒卖文章；

当年此会鱼三尺，
不似今朝豆味香。

日军的飞机如影随形，到了重庆，老舍还是得常常跟朋友们一起避空袭，钻防空洞。

有一次，他和吴组缃俩人闷坐无聊，就拿文艺界诸人名讳拼凑诗句，看谁作得妙。

老舍抢先得句：“大雨冼星海！看这一句有多雄阔！有本领，你对！”

吴组缃也不甘示弱，对上一句“长虹穆木天”。然后又来一句“梅雨周而复”。

老舍想了想，拍手对道：“蒲风叶以群！”

后来两人凑了两首五律，加了标题送去《新蜀报·副刊》发表。

《忆 昔》

也频徐仲年，火雪明田间。
大雨冼星海，长虹穆木天。
佩弦卢霁野，振铎欧阳山，
王语今空了，绀弩黄药眠。

《野 望》

望道郭源新，卢焚苏雪林，
烽白朗霁野，山草明霞林。
梅雨周而复，蒲风叶以群，
素园陈瘦竹，老舍谢冰心。

老舍认为，这不只是无聊消遣，应是体现文艺界大团结的意思。后来又同样作了一首五言绝句送给赵清阁：

清阁赵家璧，白薇黄药眠。
江村陈瘦竹，高天臧云远。

赠戏剧家潘孑农：

天翼高长虹，田间潘孑农，
佩弦卢冀野，望道吴云峰。
万籁鸣秋苇，独清徐转蓬，
霞光王统照，常任侠何容。

从这几首人名联诗的巧用，不仅可以看出老舍的古诗功底，还可以看出他对文艺界人士熟稔的程度。

在重庆，老舍曾和姚篷子同住，卧室和储物室合而为一。老舍自己

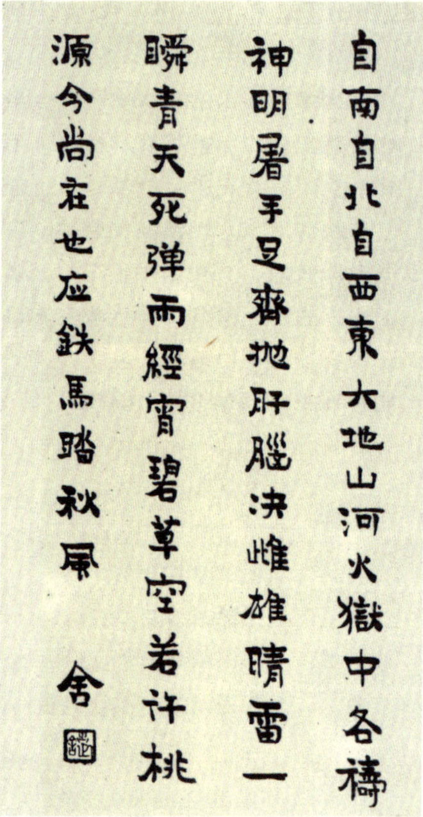

老舍送给吴组缃的一幅字。

动手扫地、擦桌椅，把房间收拾得有条有理，所有物品的摆放都有一定位置。姚篷子则是出了名的“脏乱差”典型，喜欢抽烟，每次他点着烟卷和老舍聊天的时候，老舍总是用眼角余光盯着他手里的烟头，当姚篷子刚要弹烟灰的时候，就立即提醒：“烟灰缸在桌上！”即使到了晚年，老舍依然坚持自己动手打扫房间，抹桌面，侍弄花木。

有一次在北碚举办捐款劳军晚会，需要一个垫场节目，老舍自告奋勇，邀梁实秋和他一起说段相声。他先选了两个老段子，都是经过千锤百炼的，把词也都记诵了下来；然后又嘱咐梁实秋：“说相声第一要沉得住气，放出一副冷面孔，永远不许笑，而且要控制住观众的注意力，用干净利落的口齿，在说到紧要处，使出全副气力斩钉断铁一般迸出一句俏皮话，则全场必定爆出一片采声，哄堂大笑，用句老话来说，这叫做‘皮儿薄’，言其一戳即破。”梁实秋也是从小在北京长大的，对相声也颇熟悉，两人搭档之前，梁实秋有言在先，这两段相声里有个用折扇敲头的噱头，不能真打，只能比划比划，老舍同意了。于是他们按计划认真排练，到上场时，俩人板着脸往台前一站，观众就已经哈哈大笑，进展十分顺利。等到该用折扇敲头的时候，老舍似乎激动忘形，抡起折扇就打将下来。梁实秋看他真的要打，急忙向后一躲，折扇就打在眼镜上，他手一翻，正巧托住眼镜，来了个亮相。观众误以为是事先安排的桥段，掌声如雷，还纷纷大呼“再来一个”。演出十分成功。

丁聪漫画《老舍演双簧》（1987 年）。

老舍还曾和富少舫合演双簧，他站在前面，在眼睛和嘴边都涂了白粉圈，头上拿红绒绳扎了个朝天辫，把长衫的领子折进去，当作无领大褂。富少舫在后面讲什么，他就在前面指手画脚地演什么，很是像模像样，十分精彩。

老舍主持文协工作，连选连任了 8 年，在他不屈不挠的努力下，这个组织始终为抗战、为爱国服务，不曾动摇或中断。老舍在总结五年来的文协工作时曾说：“我们很惭愧，没有做出什么惊人的事情来，可是……文艺工作者们既没有因生活的困苦而离开岗位，又没有改变了以文艺宣传尽力于抗战建国的初心。”

他的努力深得众人尊敬和佩服，1944 年 4 月，文协众人举行集会，庆祝老舍创作 20 周年，大家凑份子买点心糖果，不让老舍掏钱，在纪念册上题词向他表示祝贺。

周恩来对老舍和文协的工作一直都很关切，经常请老舍到曾家岩八路军办事处吃便饭，和老舍谈国家大事。老舍觉得周恩来的每次谈话都语重心长，对他是难得的教诲，对周恩来不免心悦诚服，一旦党有号召，就会为抗战为爱国努力奔走。抗战时期对老舍的思想发展有很重要影响，因为从五四运动到抗日战争爆发前，发生在中国的几次重大革命斗争，老舍均没有机会直接参与。抗日战争的爆发，第一次把老舍卷进了中国革命的旋涡中。在武汉，他与周恩来结识，并第一次和中国共产党发生了直接的密切关系。到重庆后，老舍和周恩来的交往更为频繁，同时也与活动在重庆文化界的一批共产党员建立了友谊。

抗战初期的周恩来。

1941 年老舍在喜洲（左一）。

1945 年，中共提出争取成立联合政府，在老舍带领下，文协争取到 400 多位作家的签名支持，在《新华日报》头条发表，国民党大为恼怒，对作家们威逼利诱，但最终登报悔过的人并不多。

工作的繁重与艰苦，生活条件的简陋和恶劣，严重地损伤了老舍的身体。从 1941 年以后，他的健康状况日趋不好，贫血、疟疾加痔疮，经常使他头晕，有时只能静卧，不时地停止写作。1943 年，老舍患盲肠炎住进北碚医院，手术动了很长时间。出院后不久，胡絜青携子女来到重庆，老舍与家人在6年别离之后，重又团聚。

老舍与家人的团聚可谓历经艰辛。从济南走后，胡絜青及孩子被困在济南近一年时间，1938年黄河铁桥修复后，亲友才将她和孩子接到北京。胡絜青带着孩子们隐姓埋名，在北平忍气吞声地过了5年亡国奴生活。1942年老舍母亲去世后，北京的局势越发艰难，日寇猖獗，眼看要活不下去，1943年9月，胡絜青带着三个孩子由北京乘火车南行，辗转河北、河南、安徽、陕西、四川五省，历时五十余天，11月到达重庆北碚和老舍团聚，一家人定居在蔡锷路24号（现天生新村63号）。那时的重庆物资匮乏，人人面黄肌瘦，老鼠倒是成群结队，又多又猖獗，不仅啃烂家具，偷吃食品，还经常拖走书稿、扑克等。为保住食物，必须放在篮中高挂于屋顶，就这样还经常被偷袭。睡觉前脱下的衣物，如果口袋里曾经放过食物，第二天起来肯定会被咬烂。别的地方，老鼠都怕猫，在这里，新生的小猫倒常常被老鼠咬死。老舍于是戏称，此屋为“多鼠斋”。

妻子儿女的到来，给繁忙、贫病的老舍带来了安慰。但是老舍并没能过几天舒心的日子。很快地，重庆就传出谣言，说胡絜青从北平带来了一大箱几百幅齐白石的画，老舍要发财了。当时，文协正在重庆开展“保障作家生活”的运动，提出了“千字斗米”的稿酬标准。《新华日报》曾在1943年8月发表社论，10月又发表短评，支持文协关于提高稿费的主张，呼吁解决作

重庆蔡锷路24号的文协北碚分会会址。老舍一家曾与老向一家、萧伯青、萧亦武等同住于此。即老舍戏称的“多鼠斋”。

1945年冬，老舍一家在北碚寓所合影。

家生活贫困问题。在这种情况下，鼓吹文协负责人老舍家有巨宝，真是其心可畏。老舍针对谣言，写了一篇《假若我有那么一箱子画》，文中说："一箱子！就说是二尺长、半尺高的一箱子画吧，大概也可以装五百张……假若平均每张售价一万元吧，我便有五百万的收入。收齐了以后，我就送给文艺界抗敌协会、戏剧界抗敌协会、美术界抗敌协会、音乐界抗敌协会各一百万元，所余的一百万元全数交给文艺奖助金委员会，用以救济贫困的文人！我自己先去申请助金五千元，好买些补血的药品，医治头昏。"其幽默的笔法有力地回击了造谣者。

1939年6月28日，老舍跟随全国慰劳总会组织的北路慰问团，由重庆起程，经广元、宝鸡、西安、洛阳、南阳、襄樊，而后再由西安北上，于9月到达延安。延安各界为代表团举行欢迎宴会，毛泽东在

文协作家战地访问团欢送会后合影（老舍位于二排右二）。

宴会上致了欢迎词。老舍也登台讲话。之后，老舍还随团到了绥德、米脂、榆林等地，所到之处，均受到八路军指战员和边区人民的热情欢迎。12月9日，老舍随慰问团返回重庆。此行丰富了他的生活经历，开阔了他的思想境界。

1940年12月，老舍在《归自西北》一文中写道：“从富源，从历史，从国际路线，从时局，从民族与宗教，这几方面来看，我们都应当立刻矫正一向对西北的误解和望而生畏的态度。而且，特别值得我们注意与兴奋的，便是在抗战中我们已经有了一个新的西北。……注意西北，到西北去；西北并不是万里荒沙，而是——假若我们努力的话——建国的根据地之一。”之后，身为国民党中央宣传部长的张道藩说：“老舍叫共产党包围了。”老舍一听就恼了，给他写了封信，责备他是要分裂抗日，有利日寇，不利抗战。

老舍为延安《中国青年》杂志题词。

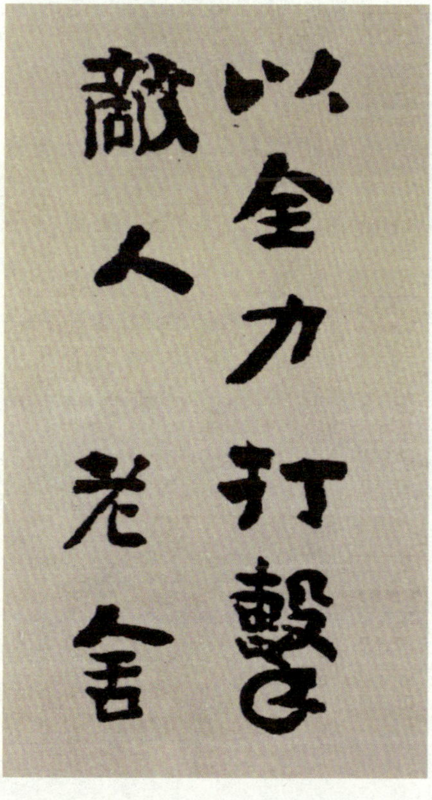

抗战八年，老舍确是做到了他曾立下的誓言“为抗战尽全力”。他千里辗转，殚精竭虑，以手中之笔、病弱之躯，围绕抗战总目标，贡献了自己的每一份力量。

以笔为枪

我是文艺界中的一名小卒，十几年来日日操练在书桌上与小凳之间，笔是枪，把热血洒在纸上。可以自傲的地方，只是我的勤苦；小卒心中没有大将的韬略，可是小卒该作的一切，我确是作到了。以前如是，现在如是，希望将来也如是。在我入墓的那一天，我愿有人赠给我一块短碑，刻上：文艺界尽责的小卒，睡在这里。

——老舍《入会誓词》

抗战八年间，尽管生活贫困，体弱多病，而且为文协付出了很大的精力，但是老舍仍然不辍笔耕，每天都写，有空就写，但凡一天没有动笔，他就怏怏不乐：这不行，没出活儿啊！正是这种态度支持着他在创作上获得了巨大的丰收。他创作出版了短篇小说《火车集》《贫血集》，长篇小说《火葬》，完成了长篇巨著《四世同堂》的第一部《惶惑》，第二部《偷生》，创作了话剧《残雾》《国家至上》（与宋之的合写）《张自忠》《面子问题》《大地龙蛇》《归去来兮》《谁先到了重庆》《桃李春风》（与赵清阁合写）《王老虎》（与赵清阁、肖亦五合写），出版了通俗文艺集《三四一》和长诗《剑北篇》。此外还写了大量杂文、散文、诗歌、京剧、评剧、鼓词、相声、快板。就创作数量、质量以及体裁的多样性，都是同时期作家中的佼佼者。

为了表彰老舍在文学活动和创作方面所做出的杰出贡献，1944年4月，重庆文艺界举行了“纪念老舍创作生活二十周年”的活动。1944年4月17日《新华日报》发表祝贺老舍创作二十周年的短评《作家的创作生命》：

有人说，中国的作家的创作生命很短。在这种情形下，一个作家能够长期坚持他的工作，不因利诱而改行，不因畏难而搁笔，始终为着发扬与追求真理正义而努力，在任何情况下总要尽可能说出自己要说的话，——这样的作家是应该获得全社会的尊重的。……老舍先生正是这样的一个作家。他的创作二十周年纪念是值得我们来庆贺的。

在前天文协座谈会上，老舍先生说：“我们要做耶稣降生前的约翰，把道路填平，以迎接新生者。”这是何等勇敢的宣告。而他二十年来的工作对中国新文艺的发展的确是有他的独特的贡献的。但老舍先生并不是一个以关着房门写作“伟大作品”为能事的作家。他在抗战七年来为文艺界团结所尽的力量是值得人们永远追忆的，他又曾为了实际的需要而尝试运用各种文艺形式（包括民间文艺形式），这对所谓的既成的作家是很难能的事。他曾屡次为文艺界生活的困难而向社会呼吁，但他同时又斩钉截铁地说：“尽管贫穷，我们要咬紧牙关忍受，要保持清高，不可变节。”

我们深信，老舍先生的这种热诚的声音是会一天天更加响亮起来，得到更大的反响的。

《抗战文艺》等刊物也在1944年4月编辑了“纪念老舍创作生活二十周年”专辑。郭沫若以《文章入冠》为题写了一首新诗献给老舍：

二十年文章入冠，
我们献给你一顶月桂之冠。
枪杆的战争行将结束，
扫除法西斯细菌须赖笔杆。

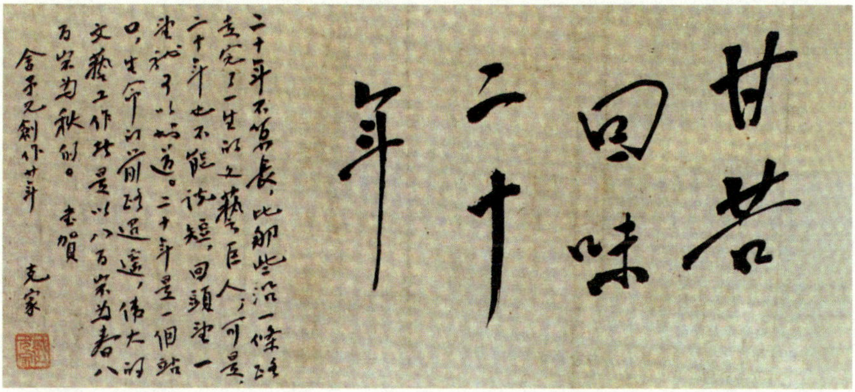

臧克家贺词：甘苦回味二十年。

敬祝你努力加餐，净化人寰。

茅盾写了《光辉工作二十年的老舍先生》，指出：“艰辛地从事文艺创作二十年之久的老舍先生，他的对于民族祖国的挚爱和热望，他的正义感，他的对于生活的严肃，正以有增无减的毅力和活力，为抗战文艺贡献了他的卓越的才华，而病魔亦无奈他何！”

重庆文艺界于1944年4月17日举行茶会，纪念老舍创作二十周年。茶会由邵力子先生主持，他首先致词说：“今日参加茶会人士的踊跃，足以证明社会对于舒先生敬慕之忱，与企望之重，在座有友邦人士，有民间艺人，所以舒先生真正是‘蜚声海外，深入民间’。”郭沫若、黄炎培、梅贻琦、邓初民、沈雁冰、沈钧儒等亦相继致辞，对老舍创作二十年的贡献多所赞扬，并一致称赞他对国家的忠诚，对朋友的亲切，六年来维持文艺界抗敌协会的苦心与努力。老舍在热烈的掌声中致答词：“今日承诸友好集会纪念，愧不敢当。二十年从事创作，虽历尽辛苦，得来不容易，但是拉洋车做小工二十余年的人，也历尽辛苦，得来也不容易。”老舍讲话时，心情激动，泣不成声。后来他在《八方风雨》中回忆当时的情景：“我感激大家对我的爱护，

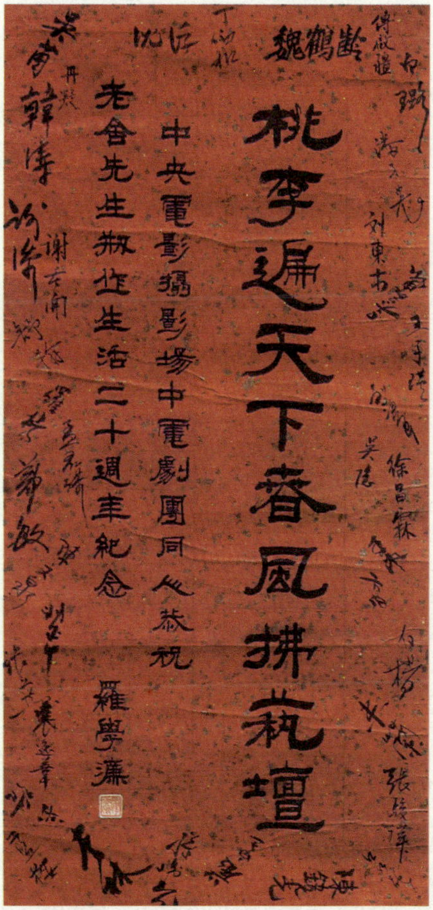

中央电影摄影场中电剧团同人签名致贺。

又痛心社会上对文人的冷淡，同时想到自己的年龄加长，而碌碌无成，不禁百感交集，无法说出话来。”他还用生动而深刻的比喻来表达自己的心情：“友人们的鼓励我，正象鼓励一个拉了二十年车的洋车夫，或辛苦了二十年的邮差，虽然成绩欠佳，可是始终尽责不懈。”

老舍自初登文坛开始，主要写作小说、散文、杂文，后来几部光彩照人的长篇小说相继问世，便确立了他的文坛地位。大家提起他来，都称为“小说家”、“幽默大师”。但抗战开始以后，有一段不短的时间，出于抗战宣传需要，老舍抛弃了熟悉的小说体裁，转而写作通俗文艺、曲艺和话剧。他本着抗战高于一切的精神，牺牲了作品的文艺性，牺牲了自己的趣味、名誉，把大量时间和精力，用在了许多“旧瓶装新酒”性质的救急宣传作品上。他认认真真地跟著名大鼓艺人富少舫（艺名山药旦）和董莲枝学唱大鼓书。虽然他从小耳濡目染，对这些通俗曲艺十分熟悉，但是动笔写鼓词却是第一次。他在武汉写的鼓词有《王小赶驴》《张忠定计》《打小日本》等。同时他还用旧剧形式写抗日故事，创作了京剧《忠烈图》《王家镇》《新刺虎》《薛二娘》，后来这些都收入到1938年出版的通俗文艺集《三四一》中。除鼓词之外，他还写河南坠子、数来宝……

在武汉，他在冯玉祥处遇见了3位避难的河南坠子艺人，并为他们写了长达3000多句的一部唱词。在《八方风雨》中他曾谈及此事：“我确知道那三位唱坠子的先生已把它背诵得飞熟，并且上了弦板。说不定，他们会真在民间去唱过呢——他们在武汉危急的时候，返回了故乡。”可惜这部宣传抗日的长篇韵文底稿，在战争中丢失了。

老舍认为，在战争中大炮有用，刺刀也有用；同样地，在抗战中，写小说戏剧有用，写鼓词小曲也有用。他不管什么是大手笔，什么是小手笔，只要是有实际功用与效果，就肯去学习，去试做。“我以为，在抗战中，我不仅应当是个作者，也应当是个最关心战争的国民；我是个国民，我就该尽力于抗战；我不会放枪，好，让我用笔代替枪吧。既愿以笔代枪，那就写什么都好；我不应因以写了鼓词与小曲而觉得有失身份。”他曾明确地表示：“我不后悔只写了鼓词，而没写出《战争与和平》，假如鼓词有军民来读，

《三四一》，独立出版社1938年初版。

而《战争与和平》只能摆在沙发上的话。”

早在1938年，老舍就说：“现在我们死心塌地的咬定牙根争取民族的自由与生存，文艺必须深入民间，现在我们一点不以降格相从为正当的手段，可是我们也确实认识了军士人民与二十年来的新文艺怎样的缺少联系。”文艺从来是民众的事业，面向群众，反映群众，进而动员、鼓舞和教育群众，永远是作家的神圣使命。老舍在进行抗日通俗曲艺创作的时候，一开始就注意到照顾群众的欣赏习惯和接受能力，他写的本子入味合辙，朗朗上口，适合演出。

老舍是用他的一支笔代替武器，请缨出战的。他所写的鼓词、旧剧，最鲜明的特点就是强烈的战斗性。京剧《忠烈图》写乡村老汉陈自修一家的爱国热忱，剧中的几个人物，从老人到儿童，到村妇，无不痛恨日寇，誓雪国耻，表现了英勇不屈的精神；《王家镇》写小学教员薛成义在家破人亡、逃难他乡的途中，动员群众，结成武装组织，“齐心杀敌寇”的故事。其余鼓词小曲，或借助于一个抗日故事，进行战斗宣传，或直接抒写民族义愤，对群众进行抗日动员，都是直接服务于救亡图存的伟大斗争的。在民族喋血苦战之中，它们确曾以高昂的爱国热情和对敌寇的义愤，激励过广大人民群众的抗日情绪，发挥了打击侵略者的作用。老舍的这些通俗演唱作品，虽然不是能传之久远的精美的艺术品，然而在民族救亡的伟大斗争中，它们却尽了自己的一份力量。

1939年春，文协预备演话剧，然而没有合适的讽刺剧本。这时老舍临危受命，开始赶写话剧剧本。第一个剧本写成后，他交给王平陵去发表，自己则随慰劳总会组织的慰问团到西北战区访问。半年之后，老舍回到重庆，他创作的第一个话剧已成功演出过了，著名戏剧家马彦祥担任导演，著名演员舒绣文、吴茵等，都在剧中扮演了角色。

这就是四幕话剧《残雾》。它取材于抗战初期重庆的现实生活，剧本主人公是国民党政府的官僚洗局长，这是一个贪权、好色、爱财之徒。抗日战争时期，他身为政府局长，不仅不忠诚地为国赴难，努力工作，反而利用职权，玩弄良家妇女。他还企图借为政府采购之机，发国难财。和女汉奸徐芳蜜相识之后，又答应为她提供情报。徐对他说，他们可以通过交换情报，相互去邀功，“这样互助，双方有益。等咱们把钱弄到差不多了，咱们手拉手儿，上瑞士，起码也要上香港，去快活几天”。听了这一番

话，洗局长说：“真是能那样呀，我死在你的怀里也要含着笑的！”在他的眼中，只有钱财与女色，什么国家，什么抗战，他是全然不顾的。但在表面上他却要竭力装出一副整日为抗战操劳的模样，

《残雾》剧照。

时刻也不忘记把抗战的口号挂在口头上，他宣称：“我现在心里只有个国，没有家！”当他的好友、流氓杨先生为他玩弄女性出谋划策时，虽然他内心已接受了杨的主意，但表面上却故意假装正经，堂而皇之地说：“公事已忙不过来，谁有工夫去操心这些小小的私事呢？”“我的心血都留着用在国事上呢！”

这部话剧题材极为现实，一方面深刻揭露了社会黑暗，抨击了国民党政府的官僚和腐败，讽刺了他们对待抗战的消极态度和鱼肉人民的恶行；另一方面，作者又将讽刺的矛头，指向某些人的品行或性格弱点。这部话剧很快被国民党政府禁演，剧本也被列为禁书。

《残雾》在艺术上有两点成功之处。一是人物的性格相当鲜明，在写《残雾》之前，老舍虽然没有剧本创作的经验，但他却写过数量可观的小说，有塑造人物的技巧，并且相当娴熟，这就为他从事戏剧创作提供了有利条件。《残雾》中人物性格写得好，这应该是其成功的一个重要原因。老舍善于把握人物的独特的个性，如冼局长的伪善与阴冷，冼老太太的浅薄与庸俗，杨先生善于钻营的市侩作风，杨太太的泼赖、不顾脸面，冼太太的懦弱无能，冼仲文的热情正直，以及徐芳蜜的奸诈，淑菱的无聊，刘妈的朴实，都刻画得相当鲜明突出。人物个性的逼真、生动，是《残雾》的一个突出优点，但较少开掘人物性格的复杂性，略为脸谱化，则是一个缺点——剧本中的人物使人感到鲜明，但又觉得有些浮浅。

二是对话的生动、机智。这一成功，同样得力于老舍小说创作的丰富经验。老舍在讲到《残雾》的写作时说：“我的对话写得不坏，人家的穿插结构铺衬得好。我的对话里有些人情世故。可惜这点人情世故是一般的，并未能完全把剧情扣紧；单独的抽出来看真有些好句子；凑到一处，倒反容易破坏了剧情。”出于自谦，老舍将《残雾》的缺点讲重了，然而对话写得好，却是事实。剧中人物的语言，都十分切合人物的身份、教养和脾气秉性，是真正个性化的语言。女仆刘妈由北方逃难到重庆，她时刻想着沦陷了的家乡，憎恨日本侵略者，她每天都托人给家里写信，一个月的工钱几乎都花在买邮票上了。刘妈在《残雾》第一幕开始，就对洗家的人述说自己的不幸，洗太太已经听她说过多遍了，制止她的唠叨，刘妈说：“我是心里真难受哇，太太！要不然我哪能这么贫嘴恶舌讨人嫌？”这个出身于农家的女仆，朴实，真诚，她的语言虽然极其平常、明白，却都从肺腑中来。而洗太太向刘妈述说自己的不幸，却不像刘妈那样，直说自己心里如何难受，而是说：“你丢了家，我在家里头把家丢了！”洗太太是大学毕业而又以做太太为业的，“想独立而无毅力，受压迫又欲反抗”，她一方面是一个官僚家庭的阔太太，另一方面，由于丈夫喜新厌旧，冷眼相对，她又饱尝了生活的苦头。

老舍说，《残雾》“对话中有些地方颇具艺术性——不是板板的只支持故事的进行，而是时时露出一点机智来”。从上面列举洗太太的语言中，即可看出《残雾》语言机智的特点。但这个剧本也不太像话剧，“……人物出入，总而言之，是很自由的，上来就上来，下去就下去，用不着什么理由与说明。在用大场面的时候，我把许多人一下子就搬上台来，有的滔滔不绝地说，有的一声不响地愣着。写戏是我的责任，把它搬到舞台上去是导演的责任”。其实，老舍在写剧本时十分虚心，常亲自把剧本朗诵给别人听，并征求修改意见。

《残雾》的演出，增强了老舍剧本创作的信心。在他看来，戏剧是“活人表现活人，有直接感动人的效果”、“剧本有突击能力，写成即可上演，马上收到宣传效果”。1940年初，应回教救国协会的要求，老舍与剧作家宋之合作，创作了四幕话剧《国家至上》。剧本《国家至上》以抗战为背景，描写回汉情

《国家至上》，南方印书馆1943年初版。

谊，歌颂了回族人民的优秀品德。剧中通过张老师勇敢、爽直的性格，黄子清豁达、恢宏的气度，张孝英善良美好的心灵等人物性格的塑造，从不同的侧面，体现了回族悠久的文化传统，以及回族人民可贵的美好品德，也指出了回汉民族合作、团结抗战的重要性。

《国家至上》通过回教老拳师张老师，在团结抗战一事上所经历的曲折变化，生动并形象地阐述了消除民族隔阂、宗教隔阂，团结一致抗击日本侵略者的重要性。这在当时，很具有教育意义。

老舍称这个戏为“宣传剧”，那时的宣传剧自然都是宣传抗战的，但是《国家至上》和《放下你的鞭子》一类的宣传剧却不相同。后者因适应街头演出需要，故事单纯、集中，而且不侧重于塑造人物，只要能将人们的抗战情绪鼓动起来，产生直接的宣传教育效果，则人物和故事宁可失之。《国家至上》则不然，尽管动笔之前，就有明确的宣传目的，但老舍并不将剧本简单化，不把剧本看作宣传工具，更没有忘记它是艺术。《国家至上》从生活矛盾出发，精心地组织了戏剧冲突，塑造了几个个性鲜明的人物形象。主人公张老师是“名驰冀鲁”的回教老拳师，勇敢过人，“壮年时，曾独立灭巨盗”，他过于自信，喜冒险。他严守教律，重义气，但又固执偏狭，对自己的过失他有时也能感到，有时为“示个性之强”，宁可在“半夜里蒙上头哭一大场”，也决不会在行动上改过。他痛恨日寇，但并不懂得抗战是全体民众的事业，没有认识到团结合作抗战的重要意义，甚至轻信了汉奸的挑拨。在和日寇的一次交战中，他不顾别人劝告，单独抢先出击，受了重伤。血的教训使他醒悟，临终前，终于发出了“回汉得合作”的感慨。

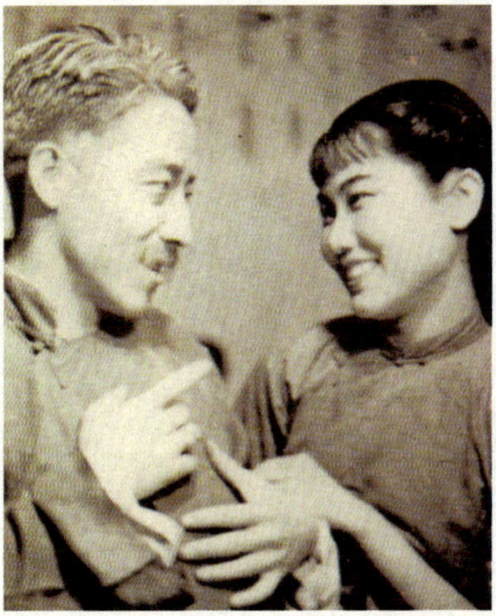

《国家至上》剧照。

作家从生活出发，比较成功地写出了一个性格复杂的角色，这也就更有说服力并呐喊：抗战是全民的事业，只有大家齐心协力，团结一致，才会有真正的力量，单凭个人的武艺与胆量，单靠个人冒险，是行不通的。

《国家至上》主题思想具有强烈的现实意义，人物刻画也较为成功，剧组曾在重庆、昆明、成都、大理、兰州、西康、桂林、香港等地演出。“在重庆上演，由张瑞芳女士担任女主角；回教的朋友们看

《张自忠》，华中图书公司 1941 年初版。

过戏之后，甚至把她唤做‘我们的张瑞芳’了。”其演出效果相当好，并且得到了群众肯定。

除《国家至上》以外，老舍还创作了四幕话剧《张自忠》和三幕话剧《面子问题》。

1940 年 5 月，三十三集团军总司令张自忠在战场壮烈殉国，这是抗战期间国民党牺牲的最高将领。10 万人顶着日军飞机轰炸的危险为其送葬，后来张自忠以国葬之礼葬于重庆北碚雨台山。新中国建立后，北京设张自忠路。老舍也被张将军的事迹深深打动，写出了剧本《张自忠》。关于这个剧本的成败得失，老舍在《闲话我的七个话剧》一文中，有一段准确的自我评价，他说：“这回，我卖了很大的力气，全体改正过五次。可是，并没能写好。我还是不大明白舞台那个神秘东西。尽管我口中说：‘要想着舞台呀，要立体的去思想呀。’可是我的本事还是不够。我老是以小说的方法去述说，而舞台上需要的是‘打架’。我能创造性格，而老忘了‘打架’。我能把小的穿插写得很动人（还是写小说的办法），而主要的事体却未能整出整入的掀动，冲突。结果

张自忠墓。

呢，小的波痕颇有动荡之致，而主潮倒不能惊心动魄的巨浪接天！”

老舍善于刻画性格，善于写细节，善于写对话，《张自忠》成功的一面正在这里。它的缺陷在于未能随着剧情的发展，将各种矛盾有机地交织成集中而又曲折的戏剧冲突，整个戏的艺术结构，也就显得松散。《张自忠》的写作，又一次经历了创作的苦恼与失望，老舍整整用了 3 个月时间，修改过 5 次。“只须说一句话吧，我失败了！”

这次失败，固然和他缺乏舞台经验有关，但在很大程度上，也和题材选择有关：这是他完全不熟悉的题材。

总结了《张自忠》的教训之后，于 1940 年冬天，老舍开始写作《面子问题》。这个戏取材于国统区“政府”小官僚的生活，这是老舍所熟悉的。尽管剧本仍然存在舞台动作性较差和缺乏尖锐、错综的戏剧冲突的缺点，但它仍是一部较好的讽刺喜剧。老舍以辛辣而幽默的笔触，描写了国民党某机关秘书佟景铭如何全力维护自己的面子，最终又丢了面子的可笑故事。佟景铭出身于书香世家，加之他已做官多年，颇有资历，因而对那些在出身、资历方面比不过他的人，很是瞧不起。他觉得，这是自己的一种身份，是必须维护的。对下属，他的态度是“我教你干什么，你就干什么；不教你干什么，就不干什么；不要多问”，他认为这种严厉的态度，也是“为了争取我的身份”。为了不失身份，他决心只在政界活动，不做生意，他认为“由做官而发财，名正言顺，自古为然”，由经商而发财，则不体面。为了不失身份，他采用一种慢吞吞的办事态度，他说：“我不能因为抗战就失了身份，我又不是军需官，忙什么呢？一件公事该办十天，我就办十天，不能为一件公事把自己忙死！”

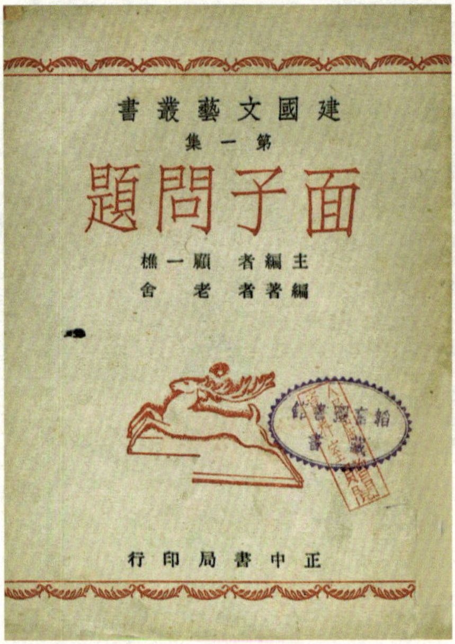

《面子问题》，正中书局1941 年初版。

为了维护面子，当他在抽比较次的香烟时，从不把烟盒掏出来，仅从口袋里拿出一支。以至到他想自杀时，也要先弄清，哪种死法更体面一些。显然，作为一个官僚，佟景铭的处世态度、办事方法、精神状态、人事关系，都是国民党官僚机构这个特定环境下的产物，作家对人物活动环境的氛围和色调的创造与渲染，能使读者真实地感受到国民党官僚机构的腐败状况。当然，这一切都是从场面、情节中自然流露出来的，尤其是和人物的固执、迂腐、追求虚荣的个性特征，紧紧扣在一起的。

《面子问题》中的其他人物，性格也十分清晰。科长于建峰，表面上很尊敬他的上司佟秘书，实际上不过是虚与委蛇。他也深知面子的重要性，但是，他和佟景铭不同。为了维护面子，佟景铭可以牺牲一切，于建峰则绝不如此。为了获取某种利益，他甚至可以不讲面子，这是一个具有市侩作风的小官僚。破产商人万心正、单鸣琴夫妇对“面子”术也是颇为精通的。他们从来把“说”和“做”看成两码事，口头上讲面子，实际上最不要脸。单鸣琴曾经对佟小姐这样阐发她的“面子观”：“面子就象咱们头上的别针，时常的丢了！丢了，再找回来，没关系！”佟小姐问：“要是找不回来呢？”单鸣琴答：“拉倒！——只有这个态度，才能处处争取面子，而不至于教面子给牺牲了！”难怪，尽管佟家一再对他们采取不欢迎的态度，她照样心安理得“穿着佟小姐的绣花拖鞋，披着佟小姐的秋大衣，脸上擦了佟小姐的香粉——所以擦得特别厚”。

他们的所作所为，也是一种社会弊端，是对人类应有的社会美德的一种玷污，老舍在剧中和盘托出了他们卑污的灵魂，并给以嘲笑和讽刺，是有一定教育作用的。

1942年，老舍写了两个剧本：五幕话剧《归去来兮》和四幕话剧

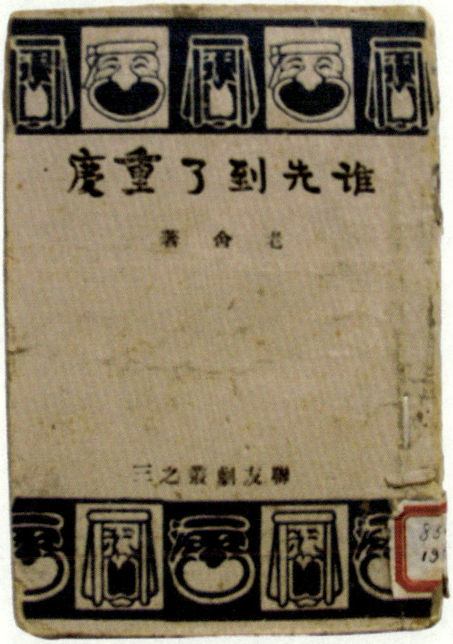
《谁先到了重庆》，联友出版社1943年初版。

《谁先到了重庆》。

《归去来兮》在老舍的抗战剧作中独树一帜，在题材和表现角度上都有新的开拓。剧本的基本情节围绕着商人乔绅的家庭分化而展开。具有唯利是图的商人习气的乔绅，趁国难之际，靠囤积、倒卖货物大发横财，他从不关心抗战，也不顾民族的存亡，他认为，只要能成为实业家、金融家，“就可以立下永远不倒的势力，无论政权在谁手里，咱们总是高等的人”。他自以为，他为子女赚了钱，靠他的精明厉害和一家之主的地位，在家庭里是可以随意发号施令和控制一切的。实则不然，他不关心抗战，但是抗战的热潮，时代的风雨，时时在冲击着他的家庭；他崇拜金钱的力量，但是金钱并未能维系他与子女及他人的关系。他的大儿子在抗日前线牺牲了，儿媳李颜因为夫报仇之计

不成，患了精神病，二儿子乔仁山本来就无心帮他经商，最后在抗战热情的鼓舞下，出走了。女儿不懂世事，一味摩登，最后为流氓所玩弄。他花几万块钱买来的小老婆，也随流氓逃往香港。他本想让老友、画家吕千秋之女吕以美嫁给乔仁山，以便长期帮他经商，做他的奴隶，吕以美拒绝接受他的安排，随父亲上了前方。乔绅的一切打算都落空了，他彻底陷入孤立的地位。

通过对乔绅的遭遇描写，作家一方面讽刺了发国难财的投机奸商，鞭笞了他们的丑恶灵魂，另一方面告诉人们，一切有违于抗战的行为都是可耻的，也是没有出路的。

乔仁山的形象塑造，包含着较为深刻的内容。他是一个善于思考，有理想的青年，虽然有爱国热情，但他的内心却又充满了矛盾。父亲送他到香港，一则让他读书，二则让他打听行情，购买货物，可是他只顾读书，忘掉了经商的使命；他对“不管正义，只顾发财”的父亲是厌恶的，但他又没有勇气彻底反抗他；他崇敬哥哥的牺牲精神，他渴望奔赴民族解放的战场，为兄报仇，为国尽忠，但他又不忍心抛下慈爱的母亲；他不满意妹妹过分放浪形骸的行为，但又不能果断地将她引向正路；他理解大嫂为夫报仇的心情，甚至能够忍受大嫂对他的指斥，但他又难以下定决心，立即奔赴大嫂所指明的复仇之路。面对大哥的遗像，他真诚地吐露了自己的内心苦痛：

“大哥！哥哥！你死的光荣，死得光明，我为什么不死呢？你的骨头变成灰，肉化为泥，可你的正气老象花那么香，永远随着春风吹入那正经人的心中，教历史永远香烈的活下去！我呢？我呢？我怎么办呢？难道这世间第一篇烂账，都教我一个人去清算吗？今天的哪一个有心胸的青年，不应当象你那样赶到战场，死在战场？我并不怕死！可是，我要追随着你的脚步，去到沙场，谁来安慰妈妈，照应妹妹，帮助大嫂，同情以美？呕，这群不幸的妇女们！我不能走，不能走！我不能痛快的洒了我的血，而使她们老以泪洗面！可是，安慰妈妈就是我唯一的责任吗？……至于爸爸，他总是爸爸呀！他不但给了我生命，仿佛也给了我命运。可是，我的命运就是敷衍爸爸！……我应当孝顺我的爸爸，从而管钞票叫祖父吗？大哥，你说话呀，你指我一条明路啊！呕，光荣的沉默，惨酷的沉默，你一声也不出！我怎么办呢？”

老舍说，他想把乔仁山写成一个“罕默列特”（即莎士比亚笔下的哈姆雷特）式人物，剧本最初的题目就叫《新罕默列特》，从这一段独白看，老舍的确在写一个复杂的性格。乔仁山的理想、热情、思考，以及顾虑、缺少决断和略带悲观，揭示得相当充分和深刻。人物的这样安排和处理，真实地反映了生活在国统区的小资产阶级知识分子的精神苦痛和重重矛盾，在没有找到出路之前，他们彷徨和苦闷是很自然的。然而，乔仁山毕竟是新时代的青年，所以老舍不会让他的青年主角永远犹豫和悲观下去。老舍说：“是的，我还是教他有所顾虑，行动迟缓，可是他根本不是个怀疑抗战者；他不过是因看不上别人的行为，而略悲观颓丧而已。这个颓丧可也没有妨碍他去抗战。”

经过一番痛苦的思索，乔仁山最后终于冲破家庭的牢笼，战胜自己的弱点，勇敢地奔赴抗战的前方去了。

《归去来兮》中的另外两个人物吕千秋和李颜，较多地倾注着作者自己的感情，在老舍抗战剧作的人物系列里，他们是独特的。吕千秋是一位画家，他正直、热情、乐观，视金钱为丑恶，在贫困中执守善良无私的美德。他有一颗爱国之心，最后到前方去了。他的爱国热情，不仅鼓舞了女儿，也教育了乔仁山。老舍写这个人物，一方面是要塑造一位抗战艺术家的形象，另一方面则是通过他和乔绅的对比，表达自己的爱憎。吕千秋和乔绅自幼就是朋友，但在人生的道路上，他们是分道扬镳的。乔绅钱财富足，最后落得众叛亲离，在劫难逃；吕千秋穷困潦倒，但父女两人相依为命，人情融融。这是一个对比。老舍对于善良、正直的人们的爱，对于灵魂卑污、一味营私者的厌恶，熔铸在这个对比中了。

李颜的形象，具有一定的象征性。老舍说：“她是个活人，而说着作者要说的话，并且很自然，因为她有神经病。”李颜是“疯妇”，但作者毫不渲染她的错乱失常，而只借其“疯”，让她在适当的场合，讲最清醒的话，直接地倾吐作者自己的爱憎。这种艺术处理的结果，就使这一形象具有了象征的意味。李颜的形象，在剧本中还有一个作用，就是和乔仁山形成对比，一个坚强，一个软弱，一个果断，一个多虑，在对比中，不仅使各自的个性表现得更鲜明，而且由于强烈地突出了李颜的复仇心理，颇能唤起读者的抗战热情。

为了克服以往剧作中不注意舞台效果及人物的动作性较弱的缺点，老舍创作了《谁先到了重庆》。这个剧本以北平为背景，表现了沦陷区人民渴望摆脱日本侵略者奴役的心情，并在剧中有意照顾了舞台调度上的某些特点和需要。用作者的话说，就是“这一回，我的眼睛是常常注意到舞台的”。这样的结果，自然有助于上述弱点的克服，然而又带来了新的问题。由于人物动作过多便造成混乱，却使老舍擅长刻画人物性格和精于对话的本领难于发挥。在完成这一剧本后，老舍深有感触地说：“我看哪，还是去写小说吧，写剧太不痛快了！处处有限制，腕上如戴铁镣，简直是自找苦头吃！”

从此以后，老舍真的开始酝酿

《火葬》晨光出版公司1944年初版。

写小说了。

在酝酿写小说的同时，1943年老舍还是和他人合作完成了2个剧本，一个是与女作家赵清阁合写的四幕话剧《桃李春风》（又名《金声玉振》），一个是与肖亦五、赵清阁合写的四幕话剧《王老虎》（又名《虎啸》），这是老舍在抗战时期的最后两个剧作，这两个剧本都有较好的基础，因为老舍当时疾病缠身，加之又是与人合写，未能进一步修改加工。

抗战时期，老舍小说创作的主要成果是《火葬》与《四世同堂》。

长篇小说《火葬》是1943年夏天在重庆北碚时动笔的，前后约用了4个月的光景，到年底完成。这部战争文学，描写了一支抗日部队在华北的一个小县城里惩治汉奸、打击日寇的故事。众所周知，老舍的作品大都取材于城市贫民或下层职员的生活，直接写战争，除了新中国成立后的《无名高地有了名》，就是这一本了。由于对战争生活的陌生，老舍在创作中，遇到许多难以克服的困难，致使这次相当费力的创作劳动，未能获得应有的成功。老舍自己认为，这是一次失败。他说：“它的失败不在于它不应当写战争，或是战争并无可写，而是我对战争知道的太少。我的一点感情象浮在水上的一滴油，荡来荡去，始终不能透入到水中去！我所知道的，别人也都知道，我没能给人们揭开一点什么新的东西。”

老舍一向认为，作家应当写自己所熟悉的生活，应当从他长期的生活积累中提炼和挖掘题材，以扬其所长，发挥自己的艺术独创性。《火葬》所写的，不是老舍所熟悉的生活，因而通读全书，好像老舍的笔被什么东西绊住了，难以像解剖刀一样，深入生活底层进行挖掘。老舍明知其所短，何以要写这部小说呢？这就涉及了作者对待战争和战争文学的态度问题。那时主张作者写自己熟悉的生活，更提倡作家去熟悉新的生活，不断地开拓题材的新领域。文协提出“文章入伍、文章下乡”的口号，就是号召作家去熟悉抗日人民的生活，及时反映人民的抗日斗争。老舍在爱国热情的鼓舞下，写《火葬》这样的作品，显示了用创作为抗战服务的真切愿望。抗日战争是反击侵略者的正义的民族战争，它关系到国家的存亡，关系到亿万人的生存，作家应当有勇气去反映这一新的现实，去熟悉新的生活。他说："失败，我不怕。今天我不去试写我不知道的东西，我就永远不会知道它了。什么比战争更大呢？它使肥美的田亩变成荒地，使黄河改了道，使城市变为废墟。使弱女变成健男儿，使书生变为战士，使肉体与钢铁相抗。最要紧的，它使理想与妄想成为死敌。我们不从这里学习，认识，我们算干吗的呢？写失败了一本书事小，让世界上最大的事轻轻溜过去才是大事。假若文艺作品的目的专是为给人娱乐，那么象《战争与和平》那样的作品便根本不应存在。我们似乎应当'取法乎上'吧？"

就其小说本身而言，《火葬》的爱国主义思想内容，主要体现在两个方面：一是无情地暴露了日本侵略者惨无人道的兽行；二是通过对人民群众和国民党下层爱国官兵的抗日热情的描绘，表现了中华民族抗击外来侵略的不屈精神。对侵略者暴行的揭露，集中在文城失陷后的一段描写中。"敌人在文城的第一次屠洗，是以鸡鸭牛羊为对象"，之后，则是抢劫。"他们有系统的，最精细的、挨家按户的搜查奸细——而所收到的是时表，金银手饰，皮衣，和其它的细软。……只要是可以拿走的，哪怕是一分钱或一个铜钮子，他们都拿走。那不能拿的，他们会用手，脚，枪柄去弄碎。"抢劫之后是屠杀，"十几个小孩子，从两三岁到十一二岁的，都因为在门外大便或小便，被敌人用刺刀穿过了胸口，而后教他们的父母去交罚款"。晚上，因为忘了点太平灯、出去请医士或产婆，也要被敌人用刺刀杀死。一时，文城成了死城，变作了一个最黑暗的囚狱。这些描写，都是血的控诉——控诉敌人是为了教育和启发人民。我们不主张过分夸大文艺的社会作用，然而在那群情激奋，全民族都在抵御外来侵略的年代，通过文艺作品暴露侵略者的凶残本质，暴露帝国主义侵略战争的非正义性和非人道性，对于激发人民的爱国情绪，激发人民对于侵略者的仇恨情绪，进而动员更多的人投入到民族革命战争的洪流中，无疑是非常有益的。

在暴露敌人的同时，《火葬》歌颂了人民的抗日斗争。石队长是作者着力刻画的一名抗日英雄。他有爱国热情，勇敢，坚强。小说关于他炸毁敌人的火药库和最后牺牲场面的描写，颇为悲壮。敌人的火药库在小城隍庙内，因为殿前的松树杈上装有敌人的机枪，火药库很难接近。他决定只身靠近松树，然后用手榴弹炸掉敌人的机枪：

"他开始爬动。每移一寸，他就觉得离死亡近了一寸，但是他必须朝着机关枪前进。不但要前进，还要安全的达到目的；只凭一股勇气去牺牲自己是会连累到众兄弟的。他的汗流湿了他的厚棉袜。他紧紧的趴在地上，可是他的心象飘荡在空中。他须控制住全身的任何一个动作，而且不能稍微喘一喘气。”

这一细节的描写，在着眼于写人物的行动的同时，适当伴之以心理的揭示，比较真实地刻画了抗日勇士石队长的形象。最后，石队长带伤逃出文城，日本兵在背后追赶他，而他只有一颗手榴弹，在走投无路时，“他决定不作俘虏”，用手榴弹炸死了几个敌人，然后点着几捆麦秸，以火自焚。小说写道：

“在烟与火中，他昏昏忽忽的，光荣的，倒在地上。外面的枪声停止。由窗户，由屋门，由草屋顶，伸出红亮的火舌，舐着发出香味的，翠绿的松枝。烟向上升，东方有一片片红的晓霞，霞上射出金光。草房上的烟还往上升，象要升入那片丹霞去。”

这是一首悲壮的诗。通过石队长的牺牲，老舍要着力表现中华民族不甘做亡国奴的英勇精神，在当时是有教育意义的。

就人物塑造上讲，《火葬》中多数人物都缺乏必要的性格发展和细腻的个性刻画，笔触显得粗疏。唯一的在性格上比较有特色的人物形象是王举人。封建思想的长期熏陶和荼毒，使文城的这位最大人物，性格异常懦弱，眼光异常短浅。他的心目中只有自己的家产，什么个人的气节、国家民族的存亡，在关键时刻均可弃置而不顾。他投敌做汉奸，“并不希望因给敌人作事，而得到更多的金钱与好处，他只希望能保住他原有的财产”。守财奴的自私性，是他性格特征的一个重要方面。他并不希望扩大实权，当做了维持会长之后，只是希望日本人不来打扰他，“他就可以坐在屋中，温一温《东莱博议》，吸几袋黄烟，以遣余年，保全住性命，家族，财产，与《东莱博议》，于愿足矣。至多，至多，他想，也不过在端阳和中秋请两桌客，把日本的长官请来喝喝酒，也就算了”。王举人的这些想法，既表现了腐儒的迂拘气，又凸显其丧失气节的媚态。但日本人准备好的一切规章、命令、公文等，均要他签署。王举人求安生而不得，即以“敷衍，各方面的敷衍，的确是他的哲理；而且是，在他想，最适用于乱世的哲学”。

王举人的效劳于敌，丧失民族气节，本源于其守财奴的自私性，发展之为敷衍哲学，在外表的庸碌无能之后，则鲜明地显露着奴颜婢膝的性格。他的敷衍，正是助桀为虐，是不可容忍的犯罪行为。小说写道：“那些公文的内容没有一件是有利于中国人的，纳粮，抽壮丁，统制物资，使用伪币……他知道他的笔下可以杀死多少多少人，但是他没法子不批准——他的唯一的任务就是替日本人批准一切杀人放火的事。”

王举人是民族的罪人。这个形象的成功，不在于作家揭示了一个民族败类的丑行与本质，因为那样的汉奸形象，我们在以抗日战争为题材的文学作品中，已经见得很多了，其成功在于作家避免了脸谱化的描写，而把笔触深入到了人物的内心世界，力求掘出人物性格的全部复杂性。当王举人意识到自己犯罪时，也有所悔悟，作家准确地刻画了他的复杂心理：

“他好象身子已在井里，而才还抓住井口的人；撒手，便落在井内，不撒手，手又筋疲力尽。

“半夜里，他睡醒了一觉，不能再睡。这是后悔的最好时候。一切似乎都入了梦，只有他的已经衰弱了的心还在跳动。一会儿，他觉得心中很热，手心脚心都出了点汗；想掀开点被子，可是没有去动手。一会儿，他又觉得全身都冷噤噤的，想哼哼两声，可是没敢出声。拳着干瘦的小身子，象被世界遗弃了的一堆骨头似的，他一动不动抱着那颗装满了苦痛的心。”

他的痛苦是真实的。因为他不仅是文城的维持会会长，而且是受封建思想熏陶了一生的腐儒。他痛苦，但却无力自省，也并不想真正的自省，最后，只能以自取灭亡的悲剧告终。老舍对这个人物的性格把握是准确的，开掘也是较为深刻的。《火葬》尽管有许多不足，甚或可以被认为是失败的作品，然而，它到底是出自大作家的手笔，一旦老舍接触到他较为熟悉的人物时，那种浑然天成的真实的性格与生活的描绘，就会闪现出艺术的光彩。王举人形象的刻画也有不足，主要是作家对这一人物流露些许温情，在一定程度上影响了讽刺的效果。

然而，王举人的悲剧结局是生活逻辑的必然，老舍说《火葬》“要告诉人们，在战争中敷衍与怯懦怎么恰好是自取灭亡”，这个立意，主要靠王举人的形象塑造来体现，应当说，作家的这一目的达到了。

抗战时期，老舍还有一部很特别的作品《剑北篇》。创作于 1940 年的这部长诗集，记述的是 1939 年下半年，老舍在长江以北各战区慰劳抗战将士的经历。那次远行历时 165 天，行程 0.95 公里，经四川、陕西、河南、湖北、宁夏、伊盟、甘肃、青海 8 省，约 74 处城池，其中四进四出西安，两过延安、兰州、银川、老河口。慰劳团曾经向一战区的胡宗南将军（西安），二战区的阎锡山将军（秋林），三战区的李宗仁将军（襄阳）、汤恩伯将军（老河口），五战区的朱绍良将军（兰州），第十七军团的马鸿奎将军（银

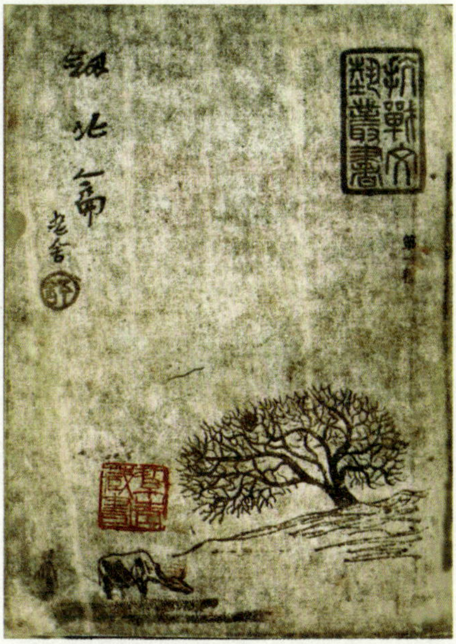

《剑北篇》，大陆图书公司 1942 年初版。

川），第十八军团的朱德将军（榆林），八路军三五九旅的王震将军（绥德），以及五原的傅作义将军和西宁的马步芳将军献旗并慰问。

《剑北篇》是白话诗，新诗，但老舍却要追求形式美，讲究音韵，故意行行押韵，而且每大段一韵到底，平均140多行只用一个韵。

《剑北篇》的政治立场非常有趣，表面上看绝对中立，符合老舍加入的全国慰劳总会北路慰问团的性质——形式上是个统一战线性质的临时组织，体现了国共合作一致对外，有各方面的代表参加。实际上慰劳团的官方色彩很浓，总团长和分团长都是政界的大佬和高官，团员和随团记者中也有许多官方的代表和御用媒体的代表，老舍在这种情况下坚持“中立”，实际上是持远离国民党的态度了。

《剑北篇》一共有27段，总计3661行，只完成了预计“万段”的三分之一。第24段叫《宜川—清涧》，第25段叫《清涧—榆林》，第26段叫《榆林—西安》。这三段都有关于陕甘宁边区的内容，其中第24段《宜川—清涧》里由第66行起，共有129行是描写解放区的，第25段《清涧—榆林》整段都是，共有158行，第26段《榆林—西安》的前19行也是关于解放区的。这三段里，描写陕甘宁边区的诗句加起来共有306行，占《剑北篇》全诗的8.4%，即有1/12的篇幅是用于描写陕甘宁边区的，其中关于延安的描述共有79行。其余依次是关于米脂—镇川、清涧、榆林、绥德、永坪—延川的，分别是65、40、36、25和19行。

老舍对延安的描写借用了反衬法，一开始想象着期待的是人稠影乱、万家灯火和气暖声喧，但城里城外看到的却是一片断井颓垣，只有默默的水和寂寂的山。原来，日寇的飞机此前已把延安炸成了一片废墟，敌人妄图用这种办法去征服延安，去毁灭延安。写到这里，诗人的笔锋突然一转：

看，那是什么？在山下，在山间，
灯光闪闪，火炬团团？
那是人民，那是商店，
那是呀劫后新创的：
山沟为市，窑洞满山，
山前山后，新开的菜园梯田；
噢，侵略者的炸弹，
有多少力量，几许威严？
听，抗战的歌声依然未断，
在新开的窑洞，在山田溪水之间，
壮烈的歌声，声声是抗战，
一直，一直延到大河两岸！
在这里，长发的文人赤脚终年，
他们写作，他们表演，
他们把抗战的热情传播到民间，
冷笑着，他们看着敌人的炸弹！
焦急的海盗，多么可怜，

轰炸的威风啊，只引起歌声一片；

唱着，我们开山，

唱着，我们开田，

唱着，我们耕田，

唱着，我们抗战，抗战，抗战！

老舍用这种热情的笔法，歌颂了延安的新生、延安的不屈和延安的抗战。他特别提到了延安的歌声，把歌声当作延安的象征和化身。

据报道，慰劳团到延安时曾受到毛泽东主席和延安各界代表的夹道欢迎。9月10日晚上，毛泽东主席在延安招待处会见了慰劳团全体成员，并设宴招待，在宴会上毛泽东还和老舍碰了杯。会后一同前往中央大礼堂参加延安各界召开的盛大欢迎会。在欢迎大会上，毛泽东、张继总团长、贺衷寒团长和老舍先后致辞。在随后的演出中，老舍听了《黄河大合唱》，极受感动。

在晚会上，老舍还被与会者“拉歌”，他站起来当着毛泽东和延安各界代表的面清唱了京戏。

《剑北篇》是“只写抗战，只写救国”的体现。正像老舍自己所说，他在抗战期间，自己的每一句话，每个作品，每个行动，都离不开抗战，无时无刻不在想着抗战，为抗战而生，为抗战而写。

长诗《剑北篇》正是老舍抗战初期的一个有典型意义的作品，3661行中的每一个字都围绕着抗战，由头到尾都浸润着这位作家的爱国之情。诗歌这种文体正好可以抒情，可以呐喊，可以传达心声，可以把一腔热血泼洒在读者面前。

梦回小羊圈

人不应当互相残杀。可是，中国的抗战绝不是黩武喜杀，而是以抵抗来为世界保存一个和平的，古雅的，人道的，文化。这是个极大的使命。每一个有点知识的人都应当挺起胸来，担当这个重任。爱和平的人而没有勇敢，和平便变成屈辱，保身便变为偷生。

——老舍《四世同堂》

在沦陷的北京，胡絜青带着三个孩子生活得很苦。日本人控制了一切，粮食很难买到，后来只有将豆饼、高粱、黑豆、红薯干、豆秸棍、锯末等磨成粉，混合成面儿来吃。学校实施的是奴化教育，中国孩子不能学习中文，必须学日语，见了日本人还必须毕恭毕敬，不能随意跑动，否则就是一顿毒打。从北京逃往重庆时，他们娘儿个好歹还受到老舍朋友的照顾，能够买上火车票，而很多无票的百姓只能趴在火车顶上，尽快逃亡到一个安全地方。可是经过隧道时，火车顶上的百姓们和随身携带的大包小裹就统统被刮了下去。中国大地战火纷飞，普通百姓的日子是最苦的。

胡絜青和仨孩子到了重庆之后，朋友们纷纷来拜访，探听日占区的情形。他们问这问那，打听得非常详细。每当这时候，老舍就点着一根烟，皱着眉头，静静地坐在一边陪着听。前后这两三个月的时间，她把四五年间的所见所闻和自己的感受和愤慨，对着一批一批来访的朋友们，反反复复地述说。慢慢地，朋友们不太谈论这方面的话题了，而老舍的兴趣却大了起来。他仔细地询问胡絜青关于日本侵略者在北京的所作所为，市民的反应如何，挨着个儿地漫谈北京亲友和一切熟人的详细情况。胡絜青说某家死了人，大家怎么样热心地去帮忙，他就把那家办丧事的一些细节绘声绘色地补充上去；她说到某人当了汉奸，他就把那个人吃什么，穿什么，见了什么人说什么的神情，一一表演出来给她看，竟然好像他也在沦陷区的北京住了四五年似的。这种漫无边际的漫谈，又谈了很久，终于有一天老舍对她说："谢谢你，你这次九死一生从北京来，给我带来了一部长篇小说，我从来未写过的大部头。"又说："抗战以来，'文协'号召作家'文章下乡''文章入伍'，我不能'天桥的把戏只说不练'。你看，前几年我是集中力量写通俗文艺和戏剧，这在抗战中，非常需要，今后还得写。写好通俗文艺也非常不容易。不过，我是写小说的出身，对写小说有瘾啊！"这部"从来未写过的大部头"，正是他的近百万字的三部曲《四世同堂》。

经过一段时间的构思，1944年1月，老舍开始动笔写这部长篇小说。他计划写3部，共100段，约百万字，用2年的时间完成。但是贫病交加的生活处境，加上对动荡不安战局的忧虑与关切，大大降低了他的写作效率。1945年间，他的身体状况非常糟糕，春初患疟疾，夏天因贫血而时常头昏，秋季又受尽了肠胃病的折磨，真可谓穷愁潦倒，时日难耐。老舍说："这些病痛时常使我放下笔。本想用两年的

《四世同堂》头两部《惶惑》《偷生》，晨光出版公司1946年初版。

功夫把《四世同堂》写完，可是到三十四年年底，只写了三分之二。这简直不是写东西，而是玩命！”

《四世同堂》第一部《惶惑》，从1944年11月10日起，在重庆《扫荡报》连载，1945年9月2日续完；第二部《偷生》，1946年11月由晨光出版公司出版单行本，以上两部共计67段。第三部《饥荒》则是老舍在美国期间完成的，1950年5月在上海《小说》第四卷第一期开始连载，至1951年1月第六期载到第20段时，突然以“终了”收篇。这样，100段的《四世同堂》，就变成了87段。1979年天津百花文艺出版社和四川人民出版社分别出版这部书时，仍是87段。

1981年年初，胡絜青突然得到老舍在美国期间协助艾达·浦爱德翻译的《四世同堂》英文缩写本，这个缩写本却包括了《小说》月刊未刊出的最后13段。这个发现使《四世同堂》勉强复原了100段的面貌。

1945年的老舍。

《四世同堂》的故事，发生在北京西城一个名叫“小羊圈”的普通小胡同里。这个胡同的特点，形状颇像一个葫芦，既有很细很长的葫芦嘴和脖子，又有十分宽敞的葫芦“胸”与“肚”——这正是老舍魂牵梦萦的出生地。因为它熔铸着作家自己真实的生活经历，所以开卷之后，作家对于故事所发生的环境与人物的交代，就显得异常的逼真，并充满沁人肺腑的浓郁生活气息，尽管故事发生时，他本人并不在北京，未曾目睹北京的状况。

有着古老历史和奇特形状的小羊圈胡同，杂居着几十户职业不同，经历各异的家庭。老舍以细腻的笔触，真实而又生动地描绘了北平沦陷后，他们在日寇铁蹄下的悲惨生活和抗争。四世同堂的祁家是故事的中心，祁家长孙祁瑞宣的心路历程是故事的主线。小说生动地展示了小羊圈胡同的人民由痛苦屈辱、惶惑偷生、忍受饥荒，到奋起反抗的艰难历程，赞扬了他们崇高的民族气节与抗争精神，控诉了日本侵

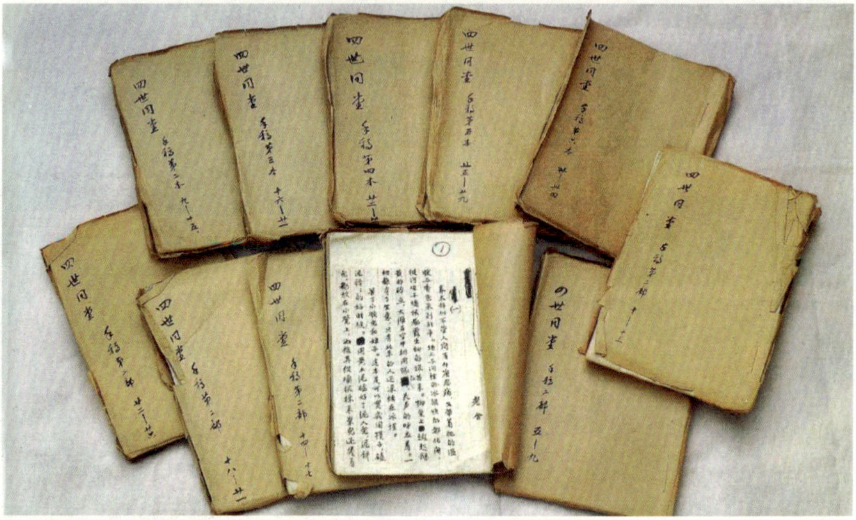

《四世同堂》手稿。

略者给中国人民带来的苦难，鞭挞了侵略者的残忍和汉奸走狗的无耻行径，也对北京人和他们代表的北京文化进行了生动的描写与深刻的反省，揭示了国民性的弱点；同时，也表达了战后中日两国人民“超越复仇与仇恨，建立起真正的友谊”的理想。这是老舍规模最大、写作时间最长的作品，也是抗战文学乃至中国现代文学的丰碑。

作家真切地描绘了北平人民亡国奴生活的深重苦难。在日本侵略者的残暴统治下，沦陷后的北平，阴森可怖，像一座活地狱。洋车夫小崔被砍头，理发匠孙七被活埋，小布店掌柜祁天佑被逼投河自尽，小文夫妇、常二爷一家惨遭杀害，钱默吟家破人亡。虽然他们职业不同，思想状况和为人处世的态度各异，如小崔和孙七常常当众斥骂日本侵略者，祁天佑素来温柔慈祥，从不谈国事，常二爷是只知勤劳操作的老实农民，唱戏的小文夫妇，即使在做了亡国奴的情况下，也仍天真的自我取乐，但都有一个共同的惨死结局。他们的悲剧命运，具有深刻的概括性，反映了沦陷区人民共同的苦难遭遇。

对钱默吟一家经历的描写，是小说中的重要情节，也是《四世同堂》血泪文字中的最感人之处。钱默吟是画家，也是诗人，他沉稳、清高、谦厚、正直。因为一个青年汽车司机在南口附近摔死了 30 多名日本兵，而他的二儿子、司机钱仲石又久出不归家，在汉奸告密后，钱默吟被捕了。一个一生谨慎处事、只会吟诗作画的旧知识分子，在监牢里受尽了毒刑与凌辱。日本人“一连串十几掌”打他的脸，“左右开弓的嘴巴使他象一个不倒翁似的向两边摆动”；随后又用皮鞭抽他，“皮鞭象烧红的铁条似的打在背上，他往前一栽，把头碰在桌子上”，日本人“用杠子轧他的腿，用火绒炙他的头”。这个善良的知识分子所受到的残忍非人道的折磨，在那个时代，不过是千千万万在侵略者铁蹄下惨遭虐待的中国老百姓的并不罕见的遭遇。

钱先生被捕之后，钱家陷入了极大的困境之中。不久，钱先生的大儿子孟石在惊吓与气闷中病故，钱太太又在孟石的棺材上撞死，钱家家破人亡的惨状，在小羊圈里人们的心理上，阴影更为扩大了：“他们都看见过棺材，可是这一口似乎与众不同，它使他们意味到全个北平就也是一口棺材！”在“棺材”一样的沦陷城市过生活，实际上是在死亡线上挣扎，“死亡，在亡国的时候，是最容易碰到的事。钱家的悲惨景象，由眼中进入大家的心中；在心中，他们回味到自己的安全。生活在丧失了主权的土地上，死是他们的近邻！”老舍在《四世同堂》中用了十几段的篇幅，突出地描绘了钱默吟一家的遭遇。

老舍的笔力，侧重在对人的社会活动和精神世界的精确刻画，对特定的生活环境与场面进行具体的描绘，侵略者给人民带来的灾难，自然地融汇在人物的活动中，融汇在具体的情节与场面中。这样，使读者宛若生活在小羊圈胡同之中，对北平人民的苦难经历，有了身临其境的具体感受。第三部《饥荒》中写道，已经很久买不到粮食的祁家，靠购粮证买来了配供的四五斤“粮食”。先是全家人对这古怪的粮食进行鉴定，这种又酸又霉、又涩又臭，由各种颜色合成的“混合面”，气得祁老者的手颤抖起来，他感到“人和猪一样了”。祁老者的孙媳妇韵梅决定试试，看这种古怪的面粉能做出什么样的“面食”。“生在北平，韵梅会作面食；不要说白面，就是荞面，莜麦面，和豆面，她都有方法把它们作成吃食”。但在这种古怪的面粉面前，她出色的团、揉、擀手艺，都失灵了。她觉得“这不是面粉，而是马粪”。她只得请教婆母天佑太太，于是，“婆媳象两位科学家似的，又试验了好大半天”，才决定了一个最原始的办法：干烙。当这种非饼非糕的东西端到吃饭小桌上来时，不仅两个孩子小顺儿和妞妞无法下咽，连祁老者也觉得“受不了臭味”，然而，“他是全家的老太爷，必须给大家作个好榜样。他费了很大的力量，才把一口臭东西咽下去”。而妞妞却决意不吃这种臭东西。接下去，是这样一段描写：

《四世同堂》插图一（丁聪绘）。

《四世同堂》插图二（丁聪绘）。

"'妞妞不饿！'妞子的泪流了下来。

"祁老人看着小妞子，忽然发了怒，一掌拍在了桌子上，把筷子与碟碗都震得跳起来。'我说的，给孩子烙个小饼去！'他几乎是喊叫着。"

从韵梅购粮，全家鉴定"面粉"，婆媳做饭到祁老人发怒，伴随着人物内心活动的揭示和情节的起伏跌宕，读者仿佛与祁老人一家共同受难，可以鲜明地感到侵略者的黑暗统治，给人民的物质生活所带来的灾难，以及给人们的精神世界所带来的压力是何等的沉重！韵梅的委屈、妞妞的不快、祁老人的怒火，都是由一块又黑又臭的小饼引起的，而读者由此所看到的，却是一个充满了耻辱与悲苦的时代！

"'小顺儿的妈！'祁老人看看妞子，看看韵梅，和善的说：'去给她烙一张白面的小饼吧！咱们不是还有几斤白面吗？'

"'你老人家不能这么惯着她！那点白面就是宝贝，还得留着给你老人家吃呢！'韵梅不想违抗老人，也真可怜小女儿，可是她不能不说出这几句话。

"'去，给她烙张小饼去！'老人知道不应当溺爱孩子们，可也知道这怪饼实在难以下咽。'就是这一回，下不为例！'

"'妞妞，你吃一口试试！你看哥哥怎么吃得怪香呢？'韵梅还劝诱着小女儿。

在《四世同堂》中，老舍用类似编年史的手法，逐一提到八年抗战中的重大事件。从七七事变北京沦陷开始，到保定失守、淞沪会战和撤退、南京陷落、台儿庄大捷、武汉撤退、广州失守、汪精卫叛国、珍珠港事变和太平洋战争爆发，最后美国在日本投下原子弹，直至日本投降，这一系列事件他都写到了。虽然这只是作为大的历史背景，但它们都和沦陷中的北京人民息息相关，都在他们心灵上激起过巨大的反响。而当时的抗战是在国民党执政的民国政府领导下进行的，上述的时间几乎都与国民党的正面抗日战场有关，因此，《四世同堂》多次提到蒋介石和重庆。

在老舍的笔下，在他描写的那些老北平人心中，蒋介石是抗战的领袖，重庆是抗战的中心。政府的作为，战局的发展，始终是敌蹄践踏下的北平人所关注的中心。

作品写到八一三开始的淞沪会战的影响：“上海的炮声把就压在北平人的头上的黑云给掀开了！”当瑞全把这个消息告诉妈妈时，这个普通妇女也兴奋地说，“好！蒋委员长作大元帅吧？”

在日寇的统治下，瑞宣宁可冒着风险，在夜晚走十几里路，去友人家听南京的广播。“南京的声音教他心中温暖，不管消息好坏，只要是中央电台播放的，都使他相信国家不但没有灭亡，而且是没有忘了他这个国民——国家的语声就在他的耳边！”“南京的声音足以使他兴奋或颓丧，狂笑或落泪。”南京沦陷使瑞宣感到极度痛苦，甚至失望。不久，“他听到蒋委员长继续抗战的宣言。这宣言，教那最好战的日本人吃了一惊，教汉奸们的心中冷了一冷，也教瑞宣又挺起胸来。”“中央，他想，也必会派人来，抚慰民众和惩戒汉奸！”“他只觉得继续抗战是中国的唯一的希望。”他决心坚持抗争，“一直到北平城再看到国旗的时候！”

第二年春天，台儿庄大捷更坚定了瑞宣的抗战信念。“台儿庄的胜利使他的坚定变成为一种信仰”，更不可动摇。因此，虽然“政府是迁到武汉去了。可是，他觉得自己的心离政府更近了一些”。接着，在抗战一周年，瑞宣“他听到委员长的告全国军民的广播”，“他不再感到孤寂；他的心是与四万万同胞在同一律动上跳动着的”。

《四世同堂》插图三（丁聪绘）。

不久，广州陷落，我军从武汉撤退。然而“瑞宣对武汉的撤退并没有像在南京失守时那么难过”，他寄希望于重庆。“今天，重庆离他很近，而且有一种极亲密的关系。”

汪精卫叛逆投敌，又使瑞宣产生疑惑。“他想不通一个革命领袖为什么可以摇身一变就变作卖国贼。假如革命本是假的，那么他就不能再信任革命，而把一切有地位与名望的人都看成变戏法的。”“直到中央下了通缉汪逆的命令，他才吐了一口气。……这道命令教他又看清了黑是黑，白是白；抗战的立在一边，投降的立在另一边。中央政府没有变戏法，中国的抗战绝对不是假的。”

瑞宣以自己的方式关心着、分析着国际和国内形势，欧战的消息、苏德宣言、苏日协定等。他从敌人报纸上的消息判断“我们在长沙打了打胜仗！”而向往着“什么时候，北平人才能协助着国军，把自己的城池光复了呢？”

这些事都是和当时的国民党政府领导的抗战息息相关的。可以说，《四世同堂》就是在这些大事的背景下展开的，没有这些事，也就没有《四世同堂》。

《四世同堂》的第三部《饥荒》，写于抗战胜利之后老舍访美期间。这时，老舍对蒋介石国民党的独裁统治有所认识，很少对它有正面肯定歌颂的用语了。但他仍然不得不承认，抗战时期作为执政党领导抗战，对外代表中国的是蒋介石和国民党，并作了如实表现。

《饥荒》中，除了继续表现北平人民在铁蹄下身心所遭受的痛苦煎熬和苦难，也表现了北平人民在苦难中崛起而进行的反抗和斗争。这种抗争有自发的，以诗人钱默吟和明月和尚为代表；也有自觉的，以受到当局派遣回到北平的瑞全为代表。瑞全是祁家的老三，在北京沦陷后，毅然走出亡城去参加抗战。他在大后方深入民众，做了大量工作，并受到磨炼。但不久就因“当权者得不信任民众与怀疑知识青年们的自由思想”，被迫回到城市，后来又被派往北京，组织北平民众的抗争，并在珍珠港事件后，“负责刺探华北的军事情形与消息”。他将钱默吟、明月和尚、瑞宣，以及打入敌人内部的高第等，小羊圈里不甘屈服的人们都动员和组织起来了，即实际上成了他们的领导者。这些，也和前面瑞宣相信“中央会派人来”的描写相呼应。

《饥荒》加快了叙事的节奏（前两部只写了八年抗战的头两年，它却写了后六年），而且不像前两部那样，其中有对“蒋委员长”和“中央”的正面叙述和颂扬，但也写到了欧战开始、珍珠港事件、美国空军轰炸了日本本土、意大利投降、德国无条件投降，以及美国在日本投下原子弹等这一系列大事，对北平人的影响，尤其写到了日本投降后的北平：

“在重庆，成都，昆明，西安和别的许多城市里，人们嚷呀，唱呀，高兴得流着眼泪；北平可冷冷清清。北平的日本兵还没有解除武装，日本宪兵还在街上巡逻。

“一个被征服的国家的悲哀和痛苦，是不能像桌子上的灰尘那样，一擦就掉的。然而叫人痛快的是：日本人降下了膏药旗，换上了中国的国旗。尽管没有游行，没有鸣礼炮，没有欢呼，可是国旗给了人民安慰。”

《四世同堂》作为一部表现沦陷区北平人民生活和抗争的小说，而在表现沦陷区人民与抗战的关系，是将其建立在蒋介石国民党政府领导的正面战场和大后方的大背景下的；而北平人民的抗争，也被纳入了国民党当局领导的抗战，这是符合历史的描写。因为当时的执政党是国民党，蒋介石是政府的首脑，担任着国民党总裁、国防最高委员会委员长、国民参政会议议长、国民政府主席兼海陆空军大元帅等要职，而他所领导的正面战场“无论在战略上还是在战役上，都是抗击日军进攻的主要战场”。老舍笔下的北京人对之寄予厚望是自然的。

应该指出，老舍是从全民抗战的角度来表现这段史实的，而全民抗战是在国共第二次合作的情况下，及当时执政的国民党政府领导之下进行的——共产党至少在名义上也接受了这种领导。在《打小日本》中，他逐一写到七七卢沟桥抗战、平津战役、淞沪会战，也写到了平型关大战；在长诗《剑北篇》中也写到延安。这说明老舍的确是按照“国家至上，抗战第一”的最高原则，来写的全民族抗战。然而《四世同堂》在新中国成立后，直至新时期之前却一直未能再版。因为在当时的历史条件下，歌颂国民党抗战的内容显然是不合时宜的，即使后来再版，《四世同堂》的内容也经过一番删改。

《四世同堂》并没有正面描绘人民群众如何跟日本侵略者在战场上英勇斗争，写的只是沦陷了的北京城里的劳苦大众。然而，就表现人民的觉醒、反抗和就体现人民的爱国情绪而言，它的认识意义仍然是深刻的，它的鼓舞力量仍然是强烈的。在中国现代文学史上，老舍是富于独创性的杰出作家。

他的独创性，首先体现在题材的选择方面。老舍最善于描绘北京市民的普通生活。几乎近一个世纪北京社会的变化、时俗的沿革、人民的遭遇，乃至地理、风光等都可以在其作品中找到生动、具体的反

《四世同堂》插图四（丁聪绘）。

映。《四世同堂》是抗日战争时期，沦于日寇铁蹄之下的北平社会的一个缩影。在中国现代文学史上，反映抗日沦陷区城市人民生活的作品原本就很少，像《四世同堂》这样包含着深广的社会内容的长篇巨著，不仅填补了中国现代作家题材选择上的一个空白，而且丰富了抗战文学乃至中国现代文学史的内容。

老舍着眼普通人的精神世界，揭示出他们对于日本侵略者和汉奸丑类的反抗情绪，表现了他们真挚的爱国热忱和高尚的民族气节。钱默吟的形象就突出地体现了这一点。抗日战争爆发后，这个一向对国事袖手旁观的下层知识分子，心如火焚，胸中激荡着爱国的热情。他的儿子仲石告别家庭，走上抗日道路，他感到无比骄傲："我只会在文字中寻诗，我的儿子——一个开汽车的——可是会在国破家亡的时候用鲜血去作诗！我丢了一个儿子，而国家会得到一个英雄！什么时候日本人问到我的头上来：那个杀我们的是你的儿子？我就胸口凑近他们的枪刺，说：一点也不错。"

传说仲石在南口摔死了一车日本兵，邻居好友劝他暂时躲一躲，以防日本人对他下毒手，他的回答是："我不考虑那个！我手无缚鸡之力，不能去杀敌雪耻，我只能临危不苟，儿子怎死，我怎么陪着。我想日本人会打听出他是我的儿子，我也就不能否认他是我的儿子！"他的无畏与坦荡，是高尚的节操，也体现了对侵略者的愤怒与仇恨。在监牢里，面对敌人的拷打、折磨，他毫无惧色。出狱之后，他脱去长衫，戒了酒与茶，离家走上街头，以流浪生活作掩护，单枪匹马地和敌人进行了一系列特殊形式的斗争。他利用一切机会，动员年轻力壮的人逃出北平，奔赴抗日前线；他在学校门口一边卖糖，一边对学生讲抗日道理；他在日伪当局所搞的国画展览会上，对画家进行抗日宣传；他把传单塞进居民的街门里，号召人们反抗日本人强加给居民的献铁运动；他为被日本侵略者杀害的无辜老百姓收尸……他的所作所为，并非惊天动地的壮举，都是一些平常小事，然而他知道"干点比不干强"，他"抱定干一点是一点的心"，一件一件地做那些动摇敌人统治的事情。他明白，单枪匹马的独自干，"几乎近于愚蠢"，是难以有大成功的，然而以他"过去的生活，以北平人的好苟安偷生，以日本特务网的严密"，他又只好如此。他决心以实际行动"作个和国事紧紧拴在一处的新人，以赎以前袖手旁观国事的罪过"。他说："尽管我的工作是沙漠上的一滴雨，可是一滴雨到底是一滴雨；一滴雨的勇敢就是它敢落在沙漠上！"

他还有一个精彩而又生动的比喻：将好苟安偷生的北平人比为鳝鱼，将自己比做泥鳅。一大盆静而不动的鳝鱼里面有了一个好动的泥鳅，"鳝鱼们也就随着动，于是不至于大家静静的压在一处，把自己压死”。他的勇敢的献身精神，他的永不停歇的活动力，像一团火，烘暖着生活，也烘暖着读者的心。他的形象，使我们看到了北平人民自发地反抗日本帝国主义占领的真实图景；看到了中国的旧知识分子面对国破家亡的局面，勇敢地甩掉从封建社会因袭下来的精神负担，奋起走上反抗道路的历程；看到了人民在爱国热情的感召下所焕发出来的青春活力；也看到了抗日战争时期人民的自发反抗，既是不容忽视，又是必须改造的一种政治力量，看到了把这种力量组织起来的迫切性和必要性。钱默吟的形象所包含的这些内容，显示了《四世同堂》在反映人民的爱国主义思想方面，在表现人民的反抗情绪方面，所独有的感染力、认识价值与深刻性。

《四世同堂》插图五（丁聪绘）。

老舍也不回避写人民的落后、愚弱、麻木与被动，又能将这种“国民性”的揭露同对人民的觉醒过程的描绘融汇一起，显示了新的思想深度。老舍的小说创作，从一开始就贯穿着对落后的国民性思索这一内容，《二马》《猫城记》等，都从不同侧面接触到国民性问题，作家痛心于人民的麻木不仁，愚昧不醒，较多地表现了由于长期的封建统治所形成的民族弱点。《四世同堂》同样有这个内容。我们看到，做了亡国奴的北平市民，过着惶惑不安的生活，然而他们又苟安偷生，忍辱度日，任日本侵略者和汉奸的摆布。他们明知良民证是“亡国的烙印”，却伸手去接；明知“献铁”是为敌人造枪炮而用，却又设法如数上缴；明知北海的化装滑冰比赛是为侵略者装扮“升平的景象”，却又蜂拥着前去观看；为领几斤难以下咽的“共和面”，他们支撑着虚弱的身体，在太阳的暴晒下站半天，“可是，谁也不敢公然地喊出‘打倒日本！’”，等等。不同的是，《四世同堂》不止于这些描写，它揭示了国民性的弱点，但同时也写出了人民的觉醒，作家有痛心，有激愤，同时也有热烈的召唤，有前程的指引。

老舍在小说中除重点写了钱默

吟的反抗外，还有大学生祁瑞全、棚匠刘师傅的出走，高弟与尤桐芳的觉醒，刺杀日本特使事件对人们的鼓舞等。尤其是对四世同堂的老太爷祁老人的觉醒过程的描绘，更为逼真、细腻，富于说服力。祁老人生在清朝末年，他亲眼看见八国联军怎样攻进北京城、清朝皇帝怎样退位，并经历过接连不断的内战，他对付兵荒马乱的唯一办法：存好足够全家吃三个月的粮食与咸菜，以及用装满石头的破缸顶上大门。他一辈子最重要的格言是“和气生财”，查户口的“便衣”对他进行傲慢的“训示”，他不仅不气愤，而且满脸堆笑，无限诚恳地说：“是！是！你哥儿们多辛苦啦！不进来喝口茶吗？”他的二孙子祁瑞丰卖身投靠日本侵略者，做了敌伪当局的“科长”，他不仅不反对，反而相当高兴，一来是家中有官“可以仗胆子”，二来是祁家有几代没有做官了，“不表示欢喜，就有些不近人情”，三来是祁家有人做官，说明他买的房子确有“风水”，如此等等。他应付外界事变的能力低，显示了他的被动与落后；他的不识对象的过度谦卑，说明了他的愚弱和麻木；他对于“官”的敬重，表现了他的偏狭与浅薄。

然而，经历了亡国生活的几年磨难，目睹了侵略者和汉奸的累累罪行之后，祁老人变了。他说：“我活了快八十岁了，永远屈己下人，先磕头，后张嘴；现在，我明白了，磕头说好话不见得准有好处！”因为祁瑞丰想做日本特务而不成，引起了日本人对祁家的审问，面对侵略者，祁老人态度坦然、强硬，“他的眼直看着他们，语声相当的高，表示出他已不再客气谦恭；客气谦恭并没救了天佑、小文、小崔们的命”。当祁瑞丰把汉奸冠晓荷领到家里，想让冠在祁家住下时，祁老人更是怒火冲天，“几年的受罪仿佛逼着他放弃了对条狗都和和气气的，对恶人也勉强着客气的办法。他的世界已经变了，他必须黑白分明，不再敷衍”，他指着恶贯满盈的民族败类冠晓荷说：“走！出去！别惹出我的不好听的来！”接着，则历数瑞丰自北平失陷以来的所作所为，“象一个有正义感的，有见解的人，责骂一个不知好歹的，没有出息的坏蛋那样毫不留情”。祁老人的变化，说明在复杂的现实斗争面前，人民正在逐渐由懦弱走向坚强，由麻木走向觉醒。这样写，就和那些单纯暴露国民性的作品有了区别，它不仅使人看到了“病态社会的不幸的人们”的痛苦与愚弱，也使人看到了疗救的希望与前途，体现了作家的新的思想水平和现实主义的新的追求。

同时，老舍还在行文中夹杂了大量风俗节庆和风景描写。北京的节令习俗较全国其他地方，更是同中有异。如，以前北京人过端阳节和中秋节，都有一套俗信和迷信。老舍说北京人过端阳节，家家必须用粽子、桑葚、樱桃来供佛，较殷实人家还要吃五毒饼。因此“在往年，到了五月初一和初五，从天亮，门外就有喊：‘黑白桑葚大樱桃’的，一个接着一个，一直到快吃午饭的时候，喊声不断”。满汉饽饽铺也陈列出特制的应节点心五毒饼，“上边的蝎子，蜈蚣，都是模子磕出来的，没有毒”。再有，到处是卖粽子的，有好几个宗派，而“真正北平的正统的粽子是，（一）北平旧式满汉饽饽铺卖的，没有任何馅子，而只用顶精美的糯米包成很小，很小的粽子；吃的时候，只撒上一点白糖。……这种粽子也并不怎么好吃，可是它洁白，娇小，摆在彩色美丽的盘子里显着非常的官样。（二）还是这样的小食品，可是由沿街吆喝的卖蜂糕的带卖，而且用冰镇过。（三）也是沿街叫卖的，可是个子稍大，里面有红枣。这是最普通的粽子。此外，另有一些乡下人，用黄米包成粽子，也许放红枣，也许不放，个儿都包得很大。这，专卖给下力的人吃，而内容与形式都不足登大雅之堂的”。

总之，“人们只有照着自己的文化方式——象端阳节必须吃粽子、樱桃与桑葚——生活着才有乐趣”。到了初五过节这一天，家家要买几张“神符”贴在门楣上。这些神符有的是在黄纸上印着红色的钟馗，与五个蝙蝠的，贴在大门口，并用蒲子，艾子，插在门前；有的是买几张粘在白纸上的剪刻的红色“五毒儿”图案，分贴在各屋的门框上。同时，还要在男孩子的脑门上用雄黄抹王字；女孩子要佩带葫芦，葫芦是用各色的绒线缠成的樱桃、小老虎、桑葚、小葫芦……联成一串儿。老舍说，人们“也许相信，也许根本不相信，这些玩艺儿有什么避邪作用”，但却“表示出一点到底有点象过节的样子”。

老舍对北京过中秋节的回忆，是思乡之情最深切的表露。他说：“中秋前后是北平最美丽的时候。天气正好不冷不热，昼夜的长短也划分得平匀。……在太平年月，街上的高摊与地摊，和果店里，都陈列出只有北平人才能一一叫出名字来的水果。……同时，在街上的‘香艳的’果摊中间，还有多少个兔儿爷摊子，一层层的摆起粉面彩身，身后插着旗伞的兔儿爷——有大有小，都一样的漂亮工细，有的骑着老虎，有的坐着莲花，有的肩着剃头挑儿，有的背着鲜红的小木柜；这雕塑的小品给千千万万的儿童心中种下美的种子。”用枕形西瓜拜月，用鲜果供养兔子王，是北京人过中秋节必然要举行的传统仪式。

以上这些北京节日习俗的例子是从《四世同堂》里摘引出来的。老舍在这部反映北平沦陷后市民生活的作品里，为什么用了那么多篇幅尽兴地回忆过去北京的风情民俗和北京闹市的风光呢？可以说，通过这些风俗画面的描写，同日本侵略者占领北平后的黑暗现实形成了

电视剧《四世同堂》海报（1985年）。

鲜明对照。明乎彼，知乎此。日本侵略者的掠夺与破坏，使得这美好的故乡不但“什么东西都缺乏”，而且“人也已经不再是可以完全照着自己的意思活着的人”。写昔日“北平之秋就是人间的天堂”，再对比日本统治下的北京，百业凋敝，死水一潭。抒发这种亡国惨之慨，是叫人们要忍辱而不忘复仇。老舍是借怀念乡土风物，真实地写出了尚未被组织起来的北京市民，自发地用民族意识这种情感对抗着异族的入侵。小羊圈胡同里那些朴实善良的居民，越是在他们的生活秩序被搅乱，面临着失业、饥饿，甚至被杀害的亡国奴处境时，对传统的文化、习惯和节日礼俗，更是自觉不自觉地产生强烈的怀念和向往。表现出的民族向心力和凝聚力的最好说明。而这种力量是任何异族侵略者所不能摧毁的。老舍在北平沦陷后的作品里，大写特写过去北京的风情民俗，无疑起到了唤醒民族意识，达到了爱国主义教育的目的。

抗战胜利40周年之际，1985年8月16日至9月9日，电视连续剧《四世同堂》在中央电视台播出。该剧较忠实地再现了原著的思想内蕴和悲剧意识，人物形象丰满、生动、深刻。北平小羊圈胡同四世同堂的祁老太爷一家和他的街坊们，在民族存亡的危急关头和侵略者占领时期，表现出的双重性格——不甘屈服的民族气节和封建思想禁锢下的封闭、愚昧、妥协、敷衍、无聊、自私——社会心理中的陈腐部分引人深思。该电视剧因深刻的思想性和高度的文学性引起强烈反响，一时成为社会舆论的中心话题。

老舍先生的原著也因此而重现光彩。

兔儿爷。

5 赴美讲学

美国之行

我想，抗战结束以后，我必能阔起来，唯一的原因是我是在这里说梦。既然阔起来，我就能在杭州，青城山，北山，成都，都盖起一所中式的小三合房，自己住三间，其余的留给友人们住。……那时候，飞机一定很方便，我想四季搬家也许不至于受多大苦处的。假若那时候飞机减价，一二百元就能买一架的话，我就自备一架，择黄道吉日慢慢的飞行。

——老舍《住的梦》

1945年11月底，《骆驼祥子》英译本（伊万·金译）在美国出版，颇为畅销，好评不断，美国驻中国大使馆文化专员曾亲自带着英文译本到重庆北碚拜访老舍。抗日战争结束之后，美国国务院即邀请老舍和曹禺赴美讲学，为期一年。可以说，老舍是作为美国人眼中最出色的中国作家之一而受邀请的。

离开重庆去美国之前，老舍陆续和朋友们会面告别，其中一次和臧克家在一家小馆子吃芝麻烧饼。老舍点了一支烟，要了一小杯酒，神情黯然。臧克家后来曾回忆说："我看他这次出国，心情是矛盾的。虽说抗战胜利了，国民党一心发动内战，人民生活越来越悲惨，局面令人十分不安。出去，个人倒清静了，撇下朋友，离别妻子，带着留念，杂一点疚心而去，他是'别是一般滋味在心头'的。何况，美国决非我辈的天堂呵。"

老舍、曹禺离开重庆之前，1946年1月20日晚，文协为他们举行隆重的欢送酒会，到会的有茅盾、巴金、胡风、阳翰笙等50余人。在酒会上，茅盾首先致欢送词，他说："我们的官方曾经派了不少人到外国去，这些人到外国去替官方做宣传。这一回美国国务院来请中国作家出国，老舍先生和曹禺先生是我们民间文化人第一次出国的两个。"接着，他希望老舍和曹禺到了美国后，"把我们中国老百姓的思想生活，老百姓的要求，和抗战

1945年，老舍（中）与茅盾（左）、于立群（右）合影。

八年中，中国人民是怎样的进步着，把一切中国实际情形告诉美国人，吃黄牛油的洋人对于中国的小辫子和三寸金莲未免太隔膜了。现在要让美国人知道，中国人如今不仅在形式上没有小辫子，在精神上也没有小辫子了。这样对于中美两国文化的沟通，才会有真正的帮助”。老舍在随后的讲话中，谈到这次出国的三点说明：第一点是为了个人，出国休息休息，这八年的生活对他委实是受了疲劳轰炸。第二点，向美国人讲讲中国人民的生活，尽力使美国人对中国发生新的认识。而且认识中国新文艺有如何的成就。一般美国人批评中国新文艺的写作技巧太差，他们不知道，中国50年来的惨淡的日子，不知道中国人做噩梦也在想革命，在争取民主的自由！因此中国作家在这艰苦的几年的作品中，只能顾内容，而忽略了技巧，他也要劝美国人少讲点技巧。不要因小事而忘记了大的事情。第三点是介绍中国文协这个组织。

谈到文协，老舍十分激动地说，他平生最怕人事关系的纠缠，然而他觉得，八年间他负了文协的任务，文协的人事关系一直很简单，他与文协已发生了深深的感情，他感动地说他对文协已成为一种“嗜好”了。次日，他又出席曾家岩为他举办的践行会。2月8日，他与周恩来、冯玉祥、邵力子、郭沫若、曹禺、谢冰心等200余名政协代表，以及文化界、新闻界人士出席庆祝政协会议成功举办的联欢晚会，他会上郑重发言，指出这次有机会去美国，应该感谢五四以来的新文化运动；在今后的国家建设中，文化建设应与其他建设得到同等重视，起码不要让作家们因贫病而亡；同时他也以无党派人士的身份向各政党呼吁尊重人民爱国的忠诚；最后，他希望将来回国时，中国能够自由到想要写什么就写什么，不管是在南京还是延安，都能自由发表。

3月5日，老舍与曹禺在上海同乘美国史葛将军号巨轮赴美。这艘船是美军的运输舰，一路疾行，从不停靠其他港口，谈不上悠哉旅行。船上生活也是军事味很浓，用餐时要集体到食堂等待分配，食物也是军队口粮，晚上睡吊床，还需要自己洗衣服。不过行程倒是挺快，3月20日，老舍等即抵达了美国西北部的重要城市西雅图，后经华盛顿，月底到达纽约，一路受到美国国务院和各方人士的热情接待。在华盛顿，他们被安排在专门接待国家贵宾的来世礼宾馆下榻。恰好当时英国首相丘吉尔访美，也住在来世礼的甲宾馆，老舍和曹禺却住在乙宾馆，俩人各住一室，周围环境幽雅，室内设备豪华，异常舒适，而且外交部还特派专人来招待他们。由此看出，美国方面对他们两位的来访还是相当重视的。

4月，俩人抵达纽约。到纽约之后，老舍有一天去逛街，在大街上遇到一个和蔼可亲的外国老人。这个老人和周围行色匆匆的行人不

1946年在美国的老舍。

同，态度不仅友好，而且很热情地主动招呼。来到国外举目无亲的老舍，此时在这陌生的城市里自然感到很高兴，便和老人交谈起来，聊得挺投机。

老人说，他本来是约人一起去商店，可是对方一直没到，随口问老舍愿不愿意陪他走几个街区，去商店取东西。老舍难得遇上这么亲切而又率直的本地居民，就答应了。俩人边走边聊，不一会儿就走到商店门口，老人突然一拍脑门，说他是来取手表的，原先约定的是那位朋友带现款来，而现在朋友没来，他手上的现钱不够。就只好问问刚认识的这位朋友，身上有没有几十美元能够借给他救个急，顺便帮他拿一下手上的包裹，他进去拿了手表就出来。老舍正聊得起兴，见朋友有急需，又有包裹做抵押，就爽快地掏出几张绿票子给对方。然后，

老舍和曹禺。

他拿着包裹在店外等啊等啊，过了许久都不见人出来，心里感觉不对，进店一看，果然还有扇后门，亲切的老人则早已不知去向。他拆开包裹一看，就是几张报纸裹着块砖头。这次上当受骗的经历给老舍留下很深的印象。

在美国，老舍不仅到美国一些城市观光、考察，参观一些著名大学，还应邀到加拿大旅行一个月。俩人曾多次去观看舞剧、广播剧、音乐剧、话剧……并游览了好莱坞。老舍认为，百老汇戏剧演技和设备都傲视侪辈，但在思想和尝试上却最弱，这是“太看重钱”的原因。

纽约的萨拉托加—斯普林有一座名叫雅斗的大花园，专门用来接待各国的艺术家，是一个静养、休息和创作的好地方。该花园面积很大，园内各式树木郁郁葱葱，绿草如茵，鲜花点缀其中，间有小桥流水，绿树旁边是一座座造型别致的房屋，环境非常宜人。老舍利用这难得的条件，在这里住了一个月，继续创作他的《四世同堂》。

老舍的生活很有规律，他清晨6点多钟便起床，来到花园，置身于怒放的菊花当中，对着朝阳，用打太极拳的方式来锻炼身体，其舒展自如的幽雅姿态常常引来好奇的目光。30分钟以后，便进入到他的工作间中。傍晚时分，老舍来到食堂与大家共进晚餐，然后天南海北地东拉西扯，无所不谈，气氛异常融洽、活跃。在此居住期间，老舍结识了美国进步女作家史沫特莱，并与之一起为救济国内的贫困作家而筹措资金。

一年以后，曹禺如期回国，老舍因手头的小说写作未完，继续留

老舍（右一）在加州伯克利大学与友人合影。

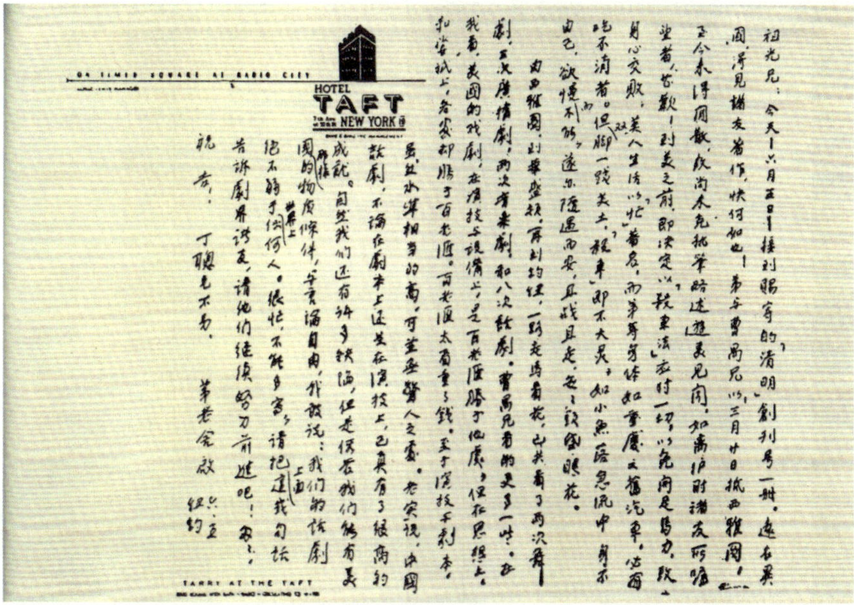

ON TIMES SQUARE AT RADIO CITY
HOTEL TAFT NEW YORK

祖光兄：今天（六月五日）接到赐寄的《清明》创刊号一册，远在异国，得见诸友著作，快何如也！弟与曹禺兄以三月廿日抵西雅图，至今未得闲散，故尚未能执笔略述游美见闻。如需向诸友所嘱，告歉！到美之前，即决定以"杀车法"应付一切，以免开足马力，致身心交败。美人生活以"忙"著名，而弟等身体如重庆之旧汽车，必有吃不消者。但双脚一践美土，"杀车"即不大灵，如小鱼落急流中身不由己，欲慢而不能，遂亦随遇而安，且战且走，每每头昏眼花。

由西雅图，到华盛顿，再到纽约，一路走马看花，只共看了两次舞剧，五次广播剧，两次音乐剧，和八次话剧。曹禺兄看的更多一些。在我看，美国的戏剧，在演技与设备上，是百老汇胜于他处，但在思想上，和小剧场上，各处却胜于百老汇。百老汇太看重了钱。至于演技和剧本，虽然水准相当的高，可并无惊人之处。老实说，中国话剧，不论在剧本上还是在演技上，已具有了很高的成就。固然我们还有许多缺陷，但是假若我们能有美国的物质条件，舞台装置与言论自由，我敢说：我们的话剧绝不弱于世界上任何人。很忙，不能多写，请把上面这几句话告诉剧界诸友，请他们继续努力前进吧！

祝

安！

丁聪兄不另。

弟老舍启 六、五 纽约

TARRY AT THE TAFT

在好莱坞观剧后，老舍写给吴祖光的信。

住美国。分别时老舍十分难过，说以后要一个人“苦写”了。

剩下他一个人以后，老舍也没心情各处游览，天天关在房间里写作。尽管曾在英国待过几年的他，仍不很习惯外国食物，每日三餐都抱着吃药的心情吞下去。手头不宽裕，物价又在不停上涨，他只能住在拥挤而嘈杂的地方。在这“没有享受，没有朋友闲谈，没有茶喝”的地方，也兴不起他太多灵感和诗意。1946 年 6 月 5 日，他由纽约致函吴祖光，信中说：“到美之前，即决定以‘杀车法’应付一切，以免开足马力，致心身交败，美人生活以‘忙’著名，而弟等身体如重庆之旧汽车，必有吃不消者。……但双脚一践美土，‘杀车’即不大灵，如小鱼落急流中身不由己，欲慢而不能，遂亦随遇而安，且战且走，每每头昏眼花。”

他在致臧克家的信中说：“外面是十里洋场，我守着斗室，冷冷清清。”在给谢冰心的信中，他说他在纽约，“就象一条丧家之犬”，他感到非常寂寞，怀念祖国，去国怀乡的辛酸滋味，溢满心头。

1948 年他的护照到期，虽然受

雅斗文艺创作中心。

1947年的老舍写作照。

够了美国的孤单生活，但国内一片混乱不堪，真是走也不是留也不是。后来，在友人赛珍珠的帮助下，他延长了签证期，这才在美国继续待了下去。

几十年来，颠沛流离的生活，给老舍的身体埋下了许多病根。抗战时期，重庆物资极度缺乏，营养严重失衡，更使老舍健康恶化。他的身体经常跟他闹别扭，不是胃痛，就是痔疮、头晕。1948 年底，他坐骨神经痛开始发作，1949 年 4 月，住院进行治疗。他在雅斗时结识的日本友人石垣绫子，获悉老舍住院做手术，前去探望。老舍病卧他乡，忧念故国之情溢于言表，石垣听了也为之心动。

1949 年 6 月，老舍病体好转，准备出院时，中国的革命形势发生了很大变化。经过三大战役，国民党军队遭到毁灭性的打击，4 月解放军横渡长江，继而解放南京、上海，国民党更是全线崩溃。国内局势已经十分明朗，老舍心情也变得舒畅起来，打电话邀请日本朋友到公寓来吃饭。老舍提前买好鸡鸭鱼肉、豆腐、蔬菜。友人一来，老舍系上围裙，亲自下厨，变魔术般做出很多中国菜来。日本友人对他的厨艺大为赞叹，啧啧不已，饱餐了一顿。此时老舍精神特别好，几年来的郁闷心情烟消云散，沉默寡言的他仿佛换了个人似的，激动地说："中国不久将获得新生了。"他告诉朋友："中国已经有希望了，我要尽快回中国去。"

文化传播

我们应该了解，我们自己也是世界人，我们也是世界的一环，我们必须要使美国朋友们能够真正了解我们的老百姓，了解我们的文化。

——老舍《旅美观感》

在美国的头一年，老舍应邀到很多城市讲学或参加会议，他讲学或演讲的题目有《中国文学的历史与现状》《中国艺术的新道路》等。除了讲学之外，他还到过华盛顿大学、斯坦福大学、丹佛大学、哈佛大学、哥伦比亚大学等参观。老舍在旅美期间看到，一般美国人对于政治兴趣不大，美国社会是商业化的社会，"有钱就行，赔钱不干"。他应邀到西雅图出席美国西北部作家协会的会议，但会上讨论的全是"如何写文章投编辑所好"、"作家如何找一个好的代理人"等，生意经方面的问题，与文艺毫不相干。他还目睹了美国土著印第安人的凄惨生活，对美国贫富差距悬殊、种族歧视的状况，久久不能忘怀。美国人的骄横态度也给他不小的刺激。有一次在集会上，一个美国人突然向他发问："你们希望美国政府如何帮助中国？"平时一向温和幽默的老舍，突然以极为严肃而又郑重的态度回答："你们美国军队应该赶快从中国退出！"

在出游的路上，走马观花，其所见所闻，让老舍感慨颇多。他深深地体会到中国对外的宣传，只是着重于政治，而缺乏文化的介绍，尤其是今日之文化。美国人所了解的并不是今天的中国人，而是唐宋和明清时代的中国人。他们热衷于唐诗宋词和明清瓷器，但对今日之中国文化知之甚少。《骆驼祥子》在美国做的广告，画面上是一个脑袋后面拖着长辫子的中国人，辫子翘得高高的，这就是20世纪40年代中国人在美国人心目中的形象！可见，进行宣传和交流是多么必要。

况且，中国今日之艺术与他国相比，亦毫不逊色。比如在戏剧方面，美国的戏剧演技与剧本，虽然已经具备了很高的水平，可是也并无过人之处。而我们的现代戏剧不管是剧本还是演技，已具备了相当高的成就，假若有美国那样的物质条件，老舍认为"我们的话剧决不弱于世界上任何人"。他认为"一部小说与一部剧本的介绍，其效果实不亚于一篇政治论文"，因此，很快就应着手于传播中国文化，尤其是现代文化。

他曾用英文撰写学术论文《中国现代小说》，发表于《国家建设》，还用英文创作了三幕四场话剧《五虎断魂枪》在美国排演。

1946年6月，他应邀到科洛拉多州的丹佛大学参加人道地方会议，

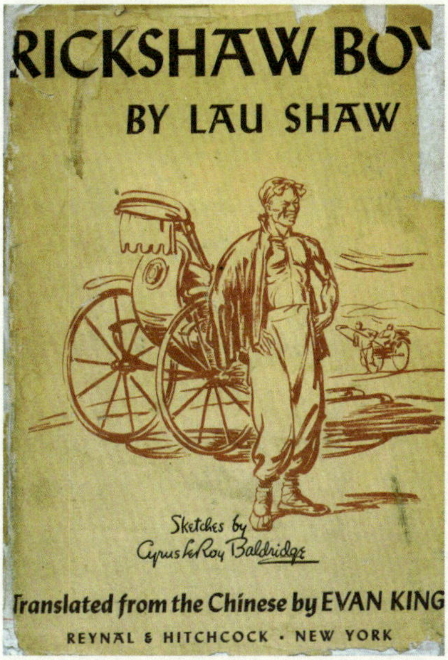

（左）《骆驼祥子》英译本，Even King，Reynal & Hitchcock，1945年。

（右）《五虎断魂枪》英译篇，载《Contemporary Chinese Stories》，Columbia University Press，1944。

1946年，老舍与曹禺在耶鲁大学合影。

在会议上他演讲说：“形式的美丽与完善，对于我们远不如民族与社会福利之重要，我们若果能凭借我们的写作为邻人扑灭火灾，则我们将较之获得诺贝尔奖金更觉满足。”

他工作的重点，那时还是放在写作上。后来对翻译也十分用心，这和《骆驼祥子》的译者擅自改动了作品的结局，违背了作者的创作意图有关系。

曹禺回国以后，老舍在纽约24大道83西街118号租了两间公寓房，一边辛苦地写着小说，一边关注着国内局势的发展，过着一种既紧张又十分孤单的生活，但这也没有阻挡住他的创作，无论是小说、戏剧还是翻译。

老舍著名的长篇小说《四世同堂》的第三部《饥荒》，就是在这时期完成的——写作时间于1947年的第二季度至1948年6月底。老舍对这部小说非常满意，他曾经说过：“我自己非常喜欢这部小说，因为他是我从事写作以来最长的，可能也是最好的一本书。”

老舍写作此书，其处境一直都非常艰难，抗战时，在重庆北碚就已经很艰辛了，而这时，曹禺回国，没有朋友来往，也没有精神出去游玩，整天闷坐斗室，进行着艰苦的写作。虽然在国外待了好多年，还是吃不惯西餐，一日三餐难以下咽，比吃药还难。住处难找，价格又高得出奇，只得住在又乱又差的大公寓。多年的颠沛流离落下了病根，又加上物质和精神的双重困窘和折磨，经常是疾病缠身，肚子疼，头发昏。在那里医生地位很高，“奇货可居”，看病异常困难，老舍只好顺其自然，忍受着疾病带来的痛苦。物价奇高，且不断飞涨，他甚至到了连买鞋都觉得很困难的程度。

他给好友臧克家的信：“外边是十里洋场，我守着斗室，冷冷清清。”可以想见他的孤独清寂的滋味。老舍身处异国，人生地疏，要想出版自己的小说，得有自己的代理人。首位代理人休伊特·赫薇由于家务繁重等原因，没有多久就辞掉了这一工作。女作家赛珍珠给老舍推荐大卫·劳埃得做他的代理人，开始了他们长时间的合作。老舍回国以后，还常常同他书信往来。

1948 年 3 月，老舍原来计划回国，但因《骆驼祥子》摄制电影的关系，经美国务院核准续居半年。此时，老舍开始了《四世同堂》的翻译工作，合作者是艾达·浦爱德。她从小生活在山东沿海的一个美国传教士家里，会说中文，但不太会写。抗战时期，她曾在美国组织募捐援助中国的抗日战争，对中国人民非常友好。老舍在纽约的时候，她也回到了美国，住在纽约。在翻译过程中，基于浦爱德的情况，他们采取了一种奇特的合作方式。首先是老舍一段一段地念给她听，她随即翻译成英文，用打字机打下来，给老舍看。经老舍确认无误后，再进行下一段翻译。从 1948 年 3 月至 8 月，他们几乎每天晚上 7 点到 10 点都在一起工作。除了浦翻译的速度有些慢外，他们合作还是很不错

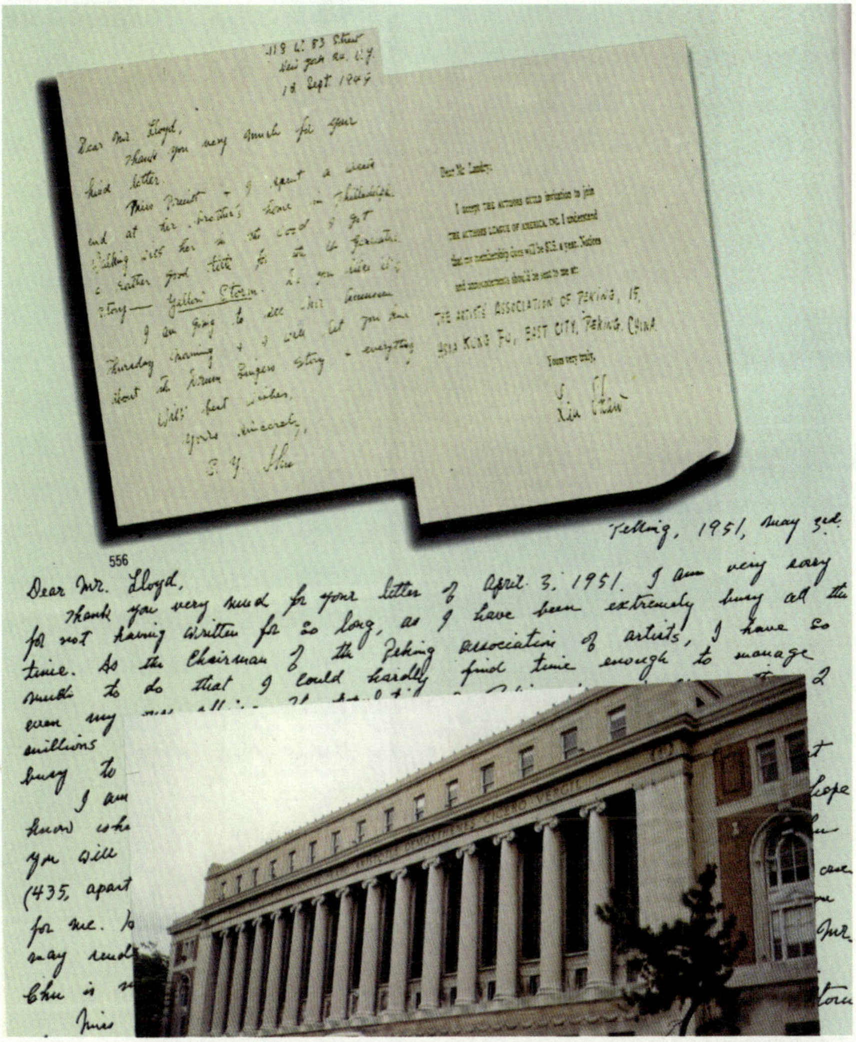

老舍在美国期间写的英文信（现藏于哥伦比亚大学图书馆）。

的。赛珍珠认为翻译得很好，给予了肯定和赞扬，进展也很顺利。《四世同堂》的英译本 1951 年由美国哈科特和布雷斯公司出版，取名为《黄色风暴》。

大约在 1948 年夏到年底，老舍在美国完成了第二部长篇小说《鼓书艺人》，这是老舍唯一取材于重庆的长篇小说。该书以老舍的好友、著名的鼓书艺人富少舫和养女富贵花为原型，描写了抗战时期的大后方，曲艺艺人生活和他们的思想转变。这部小说标志着老舍思想的重大转折，对研究老舍的思想发展有着重要的意义。该书是边写边译，译者是美籍华人、翻译家郭镜秋。老舍写几章交给郭，郭译后还几章，再取几章新的，翻译时间比写作时间稍晚一点。这本书大约在 1949 年春天完成的，1952 年英文版在美国出版，书名是 The Drum Singers。老舍回国的时候，并未携带中文原稿，

艾达·浦爱德。

后来这份手稿不知所踪，今天我们读到的《鼓书艺人》，是从英文版再次翻译过来的作品。回到祖国的老舍，看到《鼓书艺人》的主人公们，已经翻身做了国家的主人，过上了幸福生活。他觉得现在再写大鼓艺人，就应当着力表现他们翻身解放的狂喜，于是，他就在原来已有的《鼓书艺人》题材上，重新构思，融进自己的新的体验，新的感受，创作了他歌唱新中国的第一个话剧《方珍珠》。此后一段时间，他的创作重点，完全转移到了反映新中国的现实生活方面，他不断地构思新作，充满了旺盛的创作力，根本无暇回顾过去的写作生涯，所以《鼓书艺人》也就不再被提起。

在美国期间，老舍还从事了一项和创作同等重要的工作，就是向美国和欧洲介绍中国现代文学。他

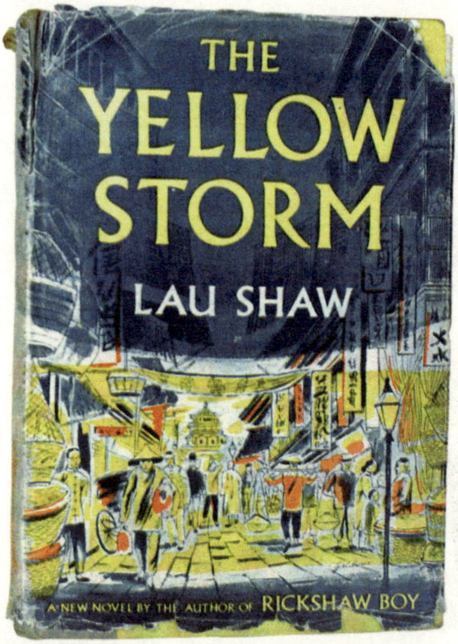

《四世同堂》英译本《The Yellow Storm》，Harcourt and Brace Co.1951。

集中组织了自己四部作品《离婚》《四世同堂》《鼓书艺人》和《牛天赐传》的翻译工作。在翻译作品中命运最特殊的是长篇小说《离婚》，这里面有一段很长的故事，按老舍的说法，他为它进行了一场丑恶的奥林匹克竞赛，并希望能取胜。

《骆驼祥子》英译本成了美国畅销书，1948年，译者伊文·金又翻译了老舍的《离婚》。但他却做了大量的修改及增删，以至面目全非，严重歪曲了原著，最后又把老李和马少奶奶结成一对，作为结局。老舍忍无可忍，多次交涉无效以致两人合作关系破裂。伊文·金自己成立了“金出版公司”，强行出版经他篡改的《离婚》英译本。老舍被迫又组织一次《离婚》的翻译工作，以维护自己作品的纯洁性和声誉。这就是他请郭镜秋小姐重新翻译《离婚》的原因。

老舍为此专门发电报给上海的赵家璧先生，请他去南京一趟，在政府相关部门取来了《离婚》中文版属于老舍的版权说明书，并在上海请美国律师做了公证。这份证明算是取得了《离婚》郭译本在美国出版的通行证。后来，老舍诉诸法律后，判决结果是，金只能在自己的书店里发行自己译的译本，不能在其他地方出售，而郭的译本则取得了在美国出版和发行的合法权利。为了和伊文·金的《离婚》译本有所区别，郭译本取名为《老李对爱

《鼓书艺人》英译本《The Drum Singers》，Harcourt and Brace Co.，1952。

郭镜秋。

《离婚》英译本《The Quest for Love of LAO LEE》，Reynal & Hitchcock，1948。

的追求》。

老舍在美期间，和赛珍珠、史沫特莱、斯诺等进步人士关系友好。赛珍珠对老舍评价很高，多次邀请老舍出席美国文艺界的各种集会，向与会者介绍老舍，宣传他的文学成就，并且还介绍德国戏剧大师布莱希特与老舍见面。赛珍珠由于她本人在美国文学界的重要地位和她丈夫在出版界的实力，在出版上帮了老舍很大的忙。她极力协助老舍得到了他应该得到的美国版税，也维护了他正当的作家权益。

此前，美国人翻译出版《骆驼祥子》，根本不通知原作者，甚至当译本被选入“每月佳书俱乐部”的“每月佳书”后，作者也得不到一点报酬。赛珍珠愤愤不平，为此做了不少工作，并解决了老舍的生活来源问题，使他在美国立足的经济有了保障。她替老舍推荐、选定出版代理人，并积极向出版代理人介绍老舍的情况，为老舍著作在美国的大量出版发行提供了良好的业务条件。除了《骆驼祥子》外，《离婚》《四世同堂》《鼓书艺人》等长篇小说都先后翻译成英文在美国出版，老舍也成了当时翻译作品最多的中国作家。

为完成《四世同堂》第三部的写作，并使老舍能与浦爱德小姐一起完成《四世同堂》的翻译工作，通过赛珍珠的努力和帮助，使老舍在美国的签证期延长。当浦爱德对自己的翻译信心不足时，赛珍珠特地看了浦爱德试译的十章译文，认为相当好，并鼓励她，并劝老舍坚持和浦爱德合作下去。老舍很尊重赛珍珠意见，最终使这浩大的翻译工程圆满完成。它不仅成为世界上最早的《四世同堂》译本，而且因神奇地保留了连中文版中都没有的最后十三章，使之成为《四世同堂》的最有价值的权威版本。

在美国，1949年2月朋友们为老舍（二排左三）50岁生日庆贺时的合影。

6

人民艺术家

重归故土

海河中有许多冰块，空中落着雪。离开华北已是十四年，忽然看到冰雪，与河岸上的黄土地，我的泪就不能不在眼中转了。

——老舍《从三藩市到天津》

老舍在美国的时候，十分寂寞，吃不惯，睡不好，腿又犯了毛病，坐骨神经还动了一次大手术。想家、想内战未停的祖国，想亲人、朋友，想北京。他的译述工作并不顺利，思想极为矛盾。“这是地道的受洋罪！”“我连一天也呆不下去了！”他给冰心写信，说自己好像是丧家之犬。

在纽约，他有几个不像商人的商人朋友，有文化，关心时局，交情不错。一天，其中的一位趁老舍不在家，往他公寓的门缝里塞了一封信，瞧着老舍进去了才离开。这是一封来自解放了的北平的来信，写信的30多位都是老舍的知己好友，为首的是郭沫若、茅盾、周扬、阳翰笙、曹禺、洪深、郑振铎等。信上说，新中国第一次文代会即将在北平召开，老朋友齐聚北平，就差你一位了，回来吧，老朋友！祖国的文艺繁荣等着我们的笔，包括你的笔……他眼圈红了。他知道，这里面更有他的老朋友、他敬佩的周恩来的一份殷切期待呀。还说什么呢？回家，回家！

1949年12月9日，老舍拖着术后的病腿，漂洋过海，经香港到达天津。在天津码头，他就已经感到税务人员和接待人员与过去不同，中国的确是革新了。检查行李也好，货币兑换也好，都那么井井有条，极有秩序。他感叹地说，“有了新社会，才会有新社会秩序呀！”暂住了几天，12日他挥别天津，归心似箭地回到了日思夜想的北京。

这时，他的家人还住在重庆，那里暂时还没有解放。老舍一个人住在北京饭店一间不太大的单间里，大约住了4个来月。13日，在阳翰笙的陪同下，老舍见到了殷切邀请他回国的周总理。他们畅谈了很久。

老舍（右三）回国途中，因无船可行，在香港停留近一个月。图为与朋友聚餐时的合影。

祖国已经日新月异了！老舍好奇地在他熟悉的北京城里到处走，四处看，拜访老友。北京解放以后的巨大变化令他满心欢喜，仿佛连腿病都好了不少。他满怀热忱，学习政策理论，决心要用他的笔为政治服务。

由国外回来后，他首先找到了一部《毛泽东选集》，要读的头一篇就是毛主席《在延安文艺座谈会上的讲话》。他虚心地学习那并不熟悉的政治理论，不厌其烦地开始创作。北京饭店的那个单间并没有写字台，只有一架带镜子的梳妆台，他就拿它当作写字台，每天面对着梳妆台的大镜子，趴在那过矮的台面上，开始了新的创作。他写小文章，写太平歌词，写鼓词，改相声，据他1950年2月16日的一篇日记，仅2个月他就创作有：太平歌词80行，散文杂文《别迷信》《生产就业》《美国人的苦闷》《由三藩市到天津》《怎样改相声》《写鼓词的经验》《评〈三打祝家庄〉》……以及相声《游隆福寺》《菜单子》《文章会》等，发表于《人民日报》《文汇》《文艺报》《人民文学》等各大报刊。他还把在美国时写的《四世同堂》第三部书稿进行了缮写。

他的笔，依然是他可依仗的武器，和抗战时不同的是，现在他的笔下，涌出的是献给人民、献给党的礼赞。

1950年1月4日，中华全国文学艺术界联合会在北京饭店举行新年联欢茶会，庆祝老舍归国。在会

1950年蒋兆和为老舍绘的画像。

上老舍又见到了很多新朋友和老朋友：茅盾、周扬、田汉、洪深、阳翰笙、曹禺、赵树理、叶圣陶……70余人欢聚一堂，在茅盾简短的致辞后，老舍发言，谈了自己在美国的见闻，回国后的感想，还在联欢会上现场唱了一段回京后刚刚写好的太平歌词《过新年》。周扬在讲话中说，老舍的回国将有助于中国文艺的通俗化运动。

这句话替老舍指明了一个努力方向。他实在是有独一无二的优势，因为还有几位现代作家，既能写，又会唱，又会讲呢？从他幼年开始，就浸淫在民俗曲艺中，经过青年时的悉心学习、抗战期的初步磨合，直到现在的如鱼得水。他很快就做了由北京市大众文艺创作研究会编辑的《说说唱唱》杂志编委。

1950年1月创刊的这本杂志初衷，就是要让新文艺占领“天桥”，利用通俗文艺形式，比如用快板来宣传新主题、新形象。杂志最高发行量近6万册，刊登的作品主要有两类，一是根据现有作品改写成民间文艺形式的鼓词、评书、说唱、评话；二是作家直接创作的民间文艺形式的作品。老舍一方面做杂志的编委，一方面也积极为杂志供稿，诸如鼓词《生产就业》、太平歌词《中苏同盟》等。

刚刚回国的老舍，觉得自己对新社会的认识还不够，积累不足，不敢下笔写大篇章，正好先拿些短篇的通俗作品练手。当时认为，为了团结人民，必须利用和改造旧形式，而不应该“全盘否定”。要通过利用旧文艺形式，占领城市居民的阅读和思维。老舍除了自己写，还热情地帮相声艺人们改旧相声。由他改编的《菜单子》《文章会》《地理图》等相声，交给侯宝林、孙玉奎等组成的北京市曲艺公会相声小组艺人们演出，颇受听众欢迎。

他发表了大量理论文章，如《怎样改相声》《写鼓词的经验》《谈相声的改造》《习作新曲艺的一些小经验》《大众文艺怎样写》《从技巧上说》《“现成”与“深入浅出”》等，还认真探讨了如何更好地利用民间曲艺形式进行新的宣传问题，并指出要用字通俗、句子顺溜、音节响亮、叙事生动，认为通俗才能贴近群众，而只有彻底了解群众的生活，融入老百姓中，才能明白他们，懂得他们，写出活生生的人物来。他是以旧有形式盛装新思想，为深入民间、联系群众的最有效方法——这一方法在抗战时期

文联欢迎老舍归国的新闻报道。

全國文聯新年聯歡
歡迎作家老舍返國
老舍談美帝文藝低落現象
願意學習爲新中國作點事

《过新年》，晨光出版公司 1951 年初版。

已广为运用。

同年，他还做了中国民间文艺研究会的副理事长，帮研究会征集民间文艺资料，包括全国各地人民群众喜闻乐见的民谣、民歌、弹词、评话等。

新中国成立之初，“戏改”一度是压倒一切的文化重头工作。当时，全国有大量的文盲，文艺形式很单调，唯一的娱乐就是看戏。有关领导提出，对传统剧目要禁演一批、修改一批、肯定一批，组织了一大批知名的文艺工作者投入到戏剧改革工作中去，国务院还专门下发了文件。戏改既是一件由国家出面进行的政府行为，又是一件几乎覆盖全国文艺界的全民活动，涉及了所有的戏剧剧种、曲艺艺种和演出组织。对此，老舍多有建树——因为他自幼喜爱京剧，也关注京剧的发展，闲暇之时还爱学唱，并在很多场合为大家演唱过京剧。

后来，老舍担任了北京戏曲改革小组的成员，经常观摩各地的戏剧演出，还和老艺术家们一起研究戏剧曲目的保留和剧本的改编，与梅兰芳、马连良、郝寿臣等京剧表演艺术大师，保持着良好的友谊。1950 年，他发表两篇关于戏改的文章后，接着又是一系列关于曲艺改革的文章，提出了具有指导性的观点，对文化部戏改局的工作也提出了一些中肯批评和建议。

1956 年到 1963 年，老舍先后根据同名昆曲改编京剧《十五贯》、创作新编历史剧《青霞丹雪》及改编传统剧目《王宝钏》。老舍的改编力求“与原本大致相同”，并加以创造，反映出老舍的思维从现代向传统回归，表现了对传统艺术的眷恋和对民众接受的关注。老舍作为学贯中西又有创作实践的艺术大师，在剧论方面也有许多真知灼见。首先，他在肯定京剧形式美的同时，强调必须根据时代发展不断加工，反对老戏老演；其次，他提出戏改的目的是为新观众，推陈出新的基点是在思想感情上打动观众，尤其是新一代观众；第三，形式上他也要求大胆革新，反对卖弄技巧。

1959 年，老舍为马连良和北京京剧团还创作了一出京剧《青霞丹雪》，剧本是根据《今古奇观》第 13 卷中“沈小霞相会出师表”的故事改编。

老舍和梅兰芳等京剧表演艺术大师都是朋友，他不仅喜欢听他们的戏，还非常赞赏他们在艺术上的成就和品德。1961 年，著名京剧表演艺术家郝寿臣去世，老舍专门写文章悼念，并为《郝寿臣脸谱集》一书作序，赞扬他在艺术上一丝不苟和开拓创新精神。

1950 年 5 月，北京市文学艺术工作者代表大会在劳动人民文化宫开幕，老舍与欧阳予倩、李伯钊、王亚平、杨振声、连阔如、徐悲鸿、赵树理、尚小云、齐白石、俞平伯、罗常培等 38 人共同组成大会主席团。会上，老舍被推举为主席团主席，并致开幕词。之后，他又被推举为北京市文学艺术工作者联合会（即市文联）主席，这个职务他连选连任，一干就是 16 年，直到去世为止。

新中国建立以后，老舍的政治热情一直十分高涨，他热烈拥护中国共产党的领导，拥护社会主义制度，拥护人民政府，积极参加各种

老舍与在《青霞丹雪》中饰演冯丹雪的马连良合影。

老舍（一排右二）、胡絜青（一排左二）等与郝寿臣合影。

老舍在北京市文联成立大会上讲话。

社会活动，热心为人民服务，因而获得了广大人民群众的信任与爱戴。回国后不久，他就被选为北京市人民政府委员，后来又被选为第一、二、三届全国人民代表大会代表，并历任政务院文教委员会委员、中国人民政治协商会议全国委员会常务委员、全国文联副主席、中国作家协会副主席、中国民间文艺研究会副主席、北京市文联主席等职务。对于这些任职，老舍把它看作为人民服务的机会，尽心尽力，热忱工作。在担任北京市人民政府委员期间，他经常深入基层，体察一般居民的生活情况，了解他们的愿望与要求，并在市人民政府所召开的工作会议上反映。譬如关于如何解决居民住房问题、救济贫民问题，老舍就曾在市人民政府召开的工作会议上提出过相当具体的建议，而这些建议大都被采纳了。繁重的社会活动占去了老舍相当多的时间，一般情况下，他每天上午写作，下午办公、开会或从事其他社会活动，平均每天工作10小时以上。他的腿有毛病，经常拄着手杖参加会议或进行社会调查。

老舍是著名作家，却从来没有架子，因为他出身贫苦，和广大群众相处融洽，常常着眼一些旁人想不到的问题。

北京有一些盲艺人，沿街卖艺兼算命，生活清贫。新中国成立后，

1950年，文联主席老舍（左二）和副主席们（李伯钊、赵树理、梅兰芳）。

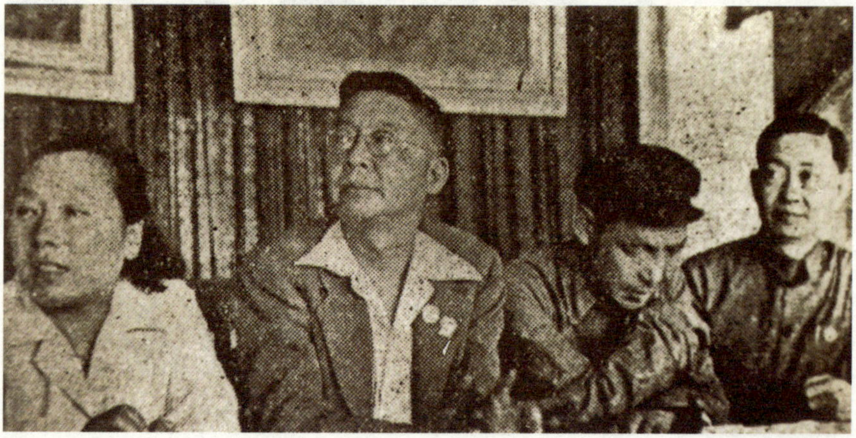

天桥开设戏曲界讲习班，并没有把这些流浪街头的盲艺人包括进去，他们的生计仍然没着落。老舍在街上遛弯的时候，经常遇到他们，在聊天中，发现他们也很愿意学习改造，于是就提议把这些盲艺人组织起来，使他们有一个维生之道。他还特意请盲艺人们到文联进行演出，表演绝活。后来，市文联和市文化处一起开办了一个“盲艺人讲习班”，地点就在迺兹府大街丰盛胡同南口的盲艺人公会，老舍家附近。在开学那天，老舍还去讲了话，之后经常过去看看，给盲艺人们讲讲课，或者聊聊天。结业之后，演奏技能较好的盲艺人们参加了乐队，剩下的几十人则在香山脚下开办了一个“盲艺人橡胶厂”。

北京有一座智化寺，是明朝太监王振的家庙，保存着明代时传入的佛乐，曲调空灵神秘，古朴典雅，大部分曲牌与明永乐二年（1404）编成的《诸佛世尊如来菩萨尊者名

1954年，在第一届全国人大第一次会议表决通过《中华人民共和国宪法》时，老舍跟在彭真身后去投票。

第一届全国人大北京代表团的几位代表，左起：华罗庚、老舍、梁思成、梅兰芳。

老舍（右）与赵树理（左）、王亚平（中）在自己家里讨论文联工作。

称歌曲》相同。由于智化寺具有太监寺院共同的封闭性，艺僧们按照十分严格的“口传心授”的方式代代传授，不与外界接触，明代进入的寺院音乐就相对完整地延续下来了——流传至今历经500年，仍然保存相对完整的明代遗风，堪称“中国音乐的活化石”。新中国建立后，寺庙里的和尚各谋生计，这“活化石”就没有了传承。1953年2月，北京市文学艺术工作者联合会在霞公府15号举行“京音乐”演奏会，到会的有丁西林、吴晗、老舍、赵树理、叶恭绰、巨赞法师等150人。老舍主持会议，由智化寺等9个寺庙16位僧人进行演奏。

随后，智化寺乐僧又应邀赴天津国立音乐学院演奏，专家们纷纷撰文介绍和评论。在中央音乐学院、北京三时学会和文界知名人士帮助下，乐僧们在广化寺成立了“北京音乐研究会”，一时间，佛教音乐研究达到高潮。

身为国内外知名作家的老舍，新中国成立后参与了很多外事活动。他作为代表出访捷克斯洛伐克、印度、苏联、日本等很多国家，并兼任中国人民对外文化协会常务理事、中国人民保卫世界和平委员会常务委员、中朝友好协会副会长等许多对外友好团体的职务，还在自己家里接待过数不清的外宾，上至国外党政领导人，下至普通留学生，为促进中国人民和世界各国人民的友

1954年，老舍（中坐右二）以副团长的身份随中国作家代表团出访印度时，在泰姬陵前合影。

1965 年，老舍（坐者左三）率中国作家代表团出访日本，与日本作家合影。

谊做出了很大贡献。

老舍为无党派人士，却是我党统一战线的有力支持者。鲜为人知的是，他作为满族的优秀代表，还曾受到一定重视。这话还得从清朝最后一个皇帝溥仪说起。

溥仪退位后，日本扶植他做了所谓“满洲国”的傀儡皇帝，因为溥仪无嗣，为了更进一步控制“满洲国”，又在日本皇族近亲里找了个女孩，嫁给溥仪的亲弟弟溥杰。溥杰和妻子嵯峨浩感情不错，生有 2 个女儿。1945 年第二次世界大战结束后，溥仪、溥杰都作为战犯被关押，嵯峨浩带着俩女儿辗转回到日本。1960 年后，溥仪、溥杰先后

1961 年，周总理接见溥仪、溥杰及家人，老舍（一排左二）、胡絜青（二排左四）作陪。

获得特赦，在周总理的关怀下，嵯峨浩和溥杰夫妻在北京团聚定居。周总理亲自出面接见嵯峨浩及她母亲、女儿，最后，周总理还和受邀请的陪客老舍胡絜青夫妇、嵯峨浩等人一起合影。

后来，溥仪写回忆录《我的前半生》时，稿子也是交给老舍代为润色。

安 家 乐 业

写稿有稿费，出书有版税，我不但不像解放前那样愁吃愁喝，而且有余钱去珍藏几张大画师齐白石老先生的小画，或买一两件残破而色彩仍然鲜丽可爱的康熙或乾隆时代的小瓶或小碗。在我的小屋里，我老有绘画与各色的磁器供我欣赏。

老舍《要热爱你的胡同》，作于1954年，载于老舍著《我热爱新北京》，北京出版社1979年初版。

老舍故居“丹柿小院”旧影。

在我的小院中，我有各种容易培植的花草。

——老舍《生活，学习，工作》

北京有条金街叫王府井，这条步行街的北端是灯市口。从灯市口往西 200 米，路北有一条幽静的小胡同——丰富胡同。胡同的 19 号是一座普通四合院，老舍 1949 年从美国回国后便买下了它，1950 年家人从重庆抵京后，全家迁入此院。那时候，这里的地址是迺兹府大街丰盛胡同 10 号，和他儿时上学的西城丰盛胡同重名。1965 年整顿地名时，改称丰富胡同。

大院大门坐西朝东，一进门是一座灰色砖影壁和两间南房。绕过影壁，北侧和西侧各有一扇门。从西侧门进去是一个小院，院中正房原来是老舍儿子居住。北侧二门内

1953 年，老舍一家人在院中合影。

便是院落的主体了。

二门前有一棵高大的香椿树，已有几十年了，每到春天，老舍家会用摘下来的香椿做成佳肴：直接凉拌，炸成老北京人最爱吃的香椿鱼儿，或炒鸡蛋。

进了二门，迎面便是一座现在北京已很少见的五彩木影壁，上面还贴着老舍夫人胡絜青亲笔题写的“福”字。绕过木影壁，整个院落一览无遗——这是一个三合院。3间正房，其中2间是客厅，这里曾聚集过许多中外文化名人，周总理也曾3次来过。客厅的陈设简朴温馨，客厅落地罩按老舍的喜好刷成了绿色，空中挂着吊兰，柜里放着陶俑、瓷器等小玩意。

这座小院已经有些年头了，刚搬进来时，正房的墙壁因为过于潮湿而浸出了一片印迹，老舍却风趣地说，这是一幅天然的山水画嘛！墙上是老舍陈设的画，他在世时会经常更换。这些字画承载着他许多文化界好友珍贵的情谊。

西耳房是老舍先生的卧室兼书房。床是硬木板床，有大理石装饰；书桌面对东门，书桌后是专门陈放书籍、画卷的大壁橱。老舍选择它作为书房，是因为这一间为全院中最安静之处，新中国成立后他的作品几乎都出自这个小书房。创作之余为缓解一下自己的工作节奏，老舍有时会在床边摆扑克牌玩儿。

院中3间东房是厨房和餐厅，3间西房是老舍女儿们的住房。

小院里，一年四季生机盎然，幽静雅致。北面两棵柿子树是老舍1953年亲手植下的，可谓是院中的灵魂。春天，它发出嫩芽，夏天，又绿荫满枝，到了深秋时节，红红

丹柿。

五彩木影壁。

于非闇《丹柿图》，1958。

在院内观鱼。

的柿子缀满枝头，静谧小院一下平添了蓬蓬勃勃的生气，因此胡絜青将这里命名为“丹柿小院”，把自己的画室也称为“双柿斋”。

于非闇曾以老舍家柿树为题，绘有《丹柿图》——晚年佳作之一。柿子熟了，老舍一家就将红彤彤的柿子作为礼物，馈送亲友。

在这个小院里，老舍的生活十分安宁。勤奋写作的闲暇，他依然保持着幼年时从母亲那里继承的生活方式，打扫房屋，照顾花草，把玩陶俑，观赏书画，看鱼逗猫。有时他也经常上街溜达，因为好些人都认得他，就会停下来，热情地向他问好、寒暄，一个接着一个：有的是街坊邻居，有的是故交老友，有的是弹琴唱戏的，有的是磨刀卖肉的，有的是三轮车夫，也有不少大学教授……不管是率直的磨刀师傅，还是儒雅的著名教授，老舍都是那样和善亲切，以诚相待。

老舍在赏玩陶俑。

老舍爱养花是出了名的，也正是在这个院中，他写下了一篇脍炙人口的散文《养花》，其中说道：

“我爱花，所以也爱养花。我可还没成为养花专家，因为没有工夫去作研究与试验。我只把养花当

抱着猫休息。

做生活中的一种乐趣，花开得大小好坏都不计较，只要开花，我就高兴。在我的小院中，到夏天，满是花草，小猫儿们只好上房去玩耍，地上没有它们的运动场。

“花虽多，但无奇花异草。珍贵的花草不易养活，看着一棵好花生病欲死是件难过的事。我不愿时时落泪。北京的气候，对养花来说，不算很好。冬天冷，春天多风，夏天不是干旱就是大雨倾盆；秋天最好，可是忽然会闹霜冻。在这种气候里，想把南方的好花养活，我还没有那么大的本事。因此，我只养些好种易活、自己会奋斗的花草。

“不过，尽管花草自己会奋斗，我若置之不理，任其自生自灭，它们多数还是会死了的。我得天天照管它们，像好朋友似的关切它们。一来二去，我摸着一些门道：有的喜阴，就别放在太阳地里，有的喜干，就别多浇水。这是个乐趣，摸住门道，花草养活了，而且三年五载老活着、开花，多么有意思呀！

“我不是有腿病吗，不但不利于行，也不利于久坐。我不知道花草们受我的照顾，感谢我不感谢；

休息时看看花草。

1950年，在院中荷花旁。

1954年，老舍夫妇在花丛前。

我可得感谢它们。在我工作的时候，我总是写了几十个字，就到院中去看看，浇浇这棵，搬搬那盆，然后回到屋中再写一点，然后再出去，如此循环，把脑力劳动与体力劳动结合到一起，有益身心，胜于吃药。……要是赶上狂风暴雨或天气突变哪，就得全家动员，抢救花草，十分紧张。几百盆花，都要很快地抢到屋里去，使人腰酸腿疼，热汗直流。第二天，天气好转，又得把花儿都搬出去，就又一次腰酸腿疼，热汗直流。可是，这多么有意思呀！不劳动，连棵花儿也养不活，这难道不是真理么？

“送牛奶的同志，进门就夸‘好香’！这使我们全家都感到骄傲。赶到昙花开放的时候，约几位朋友来看看，更有秉烛夜游的神气——昙花总在夜里放蕊。花儿分根了，一棵分为数棵，就赠给朋友们一些；看着友人拿走自己的劳动果实，心里自然特别喜欢。

“当然，也有伤心的时候，今年夏天就有这么一回。三百株菊秧还在地上（没到移入盆中的时候），下了暴雨。邻家的墙倒了下来，菊秧被砸死者约三十多种，一百多棵！全家都几天没有笑容！

“有喜有忧，有笑有泪，有花有实，有香有色，既须劳动，又长见识，这就是养花的乐趣。”

这不是一般的经验，而是一种豁达的心胸，日常生活的哲学态度——凡事都得劳动，有付出才有回报，养花的过程属于自己，绽放的花朵却属于所有看见花儿的人，养得好便送给朋友，快乐便超出了小院的范围。

胡絜青对菊花的观察与写生，更是细致入微，能够根据花叶的歧缺认定花瓣的形状，根据叶背的纹路认定花的颜色。老舍自谦不无道理，因为胡絜青可以算得上是名副其实的专家呢！菊花开时，满院画本，年年岁岁积累下来，胡絜青的菊花写生图就有几百幅，1997年5月出版的《百菊图》画谱，足足画了100种各有千秋的菊花。

老舍养花不为独享，花儿长得好，就要供大家看。自己的文章写得好，却不便向别人夸耀；夸矜自家养的花儿，那不犯忌。把“以文会友”改为“以花会友”，算是老舍独此一家的发明。将爱花和爱交朋友融为一体，邀朋友来看花，可比一个劲儿聊天更多一些趣味。

北京的秋天是黄金季节，凉凉的风，暖暖的日照，没有春日的大风与沙尘，也没有冰霜，天高气爽，花开得好，正是赏菊好时光。老舍在家中忙碌起来，请朋友来，整坛的绍兴黄酒，红艳艳的螃蟹，管够。饭厅就是菊花展厅，上百盆菊花高低错落，姿态各异，目不暇接。

冬日里，老舍、胡絜青给养的水仙晒太阳，也是一门技术，控制叶子不疯长，可以给花指定哪一天开放。春节时满室清香，充满雅趣。

另外的一个创意很别致：把萝卜切去一半，留上半截剜空，如碗倒置，植入白菜心，围绕着菜心，放一圈蒜瓣，吊在窗前晒太阳。不几日，萝卜头上的叶芽外圈叶儿绿，中心芽儿黄，翻转茎叶，昂然卷曲向上，白菜心嫩嫩的，一圈青青的蒜叶。外面满世界找不到绿意，走进老舍家门，就能看见数盆的清供，艺术化的人生便是如此吧。

老舍养花的过程与心境，和他对文艺界气候的感知相通。20世纪50年代和60年代，文艺政策像气候一样不断变化，不甚分明，这就难为了文学创作。老舍见过的最适宜养花的地方是广州，那儿是花城。1962年初春，他去广州开会，大开眼界，于是又谈起了养花。可是，这一回他不谈花事乐趣，却为花儿伤心抱屈：

“我爱花。因气候、水土等等关系，在北京养花，颇为不易。冬天冷，院里无法摆花，只好都搬到屋里来。每到冬季，我的屋里总是花比人多。形势逼人！屋中养花，有如笼中养鸟，即使用心调护，也养不出个样子来。除非特建花室，

叶浅予绘《老舍在花丛中》。

实在无法解决问题。我的小院里，又无隙地可建花室！

“一看到屋中那些半病的花草，我就立刻想起美丽的广州来。去年春节后，我不是到广州住了一个月吗？哎呀，真是了不起的好地方！人极热情，花似乎也热情！大街小巷，院里墙头，百花齐放，欢迎客人，真是‘交友看花在广州’啊！

“在广州，对着我的屋门便是一株象牙红，高与楼齐，盛开着一丛丛红艳夺目的花儿，而且经常有些很小的小鸟，钻进那朱红的小‘象牙’里，如蜂采蜜。真美！只要一有空儿，我便坐在阶前，看那些花与小鸟。在家里，我也有一棵象牙红，可是高不及三尺，而且是种在盆子里。它入秋即放假休息，入冬便睡大觉，且久久不醒，直到端阳左右，它才开几朵先天不足的小花，绝对没有那种秀气的小鸟作伴！现在，它正在屋角打盹，也许跟我一样，正想念它的故乡广东吧？

“春天到来，我的花草还是不易安排：早些移出去吧，怕风霜侵犯；不搬出去吧，又都发出细条嫩叶，很不健康。这种细条子不会长出花来。看着真令人焦心！

“好容易盼到夏天，花盆都运至院中，可还不完全顺利。院小，不透风，许多花儿便生了病。特别由南方来的那些，如白玉兰、栀子、茉莉、小金橘、茶花……也不怎么就叶落枝枯，悄悄死去。因此，我打定主意，在买来这些比较娇贵的花儿之时，就认为它们不能长寿，尽到我的心，而又不作幻想，以免枯死的时候落泪伤神。同时，也多种些叫它死也不肯死的花草，如夹竹桃之类，以期老有些花儿看。

“夏天，北京的阳光过暴，而且不下雨则已，一下就是倾盆倒海而来，势不可当，也不利于花草的生长。

“秋天较好。可是忽然一阵冷风，无法预防，娇嫩些的花儿就受了重伤。于是，全家动员，七手八脚，往屋里搬呀！各屋里都挤满了花盆，人们出来进去都须留神，以免绊倒！

“真羡慕广州的朋友们，院里院外，四季有花，而且是多么出色的花呀！白玉兰高达数丈，干子比我的腰还粗！英雄气概的木棉，昂首天外，开满大红花，何等气势！就连普通的花儿，四季海棠与绣球什么的，也特别壮实，叶茂花繁，花小而气魄不小！看，在冬天，窗外还有结实累累的木瓜呀！真没法儿比！一想起花木，也就更想念朋友们！朋友们，快作几首诗来吧，你们的环境是充满了诗意的呀！

“春节到了，朋友们，祝你们花好月圆人长寿，新春愉快，工作顺利！”

表面上说的是花事，其实是人事，更是文事。《春来忆广州》与《养花》虽然是姊妹篇，但一是“乐”境，一为“苦”境，前后相距7年，后者却多出了“形势逼人”的压迫感，“笼中养鸟”的不自由。养在家中的花儿要么“半病”、“先天不足”，要么“很不健康”而“令人焦心”。于是，老舍望天兴叹，尽心力而不作“幻想”。对于烈日暴雨无奈，对秋风更是防不胜防，花儿“重伤”，抢救的人还要留神，不小心会“绊倒”。老舍止不住去想象去年在广州领略的春风化雨、润物无声。老朋友梁实秋在海外读完《春来忆广州》，感到老舍“行文的气质，已由绚烂趋于平淡，但是有一缕惆怅悲哀的情绪流露在字里行间”。他只是不大能弄明白老舍的悲哀缘由。老舍在文章的最后祝愿朋友们，有多少朋友如他所愿？他祝朋友长寿，怎料得自己的寿限不过千日了！

老舍养花，他的养花文章真是一花一世界啊！花的世界中有老舍的精神世界，有中国当代文艺的曲笔春秋。老舍此时的心境与作为，连“戴着镣铐跳舞”都谈不上，大概是“戴着镣铐散步”吧。原本写了一部分的《正红旗下》也中途搁笔了。除了养花的爱好以外，老舍还打拳、喝茶、养猫、绘画、书法、古玩、相声、戏曲、起名字、交朋友。不过爱画、欣赏画、收藏画是老舍另一大爱好，他一生最喜爱的是国画，说自己“只喜欢中国画”。

新中国成立初期，美术作品市场已不复存在，从前靠卖画为生的老画家生活处境都非常窘迫。他们知道老舍爱画，便时常带着自己的画作登门讨教，老舍也不让他们失望，每次总要挑上一两张，并且当面付了钱。一来二去，老画家们成了老舍家中的常客。对那些不好意思登门求助的人，老舍逢年过节时让夫人去探望，送些钱给他们。可这样也不是办法，老舍思来想去，认为要解决这个问题就应该扩大国画的销路。于是，他提议并四处奔走，由市文联出资成立“北京中国画研究会”，开辟了“北京中国画社”，把老画家聚集一起，既能共同切磋绘画技艺，还能由“画社”负责销售作品。这样便解决了中国画的出路和画家的生活问题，也进一步推动了画家学习、改造，进行创作。在这基础上，老舍还找到周总理，向他建议成立中国画院，把画家都吸纳进来，创造条件，鼓励他们创作，以保护中国画的传承。最终，中国画院得以成立。

老舍和不少当代的大画家都是好朋友，像徐悲鸿、齐白石、于非闇、李可染、傅抱石、林风眠等，老舍收藏有他们许多画作，并在客厅的西墙上轮换展示。这些人中，老舍夫妇和齐白石老人的关系最值得一提。

老舍最喜欢齐白石的画。从20世纪30年代起，就时常向他求画，其中最早收藏的就是1933年向白石老人求得的一幅《雏鸡图》。画中十几只姿态各异的雏鸡，呼之欲出，十分可爱。这幅作品是齐白石的中

老舍（左一）、叶浅予等向齐白石（右二）贺寿。

期代表作，老舍爱不释手。老舍夫人胡絜青在抗战时期曾向白石老人求教，40 年代初，她获得了白石老人的一幅《虾蟹图》。1943 年北平沦陷，胡絜青带着 3 个孩子逃出了北平，这两幅画也卷在了铺盖中带到重庆。这两幅画被老舍挂在了北碚的书房里，不久在朋友们中间传开，还误以为老舍得了不少齐白石的画，发了大财，成为一桩笑谈。

新中国成立后，老舍夫妇与齐白石老人的交往更加密切，1951 年，胡絜青正式拜齐白石为师。老舍常常出一些诗句为题，请白石老人作画。有一次拟了两组画的诗句，第一组全是曼殊禅师的，“手摘红樱拜美人”代表春；“红莲礼白莲”代表夏；“芭蕉叶卷抱秋花”代表

胡絜青作为齐白石学生代致答词。

秋；“几株寒梅映雪红”代表冬，合在一起，成了一组四季花卉配诗画。齐白石一看，点头微笑，稍加思考提笔就画，轻松自如便交了卷，而且愉快地写上“老舍命予依句作画”或“应友人老舍命”的字样。第二组的两句为查初白的“蛙声十里出山泉”和赵秋谷的“凄迷灯火更宜秋”。里边有无形的声音，有动词，有距离，有时间，有地理环境，还有特定的情调，难度确实极大。齐白石足足憋了3天，最后超水平交了卷。四张画拿到老舍面前时，他的眼睛亮了。他知道自己得到了几张罕见的杰作。其中《蛙声十里出山泉》后来被公认为齐白石最优秀的作品之一，曾被印成邮票，流传于五洲四海。《凄迷灯火更宜秋》一幅，左上角两笔直线画了窗的一角，里面有一盏小油灯，火苗是红的，被吹得稍歪，由窗外飘来一橘黄色枫叶，慢慢地落到灯火的上方，窗下一片空白，竟占了全画的四分之三。右边是题词：“凄迷灯火更宜秋，赵秋谷句。老舍兄台爱此情调冷隽秀之作。齐白石画，亦喜为之。”在空白的下半部两侧，老人盖了5个红章，右二左三，小的很小，大的很大。构画之绝，令人倾倒。

蛙声十里出山泉。

胡絜青是那个时代为数不多的有大学学历的女知识分子，婚后也教书，一直从中学教到大学，有副教授的职称。

回到北京后，老舍希望她不要再外出工作了，一是主持家务，二

凄迷灯火更宜秋。▶

齐白石题字，胡絜青绘《藤萝》。▶

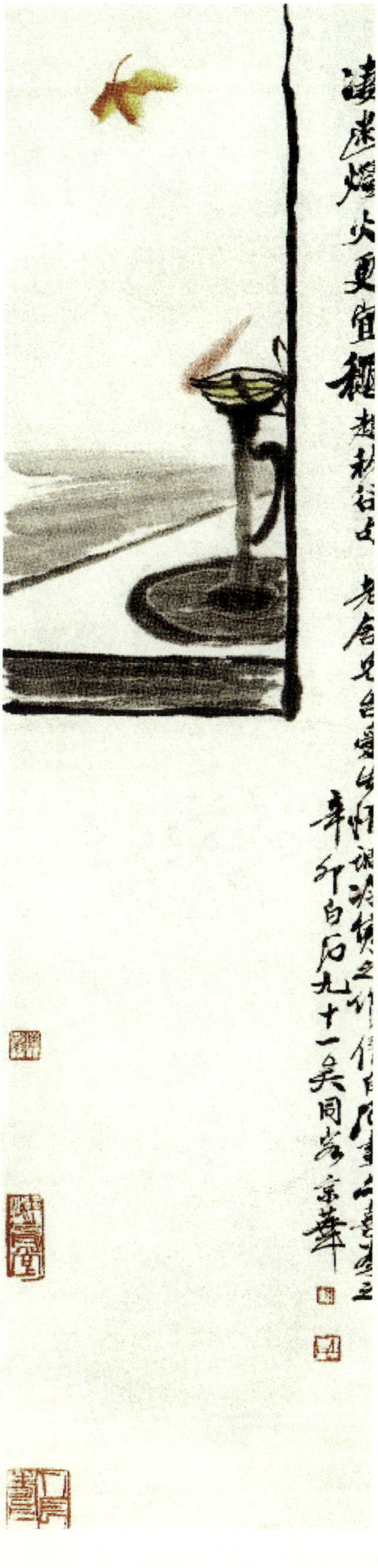

黎青
此幅乃黎青女史之作非寻常画手所为九十二白石题字

是帮他抄抄写写。胡絜青在家里待了一段时间后，时代的召唤让她再度萌生去外面工作的欲望，她便参加了妇女学习班，又参加了国画研习会，慢慢地接触了一批画家，对绘画产生了浓厚的兴趣。后来胡絜青拜齐白石为师，成了给他磕头的正式女徒弟。之后，她每星期定期去齐家两次正式学画。她的进步非常快，习作频频得到夸奖，很快就成了齐白石的得意门徒。胡絜青后来正式加入了北京中国画院，作品作为国礼赠送给越南主席。

齐白石有一个习惯，爱在徒弟们的习作画上题词，写些嘉奖鼓励的言语，胡絜青就经常携得这样的褒奖回家，不无得意地展示给老舍看，其中的一张《藤萝》习画上，齐白石有这样的题字：“此幅乃絜

齐白石题字，胡絜青绘《枯木寒鸦》。

齐白石题字，李可染绘《可染画牛》。

青女弟子之作，非寻常画手所为，九十二白石题字。”齐白石还应老舍要求，在他收藏的画作上题字。老舍也多次在胡絜青的画作上题字，留下许多珍贵的记忆。老舍一家和齐白石的交情越来越深厚。1953 年 1 月，在全国美术工作者协会和中央美术学院联合举办的齐白石 93 岁寿辰庆祝会上，老舍致辞，胡絜青作为白石老人的学生代致答词。

50 年代，在齐白石绘画展览会上，老舍高兴地留言：我最喜爱白石老人的画，看了这次的展览，我欣喜欲狂！ 1957 年齐白石去世后，老舍在《白石夫子千古》一文中，高度概括和赞扬了齐白石的艺术成就，盛赞他“热爱劳动、勤学苦练、富于创造精神”，认为他的“画、诗、书法与刻印都独具风格，自成一家”，“给国画增添了新的生命力量”。

2013 年，老舍子女将老舍胡絜青收藏的八幅齐白石应题佳作，捐献给了中国现代文学馆，另一部分拍卖，得款用于老舍文艺基金会、老舍文学奖和老舍纪念馆的维护。

除齐白石外，与老舍关系很密切的画家还有徐悲鸿、林风眠、黄宾虹、傅抱石、李可染等。老舍不仅喜欢观看画展、边看边评论，有时还发表文章，如老舍看了李可染的作品后说：李可染可以成为中国最伟大的画家之一。

老舍挂在壁上的画自不待说，而手中把玩画的境界也非一般人可比。作家碧野在夏天的文代会上问

老舍题字，胡絜青绘《朱砂梅》。

他后，才知道一个秘密："老舍每天用的折扇，扇面上的字画都不相同。一问，才知道老舍有一百把这样精致的折扇，字画都是出于名家之手，十分珍贵。他每天换用一把，既是凉风习习，使人神清气爽，又是艺术珍品，使人赏心悦目。他每年用一次扇子，一次一百天，整个夏季就过去了。老舍对这一百把折扇，视如珍宝。"这一百把折扇大概是个约数，往多处说，文代会后，老舍的扇子数目有可能增长；往少了讲，夏天用扇子，不慎随手丢掉的可能性是有的。老舍就丢过扇子，而且是非同一般的精品。

文协在重庆期间，老舍与张善孖相处熟悉了。善孖先生给老舍画了一张十分精致的扇面——秋山上立着一只工笔的黑虎。为这个扇面，老舍特意过江到荣宝斋——荣宝斋的人认为那是一幅杰作，花了 5 元钱，配了一副扇骨。另一面，老舍求丰子恺写了字。可惜，第一次拿出去便丢失在洋车上，老舍心中难过了好几天。

老舍的画家朋友有自幼交往的颜伯年，有在济南结交的桑子中、赵望云，有抗战中结识的傅抱石、丰子恺……他的藏画里，北方有徐悲鸿、齐白石、溥雪斋、于非闇、陈半丁、李可染、叶浅予，南方有傅抱右、黄宾虹、林风眠、丰子恺、关山月、关良。藏品中有他们的赠予，也有照规矩酬谢润笔的。老舍家的客厅经常举办微型画展，墙壁空间有限，每次展出不多，全是精品。老舍明白，藏画而不与行家共赏，等于"衣锦夜行"。来的若是真正懂行的朋友，那不啻观摩讨论会。老舍自己看画的感受是："我热爱国画。看见一张好的国画，不仅为个人的眼福而狂喜，而且感到一种民族的骄傲。"

作家朋友中，在老舍家客厅观画经历的记录就不少。汪曾祺夏天去老舍家，未曾看画，客厅里先就闻到一阵阵白杏的甜香味，一大盘白杏放在条案上，专为闻香而摆设的。茶香，果香，院中的花香，壁上的画更香，齐白石《红莲礼白莲》的夏日情趣，既在目前，又在鼻端，看得叫人心醉。茹志鹃看过老舍收藏的一幅墨牡丹，那是中国画的特殊变形，它变色，将紫色的牡丹浓缩凝练成黑色。她说："在生活中，我没见过黑牡丹，现在一见，发现它要比任何颜色的花更鲜艳，更强烈，更富有生气。那乌绒似的花瓣上，玉露还未干，甜甜的馨香，仿佛扑鼻而来。在一片啧啧赞声之中，我看了看站在画卷旁的老舍先生，他抚着手杖，依然是那样微笑着。但他脸上的每一根线条，都舒展得像天空中大雁的翅膀。我猜想，在他的内心，恐怕会比这微微的笑容，有着更多的欢喜。正像这墨画的牡丹，却蕴藏着比火更红、更奔放、更炽热的感情。"

臧克家比一般人去老舍家的次数更多，他记录老舍壁上的画，四时常新："他喜欢字画，他客房的西墙，等于一面'展览壁'，每次去，总是面貌不同，他给我讲解，这是谁的手笔，哪朝代，什么名家，使我增加不少知识。他珍藏了历代不少有名的字画，齐白石的名画三十余幅，都在他的手中，他的朋友中，名画家就有许多。"老舍家中历代字画收藏丰富，因为他喜欢逛画店，不时总能发现好的艺术品。即使买不着画，也会带些笔墨纸张和颜料回来，笑吟吟地递给胡絜青，支持夫人作画。

有一次，买到一副刘鹗的对子，裱工不好，且已破烂，即请来刘金涛让他重新装裱。老舍说画不容易得，让好好用水冲洗一下，别冲坏了。他把画包好，一再叮嘱可别丢了。重新装裱的书法拿来了，老舍看了很高兴，说是干净多了，旋即用库绢书写刘鹗对联内容送给刘金涛："今春得刘铁云书联，文曰：今既见心即见佛，子安知我不知鱼。抱残书联不多见，落笔简拙，有甲古文字气息。庚子端午，金涛同志正。老舍。"写完后用印，说不能打在绢上，要打在纸上，让他回去用糨糊粘在上边，并裱个边，装上小镜框。他说："挺有意思，小玩耍。"

老舍也并不总是拿画当私产收藏，他曾经托林斤澜带去一幅清代松小梦的画送给邓友梅，说是他的山东同乡所作，送给他挂在自己的房子里。给老舍推拿的刘世森开业，老舍特地送去一幅四尺中堂祝贺，画面上是万年青和瓶梅，胡絜青画，老舍题：新的花朵。

后来，老舍在刘金涛那儿看见一张黄永玉给齐白石贺寿的木刻画，便在上面题了"一代风流老画师"，引出一段佳话。刘金涛为著名的裱画工艺家，多与名书画家打交道，所以他和齐白石、老舍、胡絜青、黄永玉都很熟悉，都与这幅画有直接关系，并由此引出吴祖光的套叠故事来。

黄永玉为老人祝寿的木刻画只印有 4 张，送齐白石一张、刘金涛一张、郑可一张，自己留了一张并请白石老人给题字。"文革"过后，刘金涛将自己的一张还赠黄永玉，黄永玉看到画面上有老舍的题字，睹物思人，便又将画送给了胡絜青。他有感于画的流转，想起另一个与老舍有关的故事，便在画上加上一段跋语——吴祖光收藏的名画失而复得的故事。齐白石也曾给吴祖光作画，当然被吴祖光视若珍宝。1958 年初，吴祖光被送到北大荒改造去了，妻子新凤霞独自照顾老人与家庭，生活艰难，有画店来收购吴祖光的藏画，新凤霞忍痛出售。那些日子里，老舍每当与新凤霞见面，都鼓励识字不多的她每天写信，既学文化，又让祖光放心。

后来吴祖光从北大荒回来了。一天老舍在街上看见了他们，拉他们夫妇去丹柿小院。老舍拿出一幅画来，正是新凤霞卖给画店的那一

由老舍书写引首“一代风流老画师”，黄永玉“文革”后题跋回赠胡絜青的齐白石画像。

幅白石老人画的白玉兰。老舍说，在画店看见画轴签条上有吴祖光的名字，就买来了，现在归还。吴祖光问花了多少钱，老舍答道：“不用问。对不起你的是我没能把凤霞卖掉的画全部给你买回来。”吴祖光请老舍在画上题字，略叙流转过程，然后物归原主。

历经“文革”后，吴祖光偶然发现这幅画还在，但老舍的题字却霉烂了。不过，比起齐白石给冯至作的画还算是幸运的。冯至曾在老舍家中看到齐白石的命题作画，钦羡不已，问老舍能否请齐白石给他画一幅，老舍当时未置可否。几个月后，老舍去北京大学见冯至，腋下夹着一轴画，冯至打开一看，白石老人在三尺条幅上画了3个大小不一的藤黄色匏瓜。老舍说，他在现场看着老人作画，题款的时候，他说明求画者是什么人，白石老人一高兴，就添加上一个鲜红的甲虫，俗名“红娘子”，一个甲虫而使画值倍增。老舍又将画裱装好才送来。那是1955年的事，冯至将画挂了几个月，便珍藏起来，可是在“文革”中，画被红卫兵撕成了碎片。

这些，虽然都是艺术联系着的人情，却是一段打上鲜明政治烙印的20世纪50年代和60年代的文化史。老舍爱画，不是一般文人的附庸风雅，也不是因为有个画家妻子。赏画与他写书法、旧体诗一样，是对一个风云变幻的现实世界的逃避。赏画可以对话于古人，也可以商谈于今人，赏画是一种特殊的生命交流。老舍赏画还有另一层意义，他用文字来表现生命，就像唱戏用声腔表演传达生命，画家用线条、水墨与色彩来表达的道理一样。

老舍爱画，喜欢看画展，然后老老实实地说出自己的看法。他的画论，从在济南开始到抗战胜利前大有心得，跟踪画展，表达对现阶段中国画的深入思考，在中西比较中，更突出提升中国画的主体地位。

20世纪30年代的老舍论画，原出于朋友间的私谊，可一旦画册印刷出版，老舍的话便成了画论。实事求是地讲，《〈桑子中画集〉序》中论画的水平，不如他当时在大学里讲授的文学水平，但老舍是那种甫一接触便能抓住要害的人，他见多识广，学识渊深。英国五年与欧洲游历，读书而外的耳濡目染，已经为老舍建构起一个宽广的艺术参照体系，观察研究艺术的眼光就不仅仅依凭单纯的传统了。他把中国画线条的基本力量与简洁风格，和西画的色彩层次与构图，既加以区别又联系起来看。他看出桑子中的好处：“他会用许多颜色而显出暗淡来，暗淡可是深厚。暗淡是味儿，骨子里并不是空的。细看他的画使我明白了何谓深厚。……他的设色是以淡藏浓，他的笔道是更可怕——厉害得可怕，雄浑得可怕。他简直是‘写’呢。他的画是北方的冬山，棱角全露着。”正像中国小说的基本力量在于白话语言，小说内容着重人际关系一样，西方小说的深厚处是人的灵魂的深厚。移诸绘事，这种西方特点就在于颜色，桑子中得到了一些西画的精髓，结合着他源于传统的“写”的线条力量，已经融合了中西绘画的好处了。

看关友声的画，老舍说他可爱：“这是人格的美与艺术的美之调和，也就是艺术的陶冶与人格的修养之所以相成。”关友声的画和中国传统的山水诗一样，就是人与自然的合一，是一种古典美。

老舍20世纪40年代与傅抱石交往、50年代与齐白石交往，很幸运地与两位大师建立了友谊。舒乙曾在《北京晚报》撰文《个人藏画与日俱增》，其中重点介绍了傅抱石赠老舍的画作：“以《美人图》《洛神图》《浓阴读书图》和《山雨图》为最佳，都是傅先生在不同时期赠送来的，有的是为祝寿，有的是为欢送出国供‘伴随之用’，有的是只因多日不见，邮画寄思念之情。”“在《浓阴读书图》已经裱好的绫子上，傅抱石先生又补记了一篇跋记，有一百三十二字，占了整整一面绫边。……这张画记录了傅抱石重庆时代的生活。那时他住在重庆西郊金刚坡下，凡七载，高树之下一小房，好友常来此看他作画，甲申年挥汗作了此画，随身最久，常取出观看，引出一番回忆。1953年秋，傅先生来京，老舍忽说起此事，向他求画。傅抱石大受感动，回去就把这张珍藏托人带到北京，并加题了跋，说明始末根由，赠给了老舍。”

老舍与傅抱石年岁相近，在重庆他们有过作画与题诗的合作。抗战结束的时候，朋友们风流云散，赵清阁出川归沪，傅抱石和老舍一起送行，傅抱石将自己所作的《红梅扁舟图》赠送给女作家，老舍在画上题诗：“风雨八年晦，霜江万叶明，扁舟载酒去，河山无限情。”诗画合璧正好表现了眼前的情与景。

老舍谈论傅抱石的绘画，体现了他绘画美学的最高水平。老舍的《读画小记》首先强调的是中国画的特质，然后是技巧，最终是广泛吸收、自主创新的路径与方法，老舍眼中的傅抱石，代表了中国画的现代发展道路：

“看了傅抱石先生的绘画。有三点感想：

“（一）这是真正的中国画。按照中国绘事的传统，画中应常有诗。抱石先生的作品，每一张都是诗。不管他画的是山水，还是人物，他的笔并没老老实实的镂刻形象面貌，而是抒写在山水之间，或琴棋渔樵之中，所寻得的一些诗意。……于是，虽寥寥数笔，而趣味无穷——诗是百读不厌的。他的每一笔，每一墨点水晕，都仿佛像随便泼洒在那里的，可是由这些滴点线条所联成的画面却成为诗。……诗的灵感逼迫着他去作画，故能于尺寸之中得山水之奇气，写出诗人的胸襟。

“（二）他的技巧已被气魄给遮住……抱石先生惜墨如金，最善以最经济的手法，写极复杂的景色——不，不是景色，而是情调。……据我看，他已经完全把握住中国最特有的技巧，所以他敢放笔泼墨，用最高的技巧遮盖住技巧，如美人不待脂粉之助丽者……

“（三）……他的眼时时在留神着新的路径与方法。假若细心看，你可以看出他的构图取景与敷色，颇有些受到东洋画与西洋画的影响的地方。不信，你看看他的山林间的光线，美人背后的‘色幕”，和一些极大胆的设图，都可以找出一些来龙去脉。不过，在这些地方，他可永远是主人，而不是摹仿者。……不信，请把他的画与历代的佳作比一比，你不会发现他是谁的门徒——他的画中有了新的血脉，前无古人。同时，你又不能指出他的画不是纯粹的中国画——他把新的成分带手儿取来，控制在他自己的笔下，不许它们喧宾夺主啊。”

老舍诚实发表意见，不怕得罪朋友。他还著文《傅抱石先生的画》，将他和同时期的画家比，不是一般的论优劣，而是在比较中更进一步强调中国画在世界绘画中的独特价值。“傅先生的画……每一笔都像刀刻的。从中国画与中国字是同胞兄弟这一点上看，……为文为画的雕刻也永远是精胜于繁；简劲胜于浮冗。……我看傅先生所画的人物，便也有这种力量。他不仅仅要画出人物，而是要由这些人物表现出中国字与中国画的特殊的，和艺术中一般的，美的力量。他的画不是美的装饰，而是美的原动力。

“……赵望云先生以十数年的努力作到了把现代人物放到中国山水里面，而并不显得不调谐：这是很大的功绩！……他的笔太老实，没有像刀刻一般的力量……

“……子恺先生永远会抓到很好的题旨，所以他的画永远另有风趣，不落俗套。……他的笔相当的有力量，但是因为不分粗细，不分浓淡，而失去了绘画的线条之美。他能够力透纸背，而不能潇洒流动。也只注意了笔，而忽略了墨。再看关山月先生……关先生的笔是非常的泼辣，可是有时候失之粗犷。他能放，而不能敛。‘敛’才足以表现力量。……他的线条仿佛是专为绘形的，而缺乏着独立的美妙。……不少的致力于以西法改造中国画的先生们，也差不多犯了这个毛病。他们善用西画取景的方法设图而把真的山水人物描绘下来，可是他们的笔力很弱，所以只能叫我们看见一幅美好的景色，而不能教我们从一线一点之中找到自然之美与艺术之美的联结处；这个联结处才是使人沉醉的地方！

“……据我看，凡是有意改造中国绘画的都应当：第一，去把握到中国画的笔力，有此笔力，中国画才能永远与众不同，在全世界的绘事中保持住他特有的优越与崇高；第二，去下一番工夫学西洋画，有了中国画的笔力，和西洋画的基本技巧，我们才真能改造现时代的中国画艺。”

在这些人物中，老舍推崇李可染，但其基本原理仍然一贯：“论画人物，可染兄的作品恐怕要算国内最伟大的一位了。……他会运用中国画特有的线条简劲之美，而不去多用心衣服是哪一朝哪一代的。他把精神都留着画人物的脸眼。大体上说，中国画中人物的脸永远是在动的，像一块有眉有眼的木板，可染兄却极聪明地把西洋画中的人物表情法搬运到中国画里来，于是他的人物就活了……”

整个20世纪是中西艺术交会

的时代，如何从不同源流中创造中国的现代文化，创造现代的中国绘画艺术，老舍和画界同人一样，殚思竭虑。他从关良、李平、赵望云与关山月作品展中，总结了国画界面临的共同问题：“这四家的作品，都是既非中国画，也非西洋画。我管它们叫做新中国画。……这问题，不在乎应否把新旧中外揉在一块，而在乎保留什么旧的，采用什么新的。这也就是中国的文化人们日夜所思索的问题。”

1957年，为祝贺北京国画院成立，老舍对中国画与西画之间的关系又进一步阐述：“中国画也曾受过外来的影响……任何艺术一旦墨守成规，一成不变，它就会僵化、衰落。无论如何固执的艺术家，只要忠于艺术，便不可能不接受些外来的影响。……开了大门，影响自广；关上大门，则孤陋寡闻。”

接触、理解、把握了老舍的画论，就知道站在客厅的壁前展览藏画的，不是一个普通的爱好者，他对中国绘画发展的思考，比专业的画家还要深，还要精到。

人民艺术家

我热爱这个新社会。我渴望把自己所领悟到的赶紧告诉别人，使别人也有所领悟，也热爱这个新社会。政治热情激动了创作热情，我非写不可，不管我会写不会。

——老舍《生活，学习，工作》

老舍回到北京后，祖国翻天覆地的变化鼓舞着他的创作激情，在丹柿小院生活的那一段，是老舍文学创作最辉煌的时期和丰收期。共创作了24部戏剧、2部小说和大量的曲艺作品，以及散文、杂文诗歌，成为一位社会主义戏剧艺术的语言大师，受人尊重的人民艺术家。

他积极向组织靠拢，学习政策理论，用他的笔为政治服务。“1949年年尾，由国外回来，我首先找到了一部《毛泽东选集》。头一篇我读的是毛主席《在延安文艺座谈会上的讲话》。……我怎么办呢？是继续搞文艺呢，还是放弃它呢？……我对于工农兵，恰如毛主席所说的，缺乏接近，缺乏了解，缺乏研究，缺乏知心朋友，不善于描写他们。我真发了愁。毛主席提出了文艺服从于政治的道理。这又使我手足失措。……我以为，仗着一点小聪明和长时间的写作经验，我就可以安安稳稳的吃文艺饭。可是，毛主席告诉了我和类似我的人：你们错了，文艺应当服从政治！……毛主席告诉了我应当写什么，怎么写，和为谁写，我还不感谢么，还不拼命追随么？是的，我知道，我离着一个毛泽东思想的作家还很远很远。但是，我一定要按着毛主席所指示的一步一步地往前走，决不停止。在思想上，生活上，我还有不少的毛病，我要一一的矫正，好减轻负担，向前走得快一些。解放前我写过的东西，只能当作语文练习；今后我所写的东西，我希望，能成为学习了毛主席《在延安文艺座谈会上的讲话》以后的习作。只有这样，我才不会教‘老作家’的包袱阻挡住我的进步，才能虚心。”

时间流逝注定是人生的苦恼。中国知识分子的苦恼常常不是为自然生命的短暂，而是为不能主宰自己时间而苦恼。掌控与运用个人时间，若与更大的人群实现人类理想的努力相一致，那是个人生命与人类生命的和谐；现实常常是没有多少价值的体制组织形式的运作——它借堂皇的名义——主宰了个人富有创造的生命时间，那是现代社会的悲剧。活着而想有所作为者会力求实现其志愿与计划，时间与精力是人实现生命目标的前提，这二者在健康的基础上合二而一。老舍对此深有认识，他在纪念鲁迅逝世两周年时，有感而发：“一个人的精力与天才永远不能完全与他的志愿与计划相配合，人生最大的苦痛啊！只有明知这苦痛是越来越深，而杀上前去，以身殉志的，才是英雄。”

老舍和许多有志的知识分子一样，以延长工作时间来延长生命，20 世纪 50 年代，老舍一天要用 10 多个小时来应付不同的社会活动，即便这样，他也要保证自己的创作时间。他是穷人出身，所以他关心穷人。“祥子”当家做了主，“臭脚巡”也成了人民警察。好日子他想过，也盼过，可没想到来得这么快、这么彻底。真是天下大变！老舍欣喜万分，立即以空前的政治热情和旺盛的精力，投入到崭新的工作和生活中。

1950 年 5 月，他担任了北京市文联主席，7 月就创作了反映艺人新旧社会变化的话剧《方珍珠》，9 月又在他主编的《北京文艺》上发表了话剧《龙须沟》。这部话剧使他获得了北京市人民政府授予的“人民艺术家”光荣称号。总之，从抗战到新中国成立，老舍自觉响应时代与民族的召唤，在小说创作的鼎盛时期，转向了话剧艺术的天地。

他在中国话剧史上，虽不是先驱，却是功勋卓著的开拓者。其表现形式为，戏剧结构“事随人走”，创作视角“因小见大”，从而自成一家，独放异彩。从“表现人生的真实”出发，及时捕捉生活浪花，予以历史的观照，从而唱出了广大人民共同的心声。他广泛汲取中外戏剧的乳汁，不因沿而重创造，大胆探索“自己的”话剧之路。最终奉献出“自己的，同时也是世界的”珍品，“使中国话剧艺术在国际上焕发了夺目的光彩”，并对当今的戏剧创作仍然产生着深远影响，显示出无比强大的艺术生命力。

他回国后，写的第一个剧本是五幕话剧《方珍珠》。该剧从北京曲艺艺人生活的角度，描写了新旧社会对比，以歌颂党领导下的人民的翻身解放，歌颂如旭日初升一样的新中国，显示了老舍作为新生活的歌者的高涨热情。剧本的前三幕，写艺人在新中国成立前受压迫的苦难生活，它以主人公方珍珠的生活命运为中心，展开戏剧冲突；其布局合理，场面、事件、人物的穿插，均有自然而匀称的配置、严密的缝合以及较高的艺术水平。后两幕写艺人在新中国成立后翻身做主人的喜悦。这两幕戏在剧情的发展上离开了方珍珠这一中心人物，缺乏集中、统一的结构线索显得松散，影响了整个剧本的艺术完整性。《方珍珠》的前三幕，在题材、情节上与《鼓书艺人》有相近之处，剧中的主要人物多数可在《鼓书艺人》中找到他们的影子。破风筝与方宝庆，方珍珠与方秀莲，以及连姓名都没有变化的方太太、方大凤等，虽是两部作品中的人物，但性格都很相近，有的甚至完全一致。

龙须沟是天桥东边一条有名的臭沟。臭沟沿儿密密麻麻住满了卖力气的，要手艺的，穷途潦倒、形形色色的穷苦人。解放了，天变了。穷人翻身了，可臭沟的水照样咕嘟咕嘟地冒。1950年夏天，市政府把臭沟填平了，修了平整宽敞的大马路，沟变人变，龙须沟的老百姓这才真正过上了舒心的日子。老舍很感动。他虽然熟悉天桥，熟悉这条沟，更熟悉这儿的人。反映它总得有生活，而老舍先生又是老寒腿，走路不很方便，右手总是执着手杖，但他还是要实地去访问，看一看。

盛夏，他去了正在施工的龙须沟。骄阳之下，到处臭气熏天，烂泥遍地，挖下水道垒起的土占满了整个胡同。虽然大雨冲塌的房屋没修复，塌倒的墙壁上还带着水印，但龙须沟的居民又投入了紧张劳动，锁扣眼，接袖头，焊镜框。老舍不厌其烦地询问居民：这些活路总是能找到吗？做一件能挣多少钱？能养活几口人？要是弄脏、弄破又怎么赔人家？那些大妈大嫂们边做着活计边回答他，并绘声绘色地讲述：前几天的夜里一场大雨，她们是如何在屋里打着伞，蹲在炕上，把活计揣在怀里，直到天明的场景；要是房塌了，那就更糟，得举着伞跑到街上去。和老舍同去的年轻人很吃惊，为什么这样悲惨的经历，这些大妈大娘却这样坦然，甚至不以为然地带着嬉笑的口吻讲出来！老舍倒是习以为常，他曾在这样的环境里长大，很能了解他们。

正如他从前所说，“我自己是

龙须沟旧景。

修缮过的龙须沟。

寒苦出身，所以对苦人有很深的同情。我的职业虽然使我老在知识分子的圈子里转，可是我的朋友并不都是教授与学者。打拳的，卖唱的，洋车夫，也是我的朋友。与苦人们来往，我并不只和他们坐坐茶馆，偷偷的把他们的动作与谈论用小本儿记下来。我没作过那样的事。反之，在我与他们来往的时候，我并没有'处心积虑'的要观察什么的念头，而只是要交朋友。他们帮我的忙，我也帮他们的忙；他们来给我祝寿，我也去给他们贺喜，当他们生娃娃或要娶媳妇的时节。这样，我理会了他们的心态，而不是仅仅知道他们的生活状况。我所写的并不是他们里的任何一位，而是从他们之中，通过我的想象与组织，产生的某一种新事或某一个新人。"

通过这样的实地走访，加上那些已深深烙在头脑里的众多穷苦人朋友形象，老舍给我们塑造了一个逼真而又全新的"龙须沟"。

在众人的眼里，龙须沟是一条毫不起眼，满是垃圾的肮脏的沟渠，然而在老舍这儿，却成就了一部经典题材。他善于从城市里的小角落切入，反映社会现实的一个截面，《四世同堂》如此，《龙须沟》如此，后来的《茶馆》也如此。他倾尽心力，调动生活素材，塑造了程疯子、赵大爷、丁四、小妞子等，一个个住在破旧大杂院的男女老少，把人和沟的命运演绎得淋漓尽致，真切感人。公演的当年，就获得了极大成功。普通民众喜爱它，是因为该剧反映的是自己身边发生的事；文艺界行家接受这个戏，因为它写出了有血有肉有精神的人，如程疯子、程娘子、大妈、丁四嫂，是一个相当成功的独特戏剧。

该剧是20世纪中国的优秀剧

作。话剧展现了北京龙须沟旁一个大杂院内四户人家，在新中国成立前后翻天覆地的变化。剧中没有曲折的故事，没有激烈的冲突，只是“创造出了几个人物——每个人物有每个人物的性格、模样、思想、生活和他（或她）与龙须沟的关系”。场景集中在这个大杂院，院中四家人是同一社会群体，都是被压在底层的城市个体劳动者。在他们身上有老舍小说中的下层市民形象的浓重投影，甚至可以把他们看作祥子（《骆驼祥子》）、李四爷、小崔、孙七（《四世同堂》）、张二、张二嫂（《柳家大院》）等的生活继续。他们勤劳朴实，正直善良，有着中国劳动人民的传统美德。全院男女老幼都热爱劳动，就连9岁的小妞也知道帮着大人端盆、抬水。邻里之间互助友爱，亲如一家。二嘎子没钱买鱼缸，程疯子“解大衫”，二春拿票子争着为他还账。狗子逞凶要打程疯子，赵老头拿菜刀，四嫂唤丁四，全院人挺身而出，拼死护卫。但就这样有着金子一样心的好人，在旧中国却遭压迫、被剥削，还受到臭沟的祸害。沟里爬满蛆虫，赵老头年年“有活作的时候，偏发疟子”；沟水臭气熏天，丁四宁肯满北京转悠，也不愿回家；沟边泥泞无路，可爱的小妞子被夺去生命；沟旁恶霸横行，程疯子挨打受气，憋成疯病。而造成“臭沟，臭水，臭人，臭地”的原因，正如赵老头所说，是由于“作官的坏”，反动统治者只会搜刮钱财，不管人民死活。而在新中国，“有了清官’，“沟不臭，水又清，国泰民安享太平”。臭沟被填平，恶霸也大头朝下，龙须沟的人民终于彻底翻身。程疯子扬眉吐气，喜唱新书；赵老头不再得病，当上干部；丁四心情舒畅，回到家中；二嘎子不用担心滑到沟里，成为全家祖祖辈辈第一个读书人。通过以上大杂院平民百姓生活命运和精神面貌的巨大变化，唱出了“好政府，爱穷人”的赞歌。

该剧从龙须沟边上的平民获得自主生活，来透视民主政体下人们应该享有的生存方式。一方面是肯定与赞扬政府的努力，另一方面是欣喜平民享受现代民主政治。这个戏的材料来自当下改造龙须沟的一个市政工程，是人民政府改善民生的一个政绩，也是使周围居民生活得到改善的民心工程。通过文字的想象，把政党与政权的努力和民众的愿望完全一致起来，这个戏顺理成章地得到官方与民间的双向欢迎。因而，老舍从一个自由思想的作家自觉自愿地与新政权取得了和谐，北京市市长彭真代表人民政府授予他“人民艺术家”的奖状。

如今龙须沟已成为干净宽敞的

北京市文联的工作人员签名祝贺老舍获奖。

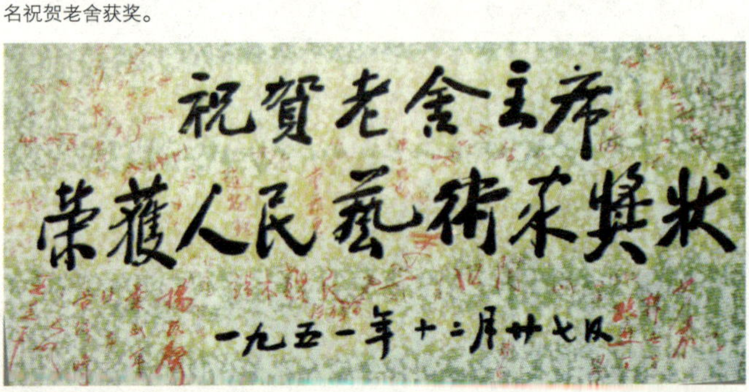

金鱼池小区，小区门外立有老舍塑像，小区内还有《龙须沟》中小姑娘“小妞子”手捧金鱼缸的塑像。

从这部戏的开始，老舍就喜欢和群众尽量多地接触。在他看来，多联系群众好处无穷，往往可以从一些小事发现新天地。

《龙须沟》也是老舍和北京人民艺术剧院结缘的开端。当时北京人艺刚刚建立，老舍写完《龙须沟》后，带着剧本上人艺给演员们读剧本。他首先介绍了这出戏的人物和主题，演员们大为困惑，就这么一个破破烂烂的大杂院，一条臭水沟，住户都是些潦倒的艺人、三轮车夫，以及缝缝补补的、卖香烟的之流，勉强有个瓦匠能算工人阶级的代表，这能成什么戏？又怎么能反映新时代？随后老舍一读剧本，演员们就被他深深吸引住了。他那亲切的北京话，朴实逼真的描写，生动简练的对话，以及对通俗曲艺的巧妙化用，让演员们个个激情满怀，跃跃欲试。很快《龙须沟》公演，轰动了整个北京城，甚至周总理也亲临剧场前来观看并和大家合影。

从此，老舍和人艺多次合作，排演了《龙须沟》《茶馆》《骆驼祥子》等，由老舍创作或由老舍作品改编的剧目，至今，《茶馆》仍是人艺的保留剧目，国内外上演数百场，风靡全球，很多观众一看再看。老舍不但为人艺提供了上演剧目，更促使人艺形成了与之相应的艺术风格，并且和焦菊隐、曹禺一样，被视为人艺的奠基人，迄今老舍的塑像一直立在人艺的大厅里。

老舍很欣赏人艺的演员于是之，为了演好《龙须沟》里的程疯子，他曾通过泡茶馆、找资料、找民间艺人聊天，以确定程疯子的出身背景及职业：旗人子弟，唱单弦

老舍 1952 年写作照，墙上挂着“人民艺术家”奖状。

金鱼池社区里的小妞子塑像。

首都剧场大厅里的老舍塑像。

的——清朝末年，许多单弦艺人都是家道中落的旗人，他们保存着旧时的生活习气，说起话来文绉绉的。之后更是为程疯子写了6000字的人物小传，终于把这个纸上人物演活了，使他有血有肉地立在了舞台上。后来，老舍为他题词：“努力如是

话剧《龙须沟》剧照。

之者，成功其庶几乎”，表达了对他的赞赏和肯定。

完成《龙须沟》之后，应宣传所需，老舍又写了大量的相声、鼓词、曲剧、歌剧、独幕话剧等通俗文艺，其中较为重要的是曲剧开篇之作《柳树井》。以宣传婚姻法为主题的《柳树井》，不仅北京上演，而且还在全国城乡广为流传，产生过较大的影响。“匆忙中写出的一个不很好的通俗小歌剧，《柳树井》在宣传婚姻法的时候，全国各地用各种民间的说唱形式上演了它。我不知道它究竟起了多大的作用，可是我知道它的确起了一些作用。这使我满意，满意我的小文章深入了民间，满意我能认识了为人民服务的重要。”

北京曲剧是唯一在北京这块土地上诞生的北京地方戏曲剧种——诞生于新中国成立后的50年代初，由魏喜奎为首的一代老艺术家创立的一个新兴的剧种，由单弦牌子曲及北方民间曲调发展而来，原称曲艺剧。《柳树井》的演出标志着这个剧种的诞生——在老舍的建议下，定名为曲剧（为区别河南曲剧，后改称为北京曲剧），并作为北京地方戏来进行曲剧剧种的艺术建设。《柳树井》演出成功所具有的意义，在于它突破了旧的形式，把各种成熟的曲艺综合在一起并搬上了戏剧舞台，推动了曲艺的改革，为曲艺的发展开创了一条全新的道路。对这次实践的总结，老舍认为，曲剧既保留了传统曲艺的很多优点，还克服了不少传统曲艺的缺点，群众容易听得懂也易于接受。但老舍也指出了这种新戏曲在刻画人物上存在的缺陷，应该多从传统戏曲中汲取一些经验。

《柳树井》各版本。

老舍在抗战时期就已开始研究各类曲艺形式，现在他更加关注曲艺的创新和发展，除创作了大量曲艺作品外，还参与了相声的改造、曲剧的创立等。至今为止，北京市曲剧团改编并上演了《骆驼祥子》《正红旗下》等多出老舍作品。

新中国成立后，老舍的主要精力仍然放在戏剧作品上，而且是有意识地转到话剧方面。他认为，戏剧由于其特有的感染力和对不论有无文化的观众的感化力，能给作者提供其他体裁所不能提供的广阔天地。老舍说，因为写剧本，他才有可能和广大观众交谈，假如他只写长篇或短篇小说，他就未必有这样的机会。这在戏剧非常普及的中国，尤其如此。他紧跟时事，不停创作。他写这些作品的目的仍在于宣传，

北京市曲剧团《骆驼祥子》剧照。

或向群众传达党和国家的一项具体政策，或专为讲述一个和群众的切身利益有关的生活道理，他力图把它们写得通俗、生动，使群众一看就懂，一听就明白。例如除上面提到的《龙须沟》《柳树井》，还创作了一批取材于时事的话剧，如反映“三反”“五反”的话剧《春华秋实》、反映首都建筑工人生活的《青年突击队》、反映“肃反”的话剧《西望长安》、“大跃进”背景下的《红大院》、纪念义和团运动60周年的《神拳》等。在抗美援朝时期，他还申请去前线体验生活，然后写了一部描绘“老秃山”战役的中篇小说《无名高地有了名》。

他是有成就的老作家，但他认为，老作家写这些通俗作品，既不“大材小用”，也不“失去身份”，他指出“只要文章能到人民的手，发生好的作用”，就不存在“损失作者的身份”这类问题。

老舍的《女店员》写于1959年。剧本通过对几个年轻妇女冲破旧思想的束缚，积极参加商业工作，创办妇女商店的生动描写，展示了新中国妇女崭新的精神面貌，表现了妇女为争取解放所迸发出的巨大力量。妇女解放是老舍在新中国成立后剧作的一个重要内容，《方珍珠》

《春华秋实》手稿及各版本。

1953年，老舍（后右四）随贺龙（前左四）赴朝鲜慰问

《龙须沟》《红大院》都涉及了这个问题。

老舍写妇女有一个特点，即很少写女知识分子或革命的女英雄，大都是普通劳动妇女或家庭妇女，老舍之所以特别关心她们的命运，是和他的经历密切相关的。老舍幼年丧父，母亲与姐姐在千辛万苦中把他抚养成人。在母亲与姐姐身上，老舍汲取了其优良品德，得到了温暖幸福的爱，同时也体会了旧中国妇女的深重苦痛。新中国成立以后，老舍目睹了新中国妇女的成长、变化，感触极为深刻。他说："在我的剧本中，我写出许多妇女的形象。在旧社会里，一般的人民都很苦，妇女特别苦。在新社会里，首先叫我受到极大感动的就是妇女地位的提高。从一个欢欢喜喜地去工作的媳妇或姑娘身上，我看见了人与人的关系的大变化。男女平等了。我不能不歌颂这个大变化！"

《方珍珠》和《龙须沟》主要表现了新旧社会更替时妇女政治地位的变化，《女店员》则主要写妇女冲破旧思想的束缚之后，思想与精神面貌所发生的巨大变化。

老舍身兼许多职务，比抗战时期在重庆主持文协时还要忙碌。即使这样，他依然以饱满的热情和无穷的毅力投入创作之中。他是建国后少有的仍有大量作品问世的老作家，为讴歌社会主义，赞美新中国呕心沥血，耗尽精力。他能取得这样丰硕的成果，正如老舍自己所说："只要是人民需要的，我就肯写。"

为人民的需要而写作，是他创作劳动的出发点。他写话剧，写小说，写相声，写论文，写杂感，都秉承这一原则。虽然有些作品和文章，受客观历史条件的局限和当时社会思潮的影响，为应景之需，没有达到尽善尽美，然而作为新时代的讴歌者，他的憎与爱，他的激情，他的热忱，都是与人民息息相通的。

1959 年 3 月 8 日，周恩来（二排左四）观看《女店员》后与老舍（二排右三）、导演、演员等合影。

1956 年创作的三幕话剧《茶馆》，则是老舍创作生涯的另一个高峰，也是我国话剧发展史上的一座里程碑。1958 年 3 月，该剧由北京人民艺术剧院首演，取得了巨大成功。从此，《茶馆》经久不衰，成为北京人民艺术剧院的保留剧目，在世界各地演出超过 600 场，产生了广泛而深远的影响。

该剧不仅是老舍的代表作之一，而且是轰动世界剧坛的优秀作品。它由老舍编剧，焦菊隐、夏淳导演，无论是场面调度的设计、人物的亮相，还是人物语言的节奏处理、韵味要求，《茶馆》都化用了传统戏曲的方法，使"话剧民族化"

《茶馆》手稿。

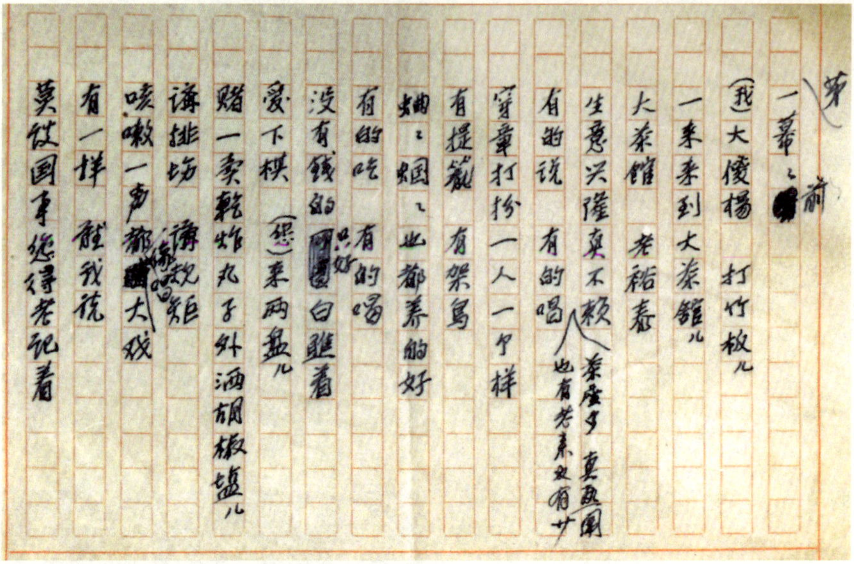

第一幕前

(我)大傻杨 打竹板儿

一来来到大茶馆儿

大茶馆 老裕泰

生意兴隆真不赖 茶座多 真热闹 也有老来也有少

有的说 有的唱

穿章打扮一人一个样

有提笼 有架鸟

蛐蛐蝈蝈也都养的好

有的吃 有的喝

没有钱的只好白瞧着

爱下棋 (恐)来两盘儿

赌一卖糖炸丸子外洒胡椒盐儿

讲排场 讲规矩

咳嗽一声都象唱大戏

有一样 请我说

莫谈国事您得老记着

话剧《茶馆》剧照。

的发展达到新高度，标志着中国话剧的中国化，创造了“东方舞台上的奇迹”。也实现了周总理对话剧艺术“要重视民族艺术的优良传统，要向民族戏曲学习”的要求，成为创建话剧“中国学派”的典范。

话剧反映了北京老裕泰大茶馆半个世纪的生活变迁。剧中的三幕之间相对独立，彼此相隔20年左右，虽然人物带有极大的流动性，前后上场70多人，但却“使观众既看见了各色的人，也顺带着看见了那个时代的面貌”。场景集中在大茶馆，“一个大茶馆就是一个小社会”，这里会聚了三教九流，各色人物，联系他们的是时代，操纵他们命运的也是时代，他们的兴衰沉浮演绎了一部流动的中国现代史。

全剧正面所贯穿的人物都穷途末路。茶馆掌柜王利发，精明干练，圆滑世故，可最后“改良！改良！越改越凉，冰凉！”祖传茶馆被占，他也被迫自杀；茶馆房东秦仲义血气方刚，胆识超群，不惜变卖家产，“实业救国”，结果工厂被拆，沦为穷光蛋；旗籍茶客常四爷善良正直，好打抱不平，“只盼国家像个样儿”，却饱尝铁窗之苦，穷愁潦倒。他们的悲剧不是个人原因造成，皆是时代使然。全剧的反面人物都飞黄腾达。人贩刘麻子心狠手辣，阴险刻毒，他的儿子小刘麻子却“如鱼得水”，发展为“花化联合公司”，要包办所有的姑娘；相面的唐铁嘴好逸恶劳，坑蒙拐骗，他的儿子小唐铁嘴又“发扬光大”，竟当上了天师；打手二德子趋炎附势，横行霸道，他的儿子小二德子继承父业，靠抡拳头，竟然上了大学。这些社会蛀虫之所以飞黄腾达，也不是由于个人才干超群，而是时代使他们应运而生。所以，旧时代是个未出场的人物，它虽躲在幕后，却操纵和决定着所有人物的命运。

老舍是当代语言艺术的大师，他的小说和话剧，都具有自己独特的语言风格。《茶馆》是老舍后期的代表作，其语言艺术更是到了炉火纯青而又无与伦比的境界。

其一，是性格化。

如同《龙须沟》一样，《茶馆》中的对话，都是“人物自己应该说的语言”，这就使人物之间的性格区别非常鲜明。戏开始时，松二爷、常四爷和二德子的一段对话：

松二爷　好象又有事儿？

常四爷　反正打不起来！要真打的话，早到城外头去啦；到茶馆来干吗？

二德子　（凑过去）你这是对谁甩闲话呢？

常四爷　（不肯示弱）你问我哪？花钱喝茶，难道还叫谁管着吗？

松二爷　（打量了二德子一番）我说这位爷，你是营里当差的吧？来，坐下喝一碗，我们也都是外场人。

二德子　你管我当差不当差呢！

常四爷　要抖威风，跟洋人干去，洋人厉害！英法联军烧了圆明园，尊家吃着官饷，可没见你去冲锋打仗！

二德子　甭说打洋人不打，我先管教管教你！

这是一场小小的冲突，每个人不过讲了两三句话，但是三个人的语言，彼此有极为鲜明的差异。松二爷的话平稳，周详；常四爷的话硬邦，有一股倔劲儿；二德子的话难听，又臭又硬，带有无赖气。他们讲的话，都是各自应该说的语言，因而鲜明地显示了三个人的不同性格：松二爷软弱，胆小怕事；常四爷刚性，正直不阿；二德子霸道，蛮横不讲理。

需要指出的是，《茶馆》中的每一句台词，都不是只表达思想的、静止而又刻板的念白。而是来源于动作并显示着动作，可以说，剧作家把刻画人物性格的对话与动作，这两个基本手段巧妙地统在一起了。这里的动作，不单是指人物的外部动作，也包括人物的内心动作。言为心声，语言是人的内在感情的一种外在表现形态。可以说，对话所显示的动作性，主要还是人物的内心动作。再来看第一幕里的一个片断。农民康六为生活所迫，要把女儿卖掉，和人贩子的刘麻子展开了一场揪心的“谈判”。

刘麻子先开口：“说说吧，十两银子行不行？你说干脆的！我忙，没工夫专伺候你！”刘麻子单刀直入，一开始就提出了价码，因为在他看来，和这个破产农民打交道，用不着绕弯子。他逼迫康六尽快成交，并用“没工夫伺候你”来威胁，因为他深知康六的处境与弱点。

康六说：“刘爷！十五岁的大姑娘，就值十两银子吗？”康六的话比较低缓，似乎只愿多得到一些银子。其实，可以想见，作为一个老实农民，他忍心卖女，必是经过了激烈的内心痛苦，生活已逼得他走投无路了，此时的他也只好以表面上的平静压制内心的痛苦。

刘麻子接着说：“卖到窑子去，也许多拿一两八钱的，可是你又不肯！”此言可见刘麻子的狠毒。其狠毒不只表现在用这样刺人伤痛的话，反驳老实的康六，还在于他非常自信自己所讲的“理”，可以想象，他的神情是很得意的。

康六的回答：“那是我的亲女儿！我能够……”刘麻子的话确实刺痛了康六的心，他不像开始那样平静了，他似乎想哭诉自己的遭遇，却又控制住了自己的感情。作家让他欲言又止，实是以静显动，更可显示康六内心深处的感情波涛。

心狠手辣的刘麻子进一步追逼：“有女儿，你可养活不起，这怪谁呢？”康六经不起刘麻子的再三戳刺了，他说：“那不是因为乡下种地的都没法子混了吗？一家大小要是一天能吃上一顿粥，我要还想卖女儿，我就不是人！”这既是为自己辩解，更是对黑暗现实的控诉。康六本不想讲这些话的，因为不管怎么说，卖女儿总是一件见不得人的事情，但是刘麻子逼得他不得不说。

刘麻子无法反驳，只好说：“那是你们乡下的事，我管不着。我受你之托，教你不吃亏，又教你女儿

老舍题字，叶浅予绘的《茶馆》人物速写。

有个吃饱饭的地方，这还不好吗？”康六的激动，反倒让刘麻子不得不平静下来，他觉得需要向康六讲几句软话了，以便尽快结束这场交易。于是摆出一副替康六着想的架势，尽力使康六相信，他是在为康六做一件好事。

刘麻子有自己的世界观，他不以贩卖人口为缺德，反以为荣，他越是标榜自己做了一桩好事，则越发证明他做的坏事又增加一笔。在这一场戏里，康六的老实、善良，刘麻子的狠毒、奸诈，都刻画得很鲜明。通过这些对话，似乎可以触摸到人物的存在，让人不仅可以想见他们的活灵活现的神色，而且可以窥见他们的内心。老舍主张，剧作家必须能使人物“说出掏心窝子的话来”。

其二，是将人物与环境融合，简洁中包含较大的容量。

前面所引的刘麻子与康六的谈判，既是对人物性格的展示，又是对社会环境的透视。通过这段对话，不光认识了康六的老实和刘麻子的狠毒，而且还对当时农村的破产、人民的饥馑有了切身的感受，而刘麻子一类社会渣滓自鸣得意、如鱼得水般的自在，更加重了弥漫在整个生活画面上的阴冷、凄凉的气氛。再来看庞太监与秦仲义的一场微妙的“舌战”：

秦仲义　庞老爷！这两天您心里安顿了吧？

庞太监　那还用说吗？天下太平了：圣旨下来，谭嗣同问斩！告诉您，谁敢改祖宗的章程，谁就掉脑袋！

秦仲义　我早就知道！

庞太监　您聪明，二爷，要不然您怎么发财呢？

秦仲义　我那点财产，不值一提！

庞太监　太客气了吧？您看，全北京城谁不知道秦二爷！您比作官的还厉害呢！听说呀，好些财主都讲维新！

秦仲义　不能这么说，我那点威风在您的面前就施展不出来了！哈哈哈！

庞太监　说得好！咱们就八仙过海，各显其能吧！哈哈哈！

一方是当今朝廷的要人，一方是财大气粗的新兴资本家，一个要借维新运动的失败，试图杀一杀对方的威风，以显示自己是胜利者，一个则不卑不亢，话里有刀，表面的奉承、谦和中，分明显露着对对手的不敬，显露着继续较量的勇气。这不是什么正面的政治斗争，只不过是在邂逅之时，两人逗嘴皮子而已。然而，老舍把两个人的政治态度、性格特征，写得惟妙惟肖，十分逼真。它不光“传”了人物的思想、性格之“神”，也“传”了社会环境之“神”。从两个人的对话中，不难觉察当时社会政治形势正在变动之中：维新派领袖被杀头了，顽固派重新又猖獗；维新派暂时失利，但是坚持维新立场的人，并不甘心退出政治舞台。作家通过人物之间的几段平平常常的对话，真实地揭示了如此复杂的社会面貌，这种既写人又写事，能够把对话和人物性格刻画、社会环境描写有机结合在一起，真可谓是以一当十，非大手笔不可为。

其三，是幽默。

《茶馆》的幽默是同对旧社会和反动人物的讽刺联系在一起的。老舍曾经说，穷，使他好骂世，但是他的笑骂，“又不赶尽杀绝”。这就看出，他不赞成把讽刺搞得太直、太露，而主张用语要委婉含蓄一些，以便给读者留有回味和思考的余地。这样就产生了幽默。《茶馆》语言的幽默也是融合了人物的行动，一起传达给读者的。二者的结合，往往能够创造出令人发笑而又耐人寻味的讽刺场面。

第二幕里，有这样一个细节：宋恩子和吴祥子进茶馆之后，松二爷认出了这两个老式特务，赶紧上去请安，王利发受了感染，也上前请安，宋、吴二人愣住了，于是有下面的对话：

宋恩子　这是怎么啦？民国好几年了，怎么还请安？你们不会鞠躬吗？

松二爷　我看见您二位的灰大褂呀，就想起了前清的事儿！不能不请安！

王利发　我也这样！我觉得请安比鞠躬更过瘾！

宋恩子、吴祥子的“灰大褂”，不仅没有因清王朝的灭亡而脱掉，反而在民国的统治下成了铁饭碗，这本身就是极富讽刺意味的，松二爷、王利发以清朝的礼节待他们，更加强了事物原有的讽刺性。老舍进而又让松二爷和王利发，以诙谐、风趣的语言来回答宋恩子问题，更不能不令人会心一笑。通过一笑，不仅使读者或观众得到一次美感享受，而且经过回味可以使人明白一个道理：原来这两个黑暗时代有着内在延续性。可见老舍的幽默所产生的讽刺效果是强烈而又严肃的。

作家不只把幽默的语言赋予他所同情或支持的人物，有时也赋予他所否定或憎恶的人物。唐铁嘴、刘麻子、黄胖子、小二德子、小唐铁嘴、小刘麻子，甚至那个只露面一次，老把“好”说成“蒿”的沈处长，作家在刻画他们时，一方面注重语言的个性化，一方面又竭力使其语言生动而可笑，让读者或观众在笑声中，感到这批社会渣滓的可恶、可憎，领略幽默背后所显示出来的埋葬旧时代的严肃主题。唐铁嘴说“大英帝国的烟，日本的‘白面儿’，两大强国侍候着我一个人”，逼真地暴露了他的无耻嘴脸，而且到了令人可笑的地步。这种笑是对这个丑恶、肮脏，完全丧失了自尊的民族败类的冷嘲与否定。之后，细一琢磨，又会使人从内心涌起一股苦痛，感到“那时代帝国主义是多么狠毒，既拿走我们的钱，还要我们的命”。这说明，老舍赋予反派人物的语言以幽默感，也是为了表达某种严肃的思想或内容。

以幽默的语言表达严肃的内容，寓庄于谐，是一种很高的美学境界。

老舍运用语言的高超与美妙，自然有赖于他杰出的才能，但起决定作用的，还是他熟悉他所写的生活，并能运用先进的世界观，对生活进行科学的深入的分析，从而取得独具慧眼的认识。

话剧《茶馆》在赢得国内外观众和专家赞誉的同时，《茶馆》的创作历程也颇有令人深思之处。纵观老舍写戏大都与一定的形势任务分不开，新中国建立后，这一点更明显。1957 年初，他本想写一部宣传关于宪法和民主选举的戏，于是想起光绪年间戊戌变法的事，打哪儿开头呢？他想起了他熟悉的人来人往、人声嘈杂的大茶馆——那正好是个小社会。老舍就以清末京城一个大茶馆开头，茶馆里各色人物粉墨登场。他照例把写好的第一幕念给人艺的导演和演员听，大家十分兴奋和激动，催着老舍赶快把戏写完。不过大家建议：就照茶馆的路子往下写，写京城里一个大茶馆五十年的变迁，反映这五十年中国社会的大动荡、大改组、大变化，小中见大，写成一部史诗式的大戏。

1958 年 3 月，老舍在北京人民艺术剧院朗诵《茶馆》剧本。

老舍采纳了大家的意见，所以才有了今天所看到的《茶馆》。他说自己太熟悉茶馆里的这些人物了，甚至可以给他们每个人批八字，所以剧本写起来很顺利，全剧的人物、对话、结构浑然一体，精彩纷呈。

在《答复有关〈茶馆〉的几个问题》一文中，老舍借回答读者、观众问题之机，对《茶馆》的创作进行了一次总结。他谈了写戏的目的，也谈到了《茶馆》在艺术构思、人物安排、剧情设计等。其中有一段话：“有人认为此剧的故事性不强，并且建议：用康顺子的遭遇和康大力的参加革命为主，去发展剧情，可能比我写的更象戏剧。我感谢这种建议，可是不能采用。因为那么一来，我的葬送三个时代的目的就难达到了。抱住一件事去发展，恐怕茶馆不等被人霸占就已垮台了。我的写法多少有点新的尝试，没完全叫老套子捆住。”

《茶馆》在 1958 年首次演出之后，就有人提出了所谓“缺少红

1963年，《茶馆》再次上演后，老舍与北京人民艺术剧院导演、演员座谈，前排右起：焦菊隐、老舍、夏淳、童超、英若诚、于是之、方瑄德。

线”的问题，于是就有老舍在文章中所谈到的那种建议。建议自然出于好意，但是并不可取。当时，文艺思想领域里的“左”的思潮，已经开始盛行，在那种气氛下很难进行反驳，也不大容易说服他们的。但是老舍却公开作了答复，明确表示了自己的态度。历史证明，老舍的态度是正确的。

老舍在答复那种建议时，是很讲道理的。他讲了两个很重要的观点：一是剧情的安排，不应当脱离特定的主题。《茶馆》的主题是“葬送三个时代”，如果沿着康顺子的遭遇和康大力参加革命的线索去发展剧情，固然也可以写戏，但就不是现在的主题了。二是艺术要创新，不能“叫老套子捆住”。

老舍说的“新的尝试”，体现在《茶馆》的创作中，就是题材选择问题。所谓“没完全叫老套子捆住”，也主要指突破了题材问题上一些成文的或不成文的束缚。众所周知，题材的选择是密切联系着作家的风格，作家的艺术特长和创作个性的发挥。老舍说：“作家总是选择与他的创作风格一致的题材来写。我就写不出斗争比较强烈的戏。因为天性不是爱打架的人，而且又没有参加过革命斗争。”从老舍的风趣、诙谐的说法中，可以看出他是从自己的创作个性和生活经历两个方面来确定自己应当写什么，不应当写什么的。《茶馆》所以取得成功，在于老舍熟悉他所写的生活，熟悉他所写的人物，熟悉人物活动于其中的社会环境。

老舍是著名的“北京通”，对旧时代的北京社会，尤其是对北京市民生活，有极为透彻的了解。早在抗日战争时期，他就说过：“我生在北平，那里的人、事、风景、味道，和卖酸梅汤、杏儿茶的吆喝的声音，我全熟悉。一闭眼我的北平就完整的，象一张色彩鲜明的图画浮立在我的心中。我敢放胆的描画它。它是条清溪，我每一探手，就摸上条活泼泼的鱼儿来。”正因为有雄厚的生活积累作后盾，所以老舍在《茶馆》的艺术构思上，也进行了一些“新的尝试”。

这些尝试包括：他把中国近代社会五十年的历史变迁，集中概括在短短的三幕戏中，而且通过简洁、生动地勾画，能使观众领略旧中国半封建半殖民地病态社会的清晰发展轮廓；他把戏剧场面巧妙地安排在一个茶馆里，使众多的人物在这个“小社会”里离合、纠葛、衍化，以他们各自独特的命运，反映社会的变迁。老舍没有正面去写政治问题，然而各类人物的命运，以及茶馆在外部布置上的改变，无不从侧面透露出一些政治蕴涵。这既写了政治，又避免了说教，而且通过逼真的戏剧场面和人物的活动，勾勒了栩栩如生的民族生活的风俗画；在结构上，他没有安排贯穿始终的中心事件，也不重故事性，而是把重点放在人物上，并且不是写一个人，而是写众多人物的命运及其相互关系。一个接一个的小故事，一个接一个的生活片断，看起来似乎松散，却在葬送三个时代的主题制约下，产生了相互之间的内在联系，从而构成了"形散神不散"的独特而又完整的艺术结构。所有这些尝试，的确没完全叫老套子捆住，显示了老舍的艺术创新精神。

《茶馆》的艺术创新丰富了话剧的艺术表现力，从题材选择、人物刻画以至语言、技巧等方面，它都提供了可供借鉴的宝贵经验，可以毫不夸张地说，在我国现代话剧艺术发展史上，《茶馆》是为数不多的能够承上启下，开辟一个艺术新时代的代表性作品之一。《茶馆》演出后，周总理很喜欢，支持公演，称赞这是一部了解旧社会的好教材，一出艺术上了不起的好作品！

可也有人反对，认为《茶馆》这部戏没有革命红线贯穿，太灰太暗，戏里的人物一代不如一代，有毒！作者有怀旧情绪，思想反动！演了两期，观众欢迎，剧院紧张。

除了写戏，老舍在繁忙的政务、业务、外事的工作间歇，还写点短的小的"豆腐块"，反正"不偷懒"。他又把夭折了的《小人物自述》捡起来，认认真真地想写一部他自己的他这个民族的他那一代人的故事，重返自述题材，开始创作长篇小说《正红旗下》。他生于乱世，又出自一个贫苦的满族家庭，这一特殊的视点，为他写作《正红旗下》提供了史诗般的丰厚内涵和全景式的大场面，其规模厚重肯定不亚于《四世同堂》。

然而，1962年批判长篇小说《刘志丹》，其罪名是"写小说反党是一大发明"。接着极左跟风而上，1963年初，一些人大肆鼓吹"大写三十年"，批昆曲《李慧娘》，罗织文网，罪及无辜。文联开始整风。老舍只得束手搁笔，哪里还敢书写《正红旗下》？

太平湖水

我过去认为他是人民艺术家，现在我还认为他是人民艺术家。我永远认为他是人民艺术家！

——彭真《文艺要表现人民》

1963—1966年，老舍的创作出现了前所未有的低产期。"劳动模范"被迫停止了笔耕。4年的时间，他几乎没有发表一篇有分量的作品，自从20年代《老张的哲学》问世以后，在老舍近40年的创作生涯中，还未曾出现过这样的状况！他迷惑不解，对于这位正直、热情、忠于祖国和人民的作家来说，最大的痛

1964年的老舍。

求随文艺工作队下乡，却不被批准。他好像预感到了什么，又不敢相信。

1966年春，他实在无法在城里待下去了，便一个人带着行李，到北京顺义县陈各庄大队去宣传科学养猪，写了个快板《陈各庄上养猪多》，发表在《北京文艺》上。谁能想到，这竟是老舍生前发表的最后一篇作品。

现在的老舍生活，告别了过去日不停息的写作，闲下来了。只好将时间分了些给他喜爱的花草，以及收藏字画和小玩意儿，不料，这种生活习惯“单凭这种对鲜花的爱好，在某个时期就可以被戴上资产阶级的帽子”。

苦莫过于被剥夺了为人民而创作的权利。在苦闷、迷惘的同时，他仍然在追求，在探索。

1965年3月，他率领中国作家代表团访日，给日本作家留下了深刻印象。回来后他写了篇稿，却未能发表，这是过去没有的事。他要

1966年4月底，老舍向王莹说：“我自己，在过去十几年中，也吃了不少亏，耽误了不少创作的时间。您是知道的，我在美国曾告诉过您，我已考虑成熟，计划回国后便开始

1964年老舍下乡时，有时独自去村外小路散步。

写以北京旧社会为背景的三部历史小说：第一部小说，从八国联军洗劫北京起，写我的家史；第二部小说，写旧社会许多苏州、扬州女子被拐卖到北京来，堕入‘八大胡同’娼妓火坑的种种悲惨结局；第三部小说，写北京王公贵族、遗老遗少在玩蟋蟀斗蛐蛐中，钩心斗角，以及他们欺诈压迫下层平民的故事。可惜，这三部已有腹稿的书，恐怕永远不能动笔了！”

1966年春，老舍与英国人斯图尔特·格尔德、罗玛·格尔德谈话，将自己一生对中国革命的认识作了总结：“我写过《骆驼祥子》。那是因为，那时的世界是一个人人都可以很容易地找到自己位置的世界。那时人与人的关系很明显，界线划分得十分清晰，有人一贫如洗，有人富甲天下；有人被剥削，有人剥削人。这些都是实实在在的东西，作家可以描写这些现象，就像一个人可以用相机把它们照下来一样。祥子不一定真的像我写的那样感觉和思想，但当我创造这个人物时，我可以设身处地，想象如果我在祥子的位置上，我会怎样做。这种经验是读者也可以分享的，读者可以想见自己拉着洋车，而不是坐在洋车上。任何没到过北京的外国人也可以想象自己在同样处境下的感觉。”这是他唯一一次承认，祥子的精神世界中有他这个知识分子的认知方式，他更自信祥子是属于全人类的。他那时清楚自己的位置处境，不像现在这般困惑。他仍然痛恨祥子生活的那个世界，仍然肯定自己那时是一个进步的知识分子：

1966年，在屋里收拾盆花的老舍。

“从写作角度看，那是一个相对比较简单的情景，贫富差距十分明显，饥饿和疾病造成了巨大的痛苦，而那些应该负责的人却对此漠不关心。在中国，一个被接受的现实是千百万人生存的价值就像一群牲畜，他们存在的理由仅仅在于为少数人服务，他们是消耗品，他们的性命一文不值。一些外国人也不把中国人当做和他们自己有一样情感，一样痛苦或悲伤的人类看待。

“在那种时代，你要么和那些认为社会现实是自然秩序的人同流合污，要么就站在他们的对立面。这就是革命的实质。如果你相信普天下四海之内皆兄弟，那你也就没什么别的选择了。你就是一个革命者了，你就会支持那些有勇气、有决心改变社会现状的人了。”

老舍无法否认别人对他的看法，如他的《人同此心》的电影剧本被否决的评语：“一个没有改造好的资产阶级作家，他的‘帽子’是一定要戴的。”这些年来的思想改造的确是没有成功的，他是被这个世界遗弃的对象：

“……现在，革命进入了一个新的阶段，重点是要改变思维方法，而不是改变生活条件了。我能理解为什么毛泽东希望摧毁旧的资产阶级生活方式，但我不是马克思主义者，所以我无法描写这一斗争。我也无法和1966年的北京学生一样思维或感受世界，他们是用马克思主义的观点看待世界的。

“你们大概觉得我是一个69岁的资产阶级老人，一方面希望革命成功，一方面又总是跟不上革命的步伐。我们这些老人不必再为我们的行为道歉，我们能做的就是解释一下我们为什么会这样，为那些寻找自己未来的青年人扬手送行。我们把描写新社会的任务也移交给青年一代，他们可以根据他们的经验改造社会。”

但是老舍仍然感觉，这个世界在按新的革命逻辑往前走，自己则不在这个行列之中。老舍的生活哲学，不过是一个经验主义者。经验总是后见之明，前途漫漫看不透，但他可以相信经历过的事实：周恩来是老朋友，可信！陈毅的一席话也让他放心这个领导。灾难来了，他诉诸过去的经验，想起这两个人，隐隐约约地有一种安全感。

1966年7月10日，他对巴金说：“请告诉朋友们，我没有问题，我很好，我刚才还看到总理和陈副总理。”——这两个理解我的人，总会为我们说话的。老舍总说不懂政治，其实他有纯粹的政治理想，但他真的不懂复杂政治力量的较衡，只能面对风云诡谲的文艺界郁闷。

1966年8月23日，一帮红卫兵到市文化局和市文联揪几个领导，到成贤街孔庙烧戏衣、把子，老舍刚上班，看见自己的同事被揪上车，他挺身而出，恰巧被人认出来，也给顺手揪了上去。

在孔庙，大火熊熊，焚烧珍贵的戏衣；被斗的人围跪在大火四周。红卫兵用唱戏的刀枪把子疯狂地抽打围跪的人。老舍头破血流，用一块白水袖包上，止不住的鲜血染红白衬衫。回来的路上，他脸色煞白，眼睛冒着异样的光。他被单独接回市文联，却遭到数百名红卫兵的暴打。老舍体无完肤，回答问题是镇静的，毫不含糊，结果又是一顿毒

1966年8月23日，红卫兵在孔庙公开批斗老舍等三十余位作家、艺术家。图为焚毁京剧道具服装。

打。老舍决定不再低头，不再回答，不再举牌子。鲜血滴淌，老舍倔强地缓缓地抬起了头。

"低头！举起牌子！"

"敌人不投降，就坚决消灭它！"

老舍拼足了微弱的力，把牌子愤然掼出去。不想牌子碰到前面红卫兵身上后，掉在了地面。这可惹了塌天大祸！一顿灭绝人性的狂打。老舍以现行反革命罪被移交专政机关法办。老舍被塞进汽车，丧失理智的人还是不饶，一直追到派出所，轮番把老人毒打到半夜。

24日凌晨，遍体鳞伤的老舍被接回家。

命令：明天一早必须拿着"现行反革命"的牌子去文联报到！

早上，老舍换了一身干净的衣服，按时去上班。临出门的时候，他走到三岁的小孙女面前，俯下身来，拉着她的小手，轻轻地慢慢地说："和爷爷说再——见——"这是老舍向人世间说的最后一句话，是他向他热爱着的亲人和爱着他的朋友告别。他把一生的最后一句话，依依不舍地留给一个天真无邪的孩子。他走了，永远地，走了。

太平湖水。

一天一夜过去了。

8月25日清晨，老舍的尸体被人从德胜门豁口外太平湖后湖里打捞上来。因自尽被判定为"自绝于人民"，骨灰不予保留。

太平湖是个偏僻的小公园，不收门票，游人稀少。隔着一道城墙和一条护城河，对面是老舍母亲晚年住过的观音庵胡同，她老人家在那儿度过了人生最后的10年。老妈妈曾把自己的正直、善良、热心、勤劳、节俭、谦让和刚强、软中有硬的秉性传给老舍，使他成为一个豪爽、仗义、不可辱的硬汉。如今，儿子又回到了老妈妈的身边，还了

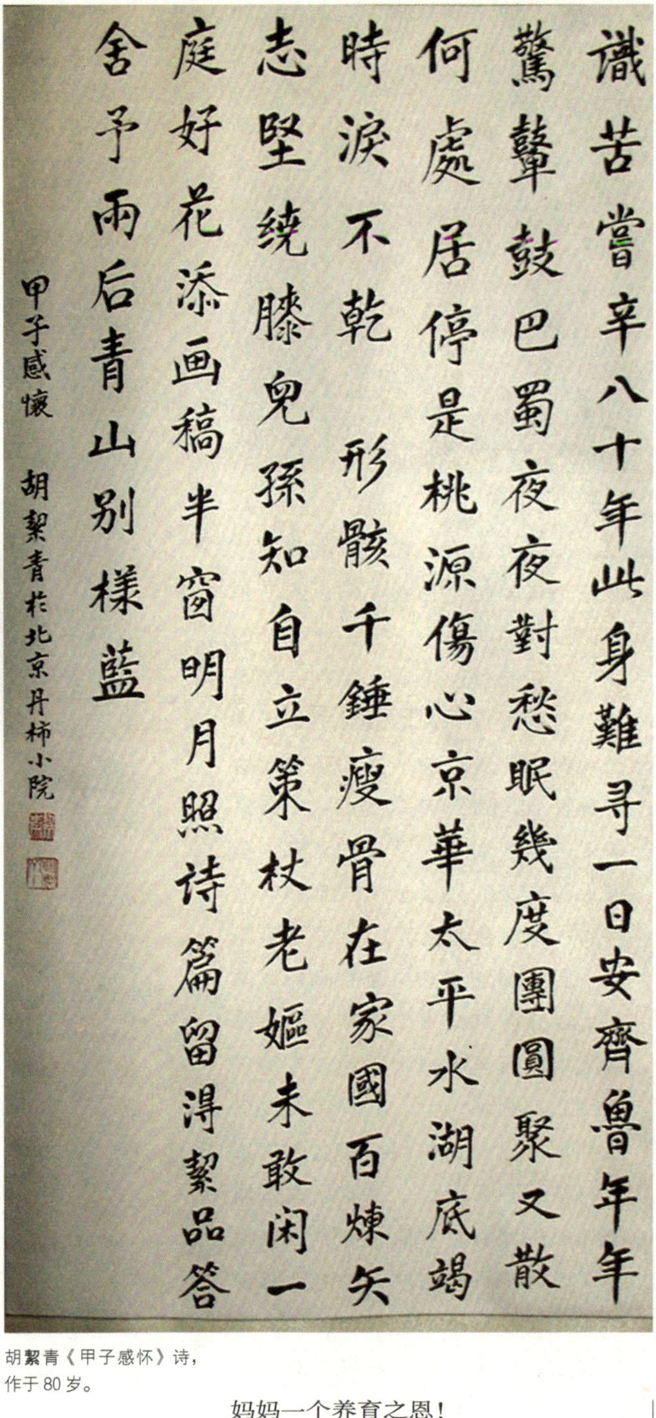

胡絜青《甲子感怀》诗，
作于80岁。

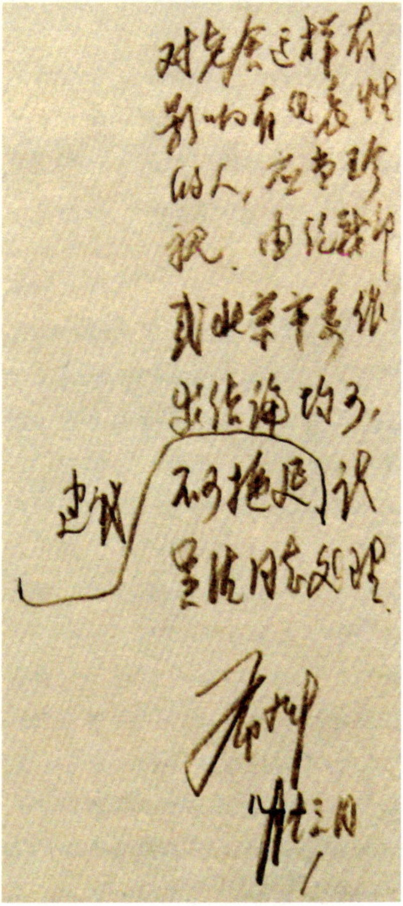

邓小平关于给老舍平反的批复：对老舍这样有影响有代表性的人，应当珍视。由统战部或北京市委作出结论均可，不可拖延。建议请吴德同志处理。

妈妈一个养育之恩！

老舍去世的消息不胫而走。日本友人甚为震惊！他们抑制不住满腔悲愤，率先写出情真意切的悼文：井上靖的《壶》、水上勉的《蟋蟀葫芦》、开高健的《玉碎》等，都成为悼念老舍的著名祭文。老舍的死，震惊世界，直刺人心，这究竟是为什么呢？一个正直、善良、勤奋的老作家，写了那么多优秀的作品，为人民做了一辈子的好事，怎么就这样轻易地被打倒，被侮辱，被置于死地，甚至死无葬身之地！

老舍始终视自己为穷苦大众的一分子，所以，当他看到他们的待遇发生了天翻地覆的变化，才会那么由衷的欣喜若狂，那么勤奋地替

1978 年，在八宝山为老舍举行骨灰安放仪式。

他们写作。他又那么喜欢孩子，认为他们是一切的希望。然而如今一切都变了。

1977 年，邓小平批示：“对老舍这样有影响有代表性的人，应当珍视，由统战部或北京市委作出结论均可，不可拖延……”

1978 年 6 月 3 日，在北京八宝山，人民堂堂正正地悼念老舍，为他举行隆重的“骨灰安放仪式”。老舍的象征性的骨灰盒里，放着他曾使用过的一副眼镜、一支钢笔、

老舍的骨灰盒。

1978 年，老舍亲属在为老舍举行的骨灰安放仪式上。

老舍夫妇墓地。

一支毛笔、一筒茉莉花茶，以及一小片被保留下来的他的血衣残片。

2005 年，老舍胡絜青合葬墓在八宝山落成。墓地北侧和东侧，用汉白玉石块筑了两扇矮墙，北边的墙上刻着他们的名字和生卒年月。东边的墙上刻了一句老舍的话："文艺界尽责的小卒，睡在这里。"墙内的地面，铺的是墨绿色的花岗岩抛光石板，左下角为雕塑家孙家钵浮雕的一面老舍的铜质侧面头像。

1938 年 3 月 27 日，在武汉成立全国文艺界抗敌协会时，老舍写过一篇《入会誓词》，里面有这样的话："我是文艺界的一名小卒……在我入墓的那一天，我愿有人赠给我一块短碑，刻上：'文艺界尽责的小卒，睡在这里。'"

党的十一届三中全会以来，老舍的作品陆续再版和上演。1984 年，北京市政府确定"丹柿小院"为市级文物保护单位。对整个院落进行了精心的修缮。老舍的家人，把老舍的作品、手稿和生前的遗物，无偿地捐献给了国家。1999 年在老舍诞辰 100 周年之际，"老舍纪念馆"建成并正式对外开放。每天到这里

老舍纪念馆。

参观的均来自全国各地各行各业的人，他们渴望了解老舍的生活和创作，了解他的一切。这里又成了一个“有喜有忧，有笑有泪，有花有实，有香有色”的地方。

老舍没有走，他永远活在我们中间。著名作家巴金在《怀念老舍先生》中说：

我在悼念中岛健藏先生的文章里，提到一九七七年九月二日虹桥机场送别的事。那天上午离沪返国的，除了中岛夫妇外，还有井上靖先生和其他几位日本朋友。前一天晚上我拿到中岛、井上两位赠送的书，回到家里，十一点半上床，睡不着，翻了翻井上先生的集子《桃李记》，里面有一篇《壶》，讲到中日两位作家（老舍和广津和郎）的事情，我躺在床上读了一遍，眼前老是出现那两位熟人的面影，都是那么善良的人，尤其是老舍，他那极不公道的遭遇，他那极其悲惨的结局，我一个晚上都梦见他，他不停地说：“告诉朋友们，我没有问题……”

第二天一早，我到了宾馆陪中岛先生和夫人去机场。……我告诉他读了他的《壶》。文章里转述了老舍先生讲过的“壶”的故事，我说这样的故事我也听人讲过，只是我听到的故事结尾不同。……我说，老舍富于幽默感，所以他讲了另外一种结尾。我不知道老舍是怎样死的，但是我不相信他会抱着壶跳楼。他也不会把壶摔碎，他要把美好的珍品留在人间……

有人来通知客人上飞机，我们的交谈无法继续下去……日本朋友和日本作家似乎比我们更重视老舍同志的悲剧的死亡，他们似乎比我们更痛惜这个巨大的损失。在国内看到怀念老舍的文章还是近两年的事。井上先生的散文写于一九七〇年十二月，那个时候老舍同志的亡灵还作为反动权威受到批斗。为老舍同志雪冤平反的骨灰安放仪式一直拖到一九七八年六月才举行，而且骨灰盒里也没有骨灰。……我最初听到老舍同志的噩耗是在一九六六年年底，那是造反派为了威胁我们讲出来的，当时他们含糊其辞，也只能算作“小道消息”吧。……只是在虹桥机场送别的前一两天，在衡山宾馆里，从中岛健藏先生的口中，我才第一次正式听见老舍同志的死讯……

听见中岛先生提到老舍同志名字的时候，我想起了一九六六年七月十日在人民大会堂同老舍见面的情景……我和老舍，还有中岛……有些细节我已在散文《最后的时刻》中描写过了，例如老舍同志用敬爱的眼光望着周总理和陈老总，充满感情地谈起他们。……看见老舍我感到意外，我到京出席亚非作家紧急会议一个多月，没有听见人提到老舍的名字，我猜想他可能出了甚么事，很替他担心，现在坐在他的身旁，听他说：“请告诉朋友们，我没有问题……”我真是万分高兴。

过一会中岛先生也来了，看见老舍便亲切地握手，寒暄。中岛先生的眼睛突然发亮，那种意外的喜悦连在旁边的我也能体会到……

四个多月前我第二次在虹桥机场送别井上先生，我没有再提“壶碎”的问题。我上次说老舍同志一定会把壶留下，因为他热爱祖国、热爱人民，他虽然含恨死去，却留下许多美好的东西在人间，那就是他那些不朽的作品，我单单提两三个名字就够了：《月牙儿》《骆驼祥子》和《茶馆》。在这一点上，井上先生同我大概是一致的。

今年上半年我又看了一次《茶馆》的演出，太好了！作者那样熟悉旧社会，那样熟悉旧北京人。这是真实的生活。短短两三个钟头里，我重温了五十年的旧梦。在戏快要闭幕的时候，那三个老头儿（王老板、常四爷和秦二爷）在一起最后一次话旧，含着眼泪打哈哈，“给自己预备下一点纸钱”，“祭奠祭奠自己”。我一直流着泪水，好些年没有看到这样的好戏了。这难道仅仅是在为旧社会唱挽歌吗？我觉得有人拿着扫帚在清除我心灵中的垃圾。坦率地说，我们谁的心灵中没有封建的尘埃呢？

……看过《茶馆》半年了，我仍然忘不了那句台词：“我爱咱们的国呀，可是谁爱我呢？”老舍同志是伟大的爱国者。全国解放后，他从海外回来参加祖国社会主义建设事业，他是写作最勤奋的劳动模范，他是热烈歌颂新中国的最大的“歌德派”，一九五七年他写出他最好的作品《茶馆》。他是用艺术为政治服务最有成绩的作家。他参加各项社会活动和外事活动，可以说是把整个生命和全部精力都贡献给了祖国。他没有一点私心，甚至在红卫兵上了街，危机四伏、杀气腾腾的时候，他还拿着事先准备好的发言稿，到北京市文联开会，想以市文联主席的身份发动大家积极参加文化大革命……老舍夫人回忆说：“我永远忘不了我自己怎样在深夜用棉花蘸着清水一点一点地替自己的亲人洗清头上、身上的斑斑血迹，不明白是哪里出了问题，不明白为什么会闹成这个样子……”

老舍同志在世的时候，我每次到北京开会，总要去看他，谈了一会，他照例说：“我们出去吃个小馆吧。”他们夫妇便带我到东安市场里一家他们熟悉的饭馆，边吃边谈，愉快地过一两个钟头。我不相信鬼，我也不相信神，但是我却希望真有一个所谓“阴间”，在那里我可以看到许多我所爱的人。倘使我有一天真的见到了老舍，他约我去吃小馆，向我问起一些情况，我怎么回答他呢？……我想起了他那句“遗言”：“我爱咱们的国呀，可是谁来爱我呢？”我会紧紧捏住他的手，对他说：“我们都爱你，没有人会忘记你，你要在中国人民中间永远地活下去！”

老舍创作年表简编

1921 — 1966

1921 年（22 岁）

2 月，3 首新诗《海外新声》发表于《海外新声》第一卷第二号，署名舍予。

5 月，短篇小说《她的失败》发表于《海外新声》第一卷第三号。

1922 年（23 岁）

12 月，译文《基督教的大同主义》（宝光林原著）在《生命》月刊 3 卷 4 期发表，署名舒舍予。

1923 年（24 岁）

1 月，短篇习作《小铃儿》发表于《南开季刊》2、3 合期。

1926 年（27 岁）

7 月，《老张的哲学》在《小说月报》第 17 卷第 7 号开始连载，到第 17 卷第 12 号载完。初，署名舒庆春；自第 8 号起，改用老舍的署名。以后，他的绝大部分作品均署名老舍。

1927 年（28 岁）

2 月，《赵子曰》在《小说月报》第 18 卷第 3 号开始连载，第 8 号至第 11 号续载，第 11 号载完。

1928 年（29 岁）

1 月，《老张的哲学》由商务印书馆初版印行。

4 月，《赵子曰》由商务印书馆初版印行。

1929 年（30 岁）

5 月，《二马》在《小说月报》20 卷 5 号开始连载，到 20 卷 12 号续载完。

1930 年（31 岁）

10 月，《论创作》发表于《齐大月刊》第 1 卷 1 期，署名舍予；《一些印象》同时在《齐大月刊》第 1 卷 1 期开始连载，到 1 卷 8 期续载完。

《文学概论讲义》在本年内编成，由齐鲁大学出版，凡十五讲，线平装本。

1931年（32岁）

1月，《小坡的生日》在《小说月报》22卷1号开始连载，到22卷4号续载完。

2月，《论文学的形式》发表于《齐大月刊》1卷4期，署名舍予。

4月，《二马》由商务印书馆初版印行。

8月，《略论文学的语言》发表于《文坛》7期。

9月，《夏之一周间》发表于《现代》5期。

10月，《五九》发表于《齐大月刊》2卷1期；同期发表的还有《小说里的景物》。

11月，《讨论》发表于《齐大月刊》2卷2期，署名舍予。

12月，《日本兵撤了》发表于《齐大月刊》2卷8期，署名舍予。

《但丁》，丘奇著，舍予译，发表于《齐大月刊》2卷3期，至6期续载完。

1932年（33岁）

1月28日，上海商务印书馆被日军炮火击中，《大明湖》原稿被焚，未能出版。

3月13日，《空城记》发表于《申报·自由谈》。

8月，《猫城记》在《现代》1卷4期开始连载，到2卷6期续载完。

11月，《臧克家的〈烙印〉》发表于《文学》10卷5号。

《祭子路岳母文》发表于《论语》4期。

12月，《救国难歌》发表于《论语》6期；《文学与作家》发表于《齐大季刊》1期。

《济南来电·慢电代邮》发表于《论语》7期。

1933年（34岁）

1月1—4日，《热包子》发表于天津《益世报·语林》。

1月25日，《教授》发表于《申报·自由谈》。

1月《爱的小鬼》发表于《文艺月刊》3卷3期。

《新年的梦想——梦想的中国，梦想的个人生活》发表于《东方杂志》第30卷1号。

2月20日，《长期抵抗》发表于《申报·自由谈》。

2月，《慢电代邮》发表于《论语》第10期，署名舍。

《当幽默变成油抹》发表于《论语》第11期。

3月25日，《真正的学校日刊》发表于《申报·自由谈》。

3月，《同盟》发表于《文艺月刊》3卷9期。

4月，《天下太平》发表于《论语》14期。

5月，《致富神咒》《不远千里而来》发表于《论语》16期。

《马裤先生》发表于《青年界》3卷3期。

6月，《文艺中理智的价值》

发表于《齐大季刊》第2期，署名舍予。

7月，《大悲寺外》发表于《文艺月刊》4卷1期。

8月9日，《希望》发表于《申报·自由谈》。

8月24日，《辞工》发表于《申报·自由谈》。

8月，《吃莲花的》发表于《论语》第23期。

长篇小说《离婚》由良友图书印刷公司初版印行；《猫城记》由现代书局初版印行。

9月15日，《励友人书》发表于《申报·自由谈》。

9月，《买彩票》发表于《论语》第24期。

《贺论语周岁》发表于《论语》第25期。

10月13日，《写信》发表于《申报·自由谈》。

10月，《痰迷新格》发表于《论语》第27期。

《歪毛儿》发表于《文艺月刊》4卷4期；《开市大吉》发表于《矛盾》2卷2期。

11月30日，《打倒近视》发表于《申报·自由谈》。

11月，《有声电影》发表于《论语》29期。

12月，《科学救命》发表于《论语》第30期。

1934年（35岁）

1月1日，《新年的二重性格》发表于《申报·自由谈》。

1月，《也是三角》发表于《文艺月刊》5卷1期。

《铁牛与病鸭》发表于《文学》2卷1期；《黑白李》发表于《文学季刊》创刊号；《眼镜》发表于《青年界》5卷1期；《特大的新年》发表于《论语》32期；《新年醉话》发表于《矛盾》2卷5期；《个人计划》发表于《东方杂志》31卷1号；《抬头见喜》发表于《良友画报》84期；《自传难写》发表于《大众画报》3期。

2月，《大发议论》发表于《论语》35期。

《观画集》发表于《青年界》5卷2期。

4月，《老舍幽默诗文集序》发表于《论语》38期。

《牺牲》发表于《文学》2卷4期。

4月，《老舍幽默诗文集》由时代图书公司初版印行，内收诗与杂文35篇，另有序文1篇。收入本书的诗文有：《救国难歌》《恋歌》《长期抵抗》《致富神咒》《贺论语周岁》《痰迷新格》《勉“舍”弟“舍”妹》《国难中的重阳（千佛山）》《教授》《希望》《祭子路岳母文》《一天》《昼寝的风潮》《当幽默变成油抹》《天下太平》《不远千里而来》《吃莲花的》《买彩票》《有声电影》《科学救命》《特大的新年》《讨论》《新年的二重性格》《自传难写》《一九三四年计划》《记懒人》《狗之晨》《新年醉话》《抬头见喜》《写信》《辞工》《不食而劳》《为被拒迁入使馆区八百余人上外交总长文》《到了济南》《大发议论》。

5月，《柳屯的》发表于《东方杂志》30卷10号。

《抓药》发表于《现代》5卷1期。

7月，《小病》发表于《人间世》7期。

《考而不死是为神》发表于《论语》44期；《〈牛天赐〉广告》发表于《论语》45期；《小坡的生日》由生活书店初版印行。

8月，《生灭》发表于《文学》3卷2期。

《避暑》发表于《论语》46期；《头一天》发表于《良友画报》92期。

9月，《鬼曲》发表于《现代》5卷5期。

《暑中杂谈两则》发表于《论语》48期；《习惯》发表于《人间世》11期。

又，长篇小说《牛天赐传》开始在《论语》49期连载，到74期续载完（61期、68期未续载）。

短篇小说集《赶集》由良友图书印刷公司初版印行。内收短篇小说15篇：《五九》《爱的小鬼》《同盟》《大悲寺外》《马裤先生》《微神》《开市大吉》《歪毛儿》《柳家大院》《抱孙》《黑白李》《眼镜》《铁牛与病鸭》《也是三角》。

10月，《取钱》发表于《论语》50期。

《上任》发表于《文学》3卷4期；《还想着它》发表于《大众画报》12期。

11月，《沈二哥加了薪水》发表于《现代》6卷1期。

12月，《写字》发表于《论语》55期。

《哭白涤洲》发表于《人间世》17期；《我的创作经验》（讲演稿）发表于《刁斗》1卷4期；《读书》发表于《太白》1卷7期。

1935年（36岁）

1月，《裕兴池里》发表于《东方杂志》32卷1号。

3月6日，《又是一年芳草绿》发表于《益世报》。

3月《小动物们》发表于《人间世》24期。

《有钱最好》发表于《论语》60期。

4月，《月牙儿》发表于《国闻周报》12卷12期到14期。

《老字号》发表于《新文学》1卷创刊号；《邻居们》发表于《水星》2卷1期；《善人》发表于《新小说》1卷3期；《创造病》发表于《文饭小品》3期；《谈教育》发表于《论语》62期；《小动物们（鸽）续》发表于《人间世》26期。

5月，《阳光》发表于《文学》4卷5号。

6月，《樱海集·序》发表于《论

语》67期。

7月，《西红柿》《再谈西红柿》《暑避》发表于《避暑录话》第1期、2期、3期。

8月，《檀香扇》《立秋后》《等暑》发表于《避暑录话》5期、6期、7期。

《青岛与我》发表于《论语》70期。

《樱海集》由人间书屋初版印行。内收短篇小说10篇：《上任》《牺牲》《柳屯的》《末一块钱》《老年的浪漫》《毛毛虫》《善人》《邻居们》《月牙儿》《阳光》。

9月，《丁》《完了》《诗三律》发表于《避暑录话》8期、9期、10期。

9月15日，《避暑录话》终刊；22日，《断魂枪》发表于天津《大公报》。

9月《我怎样写〈老张的哲学〉》发表于《宇宙风》1期。

10月，《新时代的旧悲剧》发表于《文学》5卷4号。

《我怎样写〈赵子曰〉》发表于《宇宙风》2期；《我怎样写〈二马〉》发表于《宇宙风》3期。

11月，《我怎样写〈小坡的生日〉》发表于《宇宙风》4期。

《我怎样写〈大明湖〉》发表于《宇宙风》5期；《我最爱的作家——康拉德》发表于《文学时代》创刊号。

12月，《我怎样写〈离婚〉》发表于《宇宙风》7期。

1936年（37岁）

1月，《我怎样写短篇小说》发表于《宇宙风》8期。

3月，《新韩穆烈德》发表于《国闻周报》13卷10期。

《天书代存序》发表于《宇宙风》13期；《牛天赐传》由人间书屋初版印行。

6月，《想北平》发表于《宇宙风》19期。

《我的暑假》发表于《青年界》10卷1号。

7月，《新爱弥耳》发表于《文学》7卷1号。

《鬼与狐》发表于《论语》91期。

8月，《我怎样写〈牛天赐传〉》发表于《宇宙风》22期。

《谈幽默》发表于《宇宙风》23期；《景物的描写》发表于《宇宙风》24期；《婆婆话》发表于《中流》创刊号。

9月，《骆驼祥子》在《宇宙风》25期开始连载，到48期续载完。

10月，《哀启》发表于《文学》7卷4号。

《选民》在《论语》98期开始连载，到115期续载完（110期、113期未续载）；《番表》发表于《谈风》1期。

11月，《人物的描写》发表于《宇宙风》28期。

《事实的运用》发表于《宇宙风》29期；《我的理想家庭》发表

于《论语》100期；《有了小孩以后》发表于《谈风》8期。

11月，《蛤藻集》由开明书店初版印行。本书收短篇小说7篇：《老字号》《断魂枪》《听来的故事》《新时代的旧悲剧》《且说屋里》《新韩穆烈德》《哀启》。

12月，《言语与风格》发表于《宇宙风》31期。

《搬家》发表于《谈风》4期，署名非我；《我的几个房东》发表于《西风》4期。

本年，《青岛与山大》发表于山东大学《二五年刊》，老舍为该年刊的编辑顾问。

1937年（38岁）

1月，《几句不得人心的话》发表于《青年界》11卷1号。

2月，《AB与C》发表于《文学》8卷2号。

《东西》发表于《文学》8卷2号。

3月，《东方学院》发表于《西风》7期。

4月25日，《这几个月的生活》发表于《益世报》。

4月，《老牛破车》由人间书屋初版印行。

5月，《"火"车》发表于《文学杂志》创刊号。

《理想的文学月刊》发表于《谈风》15期；《"幽默"的危险》发表于《宇宙风》41期。

6月，《英国人与猫狗》发表于《宇宙风》49期。

《五天的日记》发表于《青年界》12卷1号；《五月的青岛》发表于《宇宙风》43期。

7月，《杀狗》发表于《文学杂志》1卷3期。

《兔》发表于《文艺月刊》11卷1期；《我这一辈子》发表于《文学》9卷1期。

10月，《半汉奸》发表于《宇宙风》49期。

11月，《友来话北平》发表于《宇宙风》50期。

《停薪留职》发表于《宇宙风》51期；《西风周岁纪念》发表于《西风》13期。

1938年（39岁）

1月中旬，《是的，抗到底》发表于《抗到底》半月刊创刊号。

《事情要大家作》发表于《抗到底》第2期；《写家们联合起来》发表于《文艺月刊·战时特刊》第5期。

2月16日，长篇小说《蜕》（未完成）在《抗到底》第4期连载，至1939年3月16日第22期止。

2月，《小型的复活》（自传之一章）发表于《宇宙风》第60期。

3月，京剧《新刺虎》在《抗到底》第5期发表。

《到武汉后》发表于《大风》旬刊第1期；《我们携起手来》发表于《弹花》创刊号。

4月，《 》发表于《文艺月刊·战

时特刊》第9期。

短篇小说《浴奴》发表于《自由中国》创刊号；京剧《忠烈图》发表于《文艺阵地》创刊号；《致女友××函》发表于《弹花》1卷2期。

5月4日，文协会刊《抗战文艺》在武汉创刊，老舍在创刊号发表短篇小说《人同此心》。

5月，《通俗文艺散谈》发表于《抗战文艺》1卷2期；《记“文协”成立大会》发表于《宇宙风》第68期；《会务报告》（署名总务部）发表于《抗战文艺》1卷6期。

又，《自由中国》第2期发表老舍及郭沫若、夏衍等9人的笔谈《抗战以来文艺的展望》。

7月，短篇小说《敌与友》发表于《抗战文艺》1卷12期。

8月，《关于文协》发表于《宇宙风》第73期。

通俗文艺集《三四一》由艺文研究会出版，独立出版社发行。

9月，《国宝》发表于《文艺月刊·战时特刊》2卷2期。

10月，《我为什么离开武汉》发表于《弹花》第6期。

《船上——从汉口到宜昌》发表于《宇宙风》77期；《制作通俗文艺的苦痛》发表于《抗战文艺》2卷6期；《鲁迅先生逝世二周年纪念》发表于《抗战文艺》2卷7期。

12月，《答客问》发表于《抗战文艺》3卷1期。

1939年（40岁）

2月13日，诗《成渝路上》发表于《大公报》副刊《战线》。

2月14日，《大公报》续载《成渝路上》。

3月，《答客问》发表于《宇宙风》乙刊第2期。

《骆驼祥子》由上海人间书屋出版。

4月，《生日》发表于《弹花》2卷5期。

《怀友》发表于《抗战文艺》4卷1期；对苏广播稿《抗战中的中国文艺》发表于《中苏文化》3卷10期。

5月，《以雪耻复仇的决心答复狂炸》和《欢送文协战地访问团出发》发表于《抗战文艺》4卷3、4期合刊。

7月，《“五四”之夜》发表于《七月》第4集第1期。

8月，短篇小说集《火车集》由上海杂志公司出版。收《火车》《人同此心》《杀狗》《兔》《东西》《浴奴》《一块猪肝》《一封家信》《我这一辈子》等9篇作品。

话剧《残雾》在《文艺月刊·战时特刊》3卷8期开始连载，至4卷1期（1940年1月）续完。

10月，诗《哭王礼锡先生》和《战》同时发表于《抗战文艺》4卷5、6期合刊。

1940年（41岁）

1月2日，在《新蜀报》发表

《七律二首》：《过乌纱岭》《别凉州》。

1月23日，《宗月大师》发表于《华西日报》。

1月24日，《北行小诗》（二首）发表于《新蜀报》。

1月，与宋之的合作写话剧《国家至上》。

2月10日，《艺术家也要杀上前去》发表于《新华日报》。

2月11日，《怎样维持写家们的生活》发表于《大公报》。

2月，致陶亢德的《又一封信》发表于《宇宙风》第21期。

又，本月中旬开始动笔写作长诗《剑北篇》。

3月，话剧《国家至上》在《抗战文艺》6卷1期开始连载，6卷2期续载完。

4月，话剧《残雾》由商务印书馆出版。

5月，在陈家桥冯公馆继续写作长诗《剑北篇》。

6月，《记写〈残雾〉》发表于《新演剧》第1期（复刊号）。

7月7日，《三年来的文艺运动》发表于《大公报》。

7月，开始写作剧本《张自忠》。

8月26日，回忆王礼锡先生的《去年今日》发表于《大公报》。

8月，继续写剧本《张自忠》。

9月，《写给导演者》（副题为《声明在案（为剧本〈张自忠〉）》）发表于《文艺月刊·战时特刊》5卷1期。

是年冬，作剧本《面子问题》。

1941年（42岁）

1月11日，《希望与祝贺》发表于《新华日报》。

1月，剧本《张自忠》发表于《中苏文化》文艺特刊，并由华中图书公司出版。

《三年写作自述》发表于《抗战文艺》7卷1期。

3月，《略谈人物描写》发表于《抗战文艺》7卷2、3期合刊。

4月，话剧《面子问题》由正中书局出版。

5月22日，剧评《看了〈边城故事〉》发表于《中央日报》。

7月7日，《自述》发表于《大公报》副刊《战线》。

7月，《文章下乡，文章入伍》发表于《中苏文化》9卷1期。

8月17日，《敬悼许地山先生》发表于《大公报》。

9月3日，在云南开始写剧本《大地龙蛇》。

10月7日，《大地龙蛇》完稿。

11月21日，《参加郭沫若先生创作二十五周年纪念会感言》发表于《时事新报》。

11月22日，《滇行短记》在《扫荡报》开始连载，至1942年1月7日续完，共27段。

11月30日，作《剑北篇·序》。

11月，剧本《大地龙蛇》由国民图书出版社出版。

12月，《敬悼许地山先生》发

表于《文学月刊》3卷2、3期合刊。（与上一篇同名，内容不同）

1942年（43岁）

1月11日，《悼赵玉三司机师》发表于《中央日报》。

1月，《大地龙蛇》在《文艺杂志》第1期开始连载，至第2期续载完。

2月15日，《一点点写剧本的经验》发表于《大公报》。

3月，《我呢？》发表于《文坛》创刊号。

4月，《家书一封》发表于《文坛》第2期。

4月27日，介绍但丁《神曲》的文章《神曲》，发表于《新民报晚刊》。

5月25日，《在乡下》发表于《大公报》。

6月10日，《归去来兮》开始在《新蜀报》连载，至本月29日续载完。

6月22日，《吴组缃先生的猪》发表于《新民报晚刊》。

6月23日，《马宗融先生的时间观念》发表于《新民报晚刊》。

6月24日，《姚篷子先生的砚台》发表于《新民报晚刊》。

6月25日，《何容先生的戒烟》发表于《新民报晚刊》。

7月7日，《乡居杂记》发表于《大公报》。

7月，话剧《谁先到了重庆》在《中国青年》7卷1期开始连载，至7卷3期续载完。

10月10日，《青蓉略记》发表于《大公报》。

11月，《闲话我的七个话剧》发表于《抗战文艺》8卷1、2期合刊。

1943年（44岁）

1月13日，《我的母亲》发表于《时事新报》。

1月，《妇女与文艺》发表于《现代妇女》创刊号。

2月，《观画偶感》发表于《联合画报》第15期。

话剧《谁先到了重庆》由联友出版社出版。

3月，《成绩欠佳，收入更欠佳》与《看戏短评》同时发表于《天下文章》创刊号。

短篇小说《恋》发表于《时与潮文艺》创刊号。

4月，《“四大皆空”》发表于《文坛》2卷1期。

中篇小说《不成问题的问题》发表于《天下文章》第2期。

又，话剧《虎啸》（又名《王老虎》，与萧亦五、赵清阁合写）发表于《文艺创作》1卷6期。

5月，童话《小木头人》发表于《抗战文艺》8卷4期。

6月18日，《读〈鸭嘴涝〉》发表于《时事新报》（《鸭嘴涝》系吴组缃的小说新作）。

短篇小说《八太爷》发表于《新中华》6月号。

又，与赵清阁合写话剧《桃李

春风》（又名《金声玉振》）。

7—9月，写作长篇小说《火葬》。

10月，话剧《桃李春风》（与赵清阁合写）发表于《文艺先锋》3卷4期。

12月11日，《火葬》写毕。

12月，短篇小说《一筒炮台烟》发表于《文风》杂志创刊号。

1944年（45岁）

1月，《火葬》在《文艺先锋》4卷1期开始连载，至4卷6期（1944年6月）续载完。

2月11日，《假若我有那么一箱子画》发表于《时事新报》。

2月15日，《我有一个志愿》发表于《新民报晚刊》。

3月，短篇小说集《贫血集》由重庆文聿出版社出版，收《恋》《小木头人》《不成问题的问题》《八太爷》《一筒炮台烟》等5篇作品。

《割盲肠记》发表于《经纬》月刊2卷4期。

5月，《火葬》由晨光出版公司出版。

7月10日，《文艺的工具——语言》发表于《新华日报》。

7月15日，《读〈逃出巴尔干〉》发表于重庆《扫荡报》。

9月1日，《戒酒——多鼠斋杂谈》发表于《新民报晚刊》。

9月9日，《戒烟——多鼠斋杂谈二》发表于《新民报晚刊》。

9月15日，《戒茶——多鼠斋杂谈三》发表于《新民报晚刊》。

9月23日，《猫的早餐——多鼠斋杂谈四》发表于《新民报晚刊》。

9月，《习作二十年》发表于《抗战文艺》9卷3、4期合刊。

11月5日，《最难写的文章——多鼠斋杂谈五》发表于《新民报晚刊》。

11月10日，长篇小说《四世同堂》第一部《惶惑》在《扫荡报》开始连载，至1945年9月2日续载完。

11月10日，《文牛》发表于《华声》1卷1期。

11月11日，《最可怕的人——多鼠斋杂谈六》发表于《新民报晚刊》。

11月15日，《衣——多鼠斋杂谈七》发表于《新民报晚刊》。

11月20日，《行——多鼠斋杂谈八》发表于《新民报晚刊》。

12月10日，《帽——多鼠斋杂谈九》发表于《新民报晚刊》。

12月15日，《狗——多鼠斋杂谈十》发表于《新民报晚刊》。

12月19日，《昨天——多鼠斋杂谈十一》发表于《新民报晚刊》。

12月22日，《看画》发表于《扫荡报》。

12月24日，《傻子——多鼠斋杂谈十二》发表于《新民报晚刊》。

12月，《梦想的文艺》发表于《抗战文艺》9卷5、6期合刊。

1945年（46岁）

3月30日，《说漫画》发表于《新民报》。

3月，《大智若愚》发表于《抗战文艺》10卷1期。

6月24日，《给茅盾兄祝寿》发表于《大公报》。

7月，《写与读》发表于《文哨》1卷2期。

11月7日，《读画小记》发表于《扫荡报》。

1946年（47岁）

1月，短篇小说集《东海巴山集》由新丰出版社出版。所收作品均选自《火车集》与《贫血集》。

《我要作个写家》发表于《文猎》第2期。

4月4日，回忆录《八方风雨》在北平《新民报》开始连载，至5月16日续载完。

5月，《文协的过去与将来》发表于《抗战文艺》10卷6期。

6月5日，由纽约致函吴祖光。该信后来在《清明》第3号发表，题为《纽约书简》。

11月，长篇小说《四世同堂》第二部《偷生》由晨光出版公司出版。

1947年（48岁）

1月，中篇小说《我这一辈子》由上海惠群出版社出版。

4月，短篇小说集《微神集》由晨光出版公司出版。收《上任》《牺牲》《柳屯的》《毛毛虫》《善人》《邻居们》《大悲寺外》《马裤先生》《微神》《开市大吉》《歪毛儿》《柳家大院》《抱孙》《黑白李》《眼镜》《铁牛和病鸭》《也是三角》等17篇小说。

10月26日，《傅抱石先生的画》发表于上海《大公报》。

1948年（49岁）

9月，中篇小说集《月牙集》由晨光出版公司出版。收《月牙儿》《新时代的旧悲剧》《我这一辈子》《且说屋里》《不成问题的问题》等5篇作品。

12月，《老舍戏剧集》由晨光出版公司出版。收话剧《残雾》《面子问题》，新京剧《忠烈图》《王家镇》。

1949年（50岁）

1—9月，在美国进行创作。老舍旅美期间，完成了《四世同堂》的第三部《饥荒》和长篇小说《鼓书艺人》，并协助两位美国朋友将《四世同堂》和《鼓书艺人》译为英文（《四世同堂》的英译本为缩写本）。

1950年（51岁）

1月6日，太平歌词《过新年》在《光明日报》《新民报》同时发表。

1月22日，鼓词《别迷信》发表于《人民日报》。

1月，《美国人的苦闷》发表于《文艺报》1卷8期。

2月，《由三藩市到天津》发表于《人民文学》1卷4期。

鼓词《生产就业》发表于《说说唱唱》2月号。

3月7日，《习作新曲艺的一些小经验》发表于《人民日报》。

5月18日，《让我们团结起来》同时发表于《人民日报》《光明日报》《新民报》。

6月，《鼓词与新诗》发表于《人民文学》2卷2期。

8月20日，《〈老舍选集〉自序》发表于《人民日报》。

8月21日，话剧《方珍珠》在《光明日报》开始连载，至9月14日续载完。

8月，《暑中写剧记》发表于《人民戏剧》1卷5期。

9月，话剧《龙须沟》在《北京文艺》1卷1期开始连载，至1卷3期续载完。

10月1日，《略谈文艺普及工作》发表于《文汇报》。

10月1日，《写于一九五〇年十月一日》发表于《新民报》。

12月，《略谈戏改问题》发表于《文艺报》3卷4期。

《怎样写快板》发表于《北京文艺》1卷4期；《从美国兵说起》发表于《人民文学》3卷2期。

1951年（52岁）

1月1日，《元旦》发表于《新民报》。

1月14日，《宣传文艺要通俗，结实》发表于《人民日报》。

1月25日，《我热爱新北京》发表于《人民日报》。

1月，《谈〈方珍珠〉剧本》和《谈〈将相和〉》发表于《文艺报》8卷7期。

《周末游园》发表于《新观察》2卷1期；《北京的春节》发表于《新观察》2卷2期。

2月4日，《〈龙须沟〉写作经过》在《人民日报》《光明日报》同时发表。

2月，《美国的精神食粮》发表于《北京文艺》1卷6期。

《〈龙须沟〉的人物》发表于《文艺报》3卷9期；《怎样运用口语》发表于《语文学习》第2期。

3月4日，《学习当先》发表于《人民日报》。

3月13日，《我们在世界上抬起了头》发表于《人民日报》。

《散文并不“散”》发表于《北京文艺》2卷1期。

5月，《怎样写通俗文艺》发表于《北京文艺》2卷3期。

6月26日，《感谢共产党和毛主席》发表于《光明日报》。

6月，《谈体验生活》发表于《人民戏剧》3卷2期。

7月4日，《剧本习作的一些经验》在《人民日报》《光明日报》同时发表。

7月8日，《青年朋友们再多创作吧》发表于《光明日报》。

8月，《我怎样学习语言》发

表于《解放军文艺》1卷1期。

《老舍选集》由开明书店出版。收《黑白李》《断魂枪》《月牙儿》《上任》及《骆驼祥子》(节选)。

9月21日,《为人民写作最光荣》发表于《人民日报》。

9月26日,《高高兴兴的活着》发表于《光明日报》。

10月18日,《充实我们的学识》发表于《人民日报》(为纪念鲁迅而作)。

10月22日,《人民日报》刊登老舍写给中国人民志愿军的一封信,题目为《我们的心随着你们的心兴奋地激跳》。

10月23日,《关于写作的几个问题》发表于《中国青年报》。

10月,《新社会就是一座大学校》发表于《人民文学》4卷6期。

《谈文艺通俗化》发表于《文艺报》4卷11、12期合刊。

12月,《认真检查自己的思想》发表于《文艺报》5卷4期。

1952年(53岁)

1月,曲剧《柳树井》发表于《说说唱唱》1月号。

3月,独幕话剧《生日》发表于《剧本》2、3月号合刊。

4月,歌舞剧《消灭细菌》发表于《说说唱唱》4月号。

5月21日,《毛主席给了我新的文艺生命》发表于《人民日报》。

5月23日,《我们热诚地迎接这伟大的节日》发表于《新民报》。

7月,《民间文艺的语言》发表于《中国语文》创刊号。该文又载于1952年8月9日《新民报》。

10月11日,《学习民间文艺》发表于《大公报》。该文为迎接第一届全国戏曲观摩演出大会而作。

1953年(54岁)

2月25日,《咱们今年都要拿起笔来》发表于《人民日报》。

2月,歌剧《大家评理》发表于《说说唱唱》2月号。该剧同时又载于《剧本》3月号。

4月11日,《我怎样写〈春华秋实〉剧本》同时发表于《光明日报》和《北京日报》。

5月,话剧《春华秋实》发表于《剧本》5月号。

10月13日,《请多注意通俗文艺》发表于《人民日报》。

1954年(55岁)

5月,《回答〈文艺学习〉编辑部的问题》发表于《文艺学习》第5期。

8月5日,《诗与快板》发表于《北京日报》。

8月24日,《毛主席,我选举了您》发表于《人民日报》。

9月20日,《生活,学习,工作》发表于《北京日报》。

9月,《提高质量》发表于《文艺报》第18号。

《我还要努力学习写剧本》发表于《戏剧报》九月号。

10月28日，《纪念英国伟大的现实主义作家菲尔丁》发表于《北京日报》。

12月，《〈红楼梦〉不是梦》发表于《人民文学》12月号。

1955年（56岁）

1月，中篇小说《无名高地有了名》在《解放军文艺》1月号开始连载，至4月号续载完。

2月18日，《反对文人无行》发表于《人民日报》。

3月15日，《多给青年们写点》发表于《中国青年报》。该文同时又载于《人民文学》3月号。

5月，《无名高地有了名》由人民文学出版社出版。

7月，话剧《青年突击队》在《北京文艺》7月号开始连载，9月号续载完。

8月13日，《谢谢青年朋友们的关心》发表于《中国青年报》。

8月，《文艺工作者忙起来吧》发表于《文艺学习》8月号。

9月3日，《胜利十年——胜利万岁》发表于《人民日报》。

1956年（57岁）

1月1日，《壮大青年作家的队伍》发表于《中国青年报》。

1月15日，《万户更新》发表于《北京日报》。

1月，话剧《西望长安》发表于《人民文学》1月号。

3月，《什么是幽默》发表于《北京文艺》3月号。

《西望长安》由作家出版社出版。

4月19日，《曲艺和曲艺写作》发表于《北京日报》。

4月，《青年作家应有的修养》发表于《文艺学习》4月号。

5月，《有关〈西望长安〉的两封信》发表于《人民文学》5月号。

6月，根据昆曲改编的京剧《十五贯》发表于《北京文艺》6月号。

10月，《老舍短篇小说选》由人民文学出版社出版，收入《黑白李》《断魂枪》《牺牲》《上任》《柳屯的》《善人》《马裤先生》《微神》《柳家大院》《老字号》《月牙儿》《且说屋里》《不成问题的问题》等13篇作品。

1957年（58岁）

4月，《三言两语》发表于《文艺报》第2号。

《创作与规划》发表于《北京文艺》4月号。

5月4日，《“五四”给了我什么》发表于《解放军报》。

6月14日，《三邪》发表于《人民日报》。

6月20日，《心中有了底》发表于《文汇报》。

7月22日，《创作的自由》发表于《文汇报》。

7月，话剧《茶馆》发表于《收

获》创刊号。

《新疆半月记》发表于《人民文学》7月号。

9月22日《白石夫子千古》发表于《人民日报》。

10月1日，《祝贺国庆》发表于《文汇报》。

10月，《八年所得》发表于《新观察》第19期。

11月，《新的文学传统》发表于《文艺报》第30号。

1958年（59岁）

1月1日，《贺年》发表于《人民日报》。

1月，《狂喜札记》发表于《人民文学》第1期。

2月17日，《百花齐放的春天》发表于《人民日报》。

3月，《写通俗一些》发表于《北京文艺》3月号。

《看〈茶馆〉排演》发表于《戏剧报》第6期；《打倒洋八股》发表于《人民文学》3月号。

4月4日，《谈〈茶馆〉》发表于《中国青年报》。

5月，《答复有关〈茶馆〉的几个问题》发表于《剧本》5月号。

《福星集》由北京出版社出版。该书收入老舍新中国成立后所写的散文、小品38篇。

6月，《茶馆》由中国戏剧出版社出版。

短篇小说《电话》发表于《新港》6月号；《越短越难》发表于《人民文学》6月号。

7月10日，《我们的国家是诗的国家》发表于《文汇报》。

8月12日，《听曲感言》发表于《人民日报》。

10月，《答友问》发表于《北京文艺》10月号。

11月，话剧《红大院》发表于《剧本》11月号。

1959年（60岁）

1月，《悼念罗常培先生》发表于《中国语文》第1期。

《读小小说》发表于《文学知识》1月号；《我的几点体会》发表于《文艺报》第1期。

3月，话剧《全家福》发表于《收获》第2期。

话剧《女店员》发表于《人民文学》3月号。

5月，《红大院》由作家出版社出版。

6月，《人物、语言及其它》发表于《解放军文艺》6月号。

《女店员》由百花文艺出版社出版。

8月9日，《我为什么写〈全家福〉》发表于《北京日报》。

8月，《全家福》由作家出版社出版。

9月29日，《简评演技》发表于《人民日报》。

9月，《老舍剧作选》由人民文学出版社出版。该书收入《龙须沟》《茶馆》《女店员》《全家福》

4个话剧剧本。

10月，《我爱今天》发表于《北京文艺》10月号。

《我的经验》发表于《剧本》10月号。

1960年（61岁）

1月，《一点小经验》发表于《北京文艺》1月号。

《我怎样投稿》发表于《延河》1月号。

6月，儿童歌舞剧《青蛙骑手》发表于《人民文学》6月号。

9月，《诗与创造》发表于《诗刊》9月号。

12月，《谈读书》发表于《文艺报》第23期。

《〈新生〉简评》发表于《文艺报》第24期。

1961年（62岁）

1月28日，《散文重要》发表于《人民日报》。

1月30日，《喜剧的语言》发表于《文汇报》。

1月，《对话浅论》发表于《电影艺术》第1期。

2月21日，《吐了一口气》发表于《光明日报》。该文又载于《剧本》2、3月号合刊。

2月，《风格与局限》发表于《电影艺术》2月号。

3月，儿童话剧《宝船》发表于《人民文学》第3期。

话剧《义和团》（后改名《神拳》）发表于《剧本》2、3月号合刊。

《人物不打折扣》发表于《新港》3月号。

6月8日，《乍看舞剑忙提笔》发表于《北京日报》。

7月，《赵旺与荷珠》发表于《北京文艺》7月号。

《文章别怕改》发表于《上海文学》7月号。

9月19日，《对曲剧的发展说几句话》发表于《北京日报》。

9月，《梅兰芳同志千古》发表于《北京文艺》9月号。

11月，《内蒙即景》（小诗九首）发表于《北京文艺》11月号。

《内蒙东部纪游》（四首）发表于《人民文学》11月号。

12月，话剧《荷珠配》（根据同名川剧改编）发表于《剧本》12月号。

是年，作六场歌剧《第二次青春》，根据同名川剧改编歌剧《拉郎配》。将旧作《马裤先生》改编为独幕话剧《火车上的威风》。

1962年（63岁）

1月10日，《学一点诗词歌赋》发表于《文汇报》。

1月，《话剧的语言》发表于《剧本》1月号。

2月7日，《祝话剧丰收》发表于《人民日报》。

4月10日，《戏剧语言》发表于《人民日报》。

4月17日，诗《汕头行》（五首）发表于《羊城晚报》。

4月，《荷珠配》由中国戏剧出版社出版。

5月，《五十而知使命》发表于《文艺报》5、6期合刊。

《生活与读书》发表于《戏剧报》第5期。

8月18日，《怎样丢掉学生腔》发表于《中国青年报》。

10月1日，《锦绣江山》发表于《大公报》。

10月25日，《伟大的友谊》发表于《人民日报》。

10月30日，《小胡同的声音》发表于《人民日报》。

是年，《正红旗下》前11章完稿。

1963年（64岁）

1月1日，《可喜的寂寞》发表于《北京晚报》。

1月25日，《春来忆广州》发表于《羊城晚报》；《迎春》（五律三首）发表于《文汇报》。

1月，《语言、人物、戏剧》发表于《剧本》1月号。

2月，《人、物、语言》发表于《北方文学》2月号。

3月，《小花朵集》由百花文艺出版社出版。该书收入文艺随笔、短论30篇。

5月25日，《人与话》发表于《大公报》。

《语言与生活》发表于《剧本》5月号。

11月，《文学创作和语言》发表于《湖南文学》11月号。

《北戴河赠四友诗》发表于《诗刊》11月号。

1964年（65岁）

2月，京剧《王宝钏》发表于《北京文艺》2月号。

《出口成章》由作家出版社出版。该书收入论文学语言、作家修养等方面的文章22篇。

6月，《深入生活，大胆创作》发表于《新建设》5、6期合刊。

1965年（66岁）

1月，《多写些小戏》发表于《戏剧报》第1期。

5月，《向日本话剧团献诗》（三首）发表于《戏剧报》第5期。

《好戏》（看日本话剧团演出的《郡上农民起义》）发表于《文艺报》第5期。

1966年（67岁）

4月，快板《陈各庄上养猪多》发表于《北京文艺》4月号。

后　记

在老舍一生的67年中，他在北京度过了42年，最后在北京去世。

在他从事写作的41年里，在北京的时间只有新中国成立后的17年。他人生的前半段，虽然不断辗转于国内的济南、青岛、重庆，海外的伦敦、纽约，却始终心系北京，文章里也总少不了北京。他眷恋北京——就像老舍所最喜欢的英国作家康拉德一样，北京也是他的大海。他用北京话写北京城，写北京景，写北京人，写北京人的遭遇、命运和希望，他用笔描绘了一幅浓浓京味的民俗生活画卷以及感人至深的北平风貌，同时，他也刻画下了扎根在传统文化负面性中的国民劣根性的阴影。

老舍是中国现当代文学中最平易近人的作家之一。一个读者要看懂老舍，不需要高深的学问，也不需要会做文学批评，只需要有人生的阅历就足够了。种过花的人读《养花》，养过猫的人读《猫》，自然就会有一种亲临其境的感受；当然，不是只有人力车夫才能看得懂《骆驼祥子》；但是，不到一定年纪的人，不一定会看得明白《离婚》……

老舍的人物一直就在我们的生活之中。今天的读者，未来的读者，依然会在他的书里读到我们自己，读到熟悉的那些人，不仅读到痛苦，也会读到爱。老舍并不以局外人的视角，来观察、解剖他书中的这些人和事，而是视自己为他们中的一员，然后又把他们养在自己的心里，造成一个有生命的小小世界。当他要写些什么，就从这个小世界的一角找出点什么来。但是，这里的一切和他取材的外界，既有相似之处，又绝非尽然。

老舍是在苦汁子里泡大的！他引人发笑的本事，有一部分是出于消弭这些苦涩的需要；而有的时候，他让人笑过了，更能咂摸出其中的苦味来。

作为传记研究，本书十分粗陋，望各位读者海涵。

图书在版编目（C I P）数据

老舍画传 / 王红英　何婷　著图 . -- 南昌：江西人民出版社，2015.5

（文化的记忆：中国现代文化名人画传 / 朱法元主编）

ISBN 978—7—210—06812—9

Ⅰ . ①老… Ⅱ . ①王… ②何… Ⅲ . ①老舍（1899 ~ 1966）—传记—画册 Ⅳ . ① K825.6—64

中国版本图书馆 CIP 数据核字 (2014) 第 258636 号

文化的记忆丛书

老 舍 画 传

王红英　何　婷　著图

出版：江西人民出版社

发行：各地新华书店

承印厂：深圳市精彩印联合印务有限公司

2015 年 5 月第 1 版　2015 年 5 月第 1 次印刷

开本：787 × 1092mm　1/16

印张：14　字数：240 千

ISBN 978—7—210—06812—9　　定价：49.00 元

赣版权登字—01—2014—664　

江西人民出版社　地址：江西省南昌市三经路 47 号附 1 号

邮编：330006　编辑部电话：0791—86898330　0791—86898565

发行部电话：0791—86898893

网址：www.jxpph.com

E–mail:swswpublic@sina.com　web@jxpph.com